数　学

主　编　陈海滨　余春玲
　　　　刘远钦　郭永忠

U0896931

重庆大学出版社

内 容 简 介

本教材是中等职业教育课程改革规划教材，根据教育部 2009 年颁布的《中等职业学校数学教学大纲》(简称“教学大纲”)编写，经中等职业教育教材编审委员会审定通过。本教材坚持“教学大纲”对“课程教学目标”的定位，内容的选取严格遵循“教学大纲”对“认知要求和技能与能力要求”的规定。

本教材全册共 10 章，内容包括：集合，不等式，函数，指数函数与对数函数，三角函数，数列，平面向量，直线和圆的方程，立体几何，概率与统计初步。在内容编排上，体现了知识的基础性、衔接性、系统性、科学性；在内容结构上进行了模块化设计，注重对学生学习方法的指导。本教材突出职业教育特点，有较好的教学适用性。

本教材是中等职业教育基础课教材，可供各类中等职业学校各专业作为教材使用。

图书在版编目(CIP)数据

数学/陈海滨，郭永忠等主编.—重庆：重庆大学出版社，2015.3(2018.9 重印)
ISBN 978-7-5624-8919-1

Ⅰ.①数… Ⅱ.①陈…②郭… Ⅲ.①数学课—中等专业学校—教材 Ⅳ.①G634.601

中国版本图书馆 CIP 数据核字(2015)第 046303 号

数　学

主　编　陈海滨　郭永忠　余春玲　刘远钦
策划编辑：周　立
责任编辑：文　鹏　曾春燕　　版式设计：周　立
责任校对：关德强　　责任印制：张　策

*

重庆大学出版社出版发行
出版人：易树平
社址：重庆市沙坪坝区大学城西路 21 号
邮编：401331
电话：(023) 88617190　88617185(中小学)
传真：(023) 88617186　88617166
网址：http://www.cqup.com.cn
邮箱：fxk@cqup.com.cn (营销中心)
全国新华书店经销
重庆市国丰印务有限责任公司印刷

*

开本：787mm×1092mm　1/16　印张：14.5　字数：215 千
2015 年 3 月第 1 版　2018 年 9 月第 2 次印刷
印数：3 051—4 050
ISBN 978-7-5624-8919-1　定价：39.80 元

本书如有印刷、装订等质量问题，本社负责调换

版权所有，请勿擅自翻印和用本书
制作各类出版物及配套用书，违者必究

前言

本教材为《数学》。是根据教育部2009年颁布的《中等职业学校数学教学大纲》的规定,结合中等职业教育发展中的实际情况,与时俱进编写而成。

本教材的编写“特色”:

1.注重知识内容的基础性

本教材知识内容的编写,立足于中等职业学校数学教学的实际情况,遵循中等职业学校的学生认知发展规律,由浅入深、由易到难、由具体到抽象,循序渐进。

2.注重知识结构的衔接性

本教材的知识结构,既注重与九年义务教育阶段课程内容的衔接,又兼顾与专业课程的衔接,还考虑与学生综合素质要求的衔接。保持中等职业学校数学教学的科学性、完整性、延续性,具有鲜明的职教特色。

3.注重章节内容的“模块化”设计

本教材的编写,针对中等职业学校学生的素质特点,将章节具体内容设计为以下7个模块:“问题导入”“知识探究”“应用举例”“归纳指引”“课堂练习”“课后习题”“综合复习题”。其中《归纳指引》个性鲜明,突出学习方法的引导,旨在培养学生的自主学习能力、实践创新能力和适应社会生活的能力。

学时分配可参考下表：

章内容	学时数	章内容	学时数
第1章　集合	10	第6章　数列	10
第2章　不等式	8	第7章　平面向量	10
第3章　函数	12	第8章　直线和圆的方程	18
第4章　指数函数与对数函数	12	第9章　立体几何	14
第5章　三角函数	18	第10章　概率与统计初步	16

本书由陈海滨、余春玲、刘远钦、郭永忠任主编，李敏青、廖苑芳、邓富才、黄美桂、罗云娟等任编委。

本书在编写过程中，参阅了大量的相关论著，并吸取了其中的最新研究成果和有益经验。在此特向原著者表示衷心的感谢。

由于编者时间仓促，水平有限，难免存在不足之处，敬请批评指正。

编　者

目录

第 1 章 集 合

1.1 集合的概念及表示法

1.1.1 集合的概念

〈知识探究〉

日常生活中,我们所看到的、听到的、触摸到的、想到的各种各样的实物或一些抽象的符号,都可以视为对象,由某些确定的对象集聚在一起所组成的整体,就称为**集合**,简称**集**.组成集合的每个对象称为**元素**.

例如:把所有小于 10 的自然数 0,1,2,3,4,5,6,7,8,9 中的各个数都看成对象,所有这些对象汇集在一起,就构成了一个集合,其中的每个数即为这个集合中的元素.

集合一般用大写英文字母 $A,B,C,\cdots$ 表示，它们的元素一般用小写英文字母 $a,b,c,\cdots$ 表示.a 如果是集合 A 的元素，就说 a 属于 A，记作 $a\in A$；如果 a 不是集合 A 的元素，就说 a 不属于 A，记作 $a\notin A$.

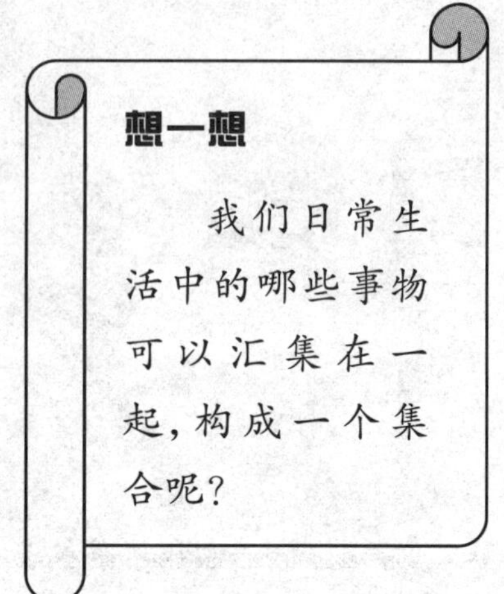

一般地，把不含任何元素的集合称为**空集**，记作 $\varnothing$. 例如方程 $x-2=x-3$ 的解所组成的集合即为空集，因为这个集合不含任何元素.

对于给定集合有如下性质：

(1)集合的元素具有确定性，即作为一个集合的元素，必须是确定的. 也就是说，给定一个集合，就可以确定任何一个对象是不是这个集合的元素.

(2)集合的元素具有互异性，即给定一个集合，则集合的元素一定是互不相同的.

(3)集合的元素具有无序性，即元素排列顺序可以是任意的.

〈应用举例〉

例 1 下列语句能否确定一个集合？

(1)漂亮的女孩儿；

(2)方程 $x^2=9$ 的所有解；

(3)不等式 $x-5>0$ 的所有解.

解

(1)因为漂亮没有具体的标准，所指的对象“女孩儿”是不确定的，所以不能构成集合.

(2)方程 $x^2=9$ 的解为 -3 和 3 是确定的对象，所以可以构成集合.

(3)解不等式 $x-5>0$ 可得 $x>5$，它们是确定的对象，所以可以构成集合.

〈知识探究〉

根据集合所含有的元素个数,可以将其分为有限集和无限集两类,含有有限个元素的集合称为**有限集**,含有无限个元素的集合称为**无限集**.例如上述例1中的(2)所构成的集合即为有限集,(3)所构成的集合即为无限集.

在例1的(2)中,集合的元素是-3和3,它们都是方程$x^2=9$的解,像这样,方程的所有解组成的集合称为这个方程的解集;同样,在例1的(3)中,由不等式的所有解所组成的集合称为这个不等式的解集.

由数所组成的集合称为数集.我们用某些特定的大写英文字母表示常用的一些数集:

所有非负整数所组成的集合称为**自然数集**,记作**N**;

所有正整数所组成的集合称为**正整数集**,记作$\mathbf{N}^*$;

所有整数组成的集合称为**整数集**,记作**Z**;

所有有理数组成的集合称为**有理数集**,记作**Q**;

所有实数组成的集合称为**实数集**,记作**R**.

〈归纳指引〉

正确使用"$\in$或$\notin$"的关键是左边是元素,右边是集合.

〈课堂练习〉

1.用符号"$\in$"或"$\notin$"填写:

(1)-3____$\mathbf{N}$;　　(2)3.14____$\mathbf{Q}$;

(3)π____$\mathbf{Q}$;　　(4)$\sqrt{2}$____$\mathbf{Z}$;

(5)$\frac{1}{3}$____$\mathbf{R}$;　　(6)-1____$\mathbf{N}^*$.

2.判断下列所述是否构成一个集合.

(1)个子高的男同学;

(2)方程$x^2-1=0$的所有解;

(3)不等式$x-3>0$的所有解.

1.1.2 集合的表示方法

〈问题导入〉

我们已经知道了如何构成集合,那么如何表示一个集合呢?

常用的表示方法有列举法和描述法两种.

1.列举法

〈知识探究〉

把集合的元素一一列举出来,中间用逗号隔开,写在花括号“{ }”中,这种表示集合的方法称为**列举法**.例如,由小于5的自然数所组成的集合可表示为

$$\{0,1,2,3,4,\};$$

方程 $x^2=4$ 的所有解组成的集合可表示为

$$\{-2,2\};$$

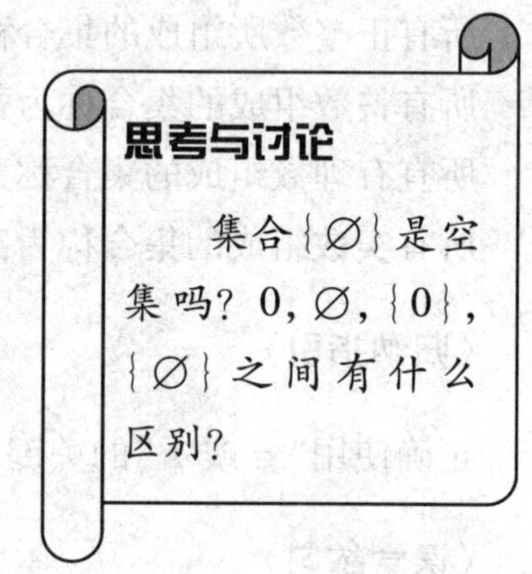

当集合为无限集或元素很多的有限集时,可以在花括号内只写出几个元素,其他用省略号表示即可,但所写出的元素必须让人明白省略号表示哪些元素

例如,自然数集 **N** 为无限集,可表示为

$$\{0,1,2,3,\cdots,n,\cdots\};$$

不大于100的全体自然数所组成的集合为有限集,可表示为

$$\{0,1,2,3,\cdots,100\}.$$

〈应用举例〉

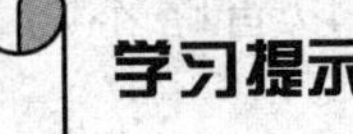

学习提示

用列举法表示集合时，一般不必考虑元素的排列顺序，如集合$\{1,2\}$与集合$\{2,1\}$表示的是同一个集合.

例 2 用列举法表示下列集合：

(1) 大于 1 小于 10 的所有奇数组成的集合；

(2) 方程 $x^2+x-6=0$ 的解集.

解

(1) 大于 1 小于 10 的所有奇数有 3,5,7,9，它们所组成的集合可表示为

$$\{3,5,7,9\}.$$

(2) 解方程 $x^2+x-6=0$ 得

$$x_1=-3, x_2=2$$

所以该方程的解集为 $\{-3,2\}$.

2.描述法

〈知识探究〉

有的集合用列举法表示很不方便，甚至是不可能的，如“由大于 2 的所有实数组成的集合”，大于 2 的实数有无穷多个，而且无法用列举法将该集合的元素列出，此时用描述法来表示该集合则比较方便.

把描述集合元素的特征性质或表示集合中元素的规律写在花括号内，用来表示集合的方法称为**描述法**. 例如上述“由大于 2 的所有实数组成的集合”，可以看出该集合的元素都具有如下性质：都是实数，都大于 2. 因此，该集合可用描述法表示为

$$\{x \in \mathbf{R} \mid x > 2\},$$

花括号内竖线左侧的 x 表示这个集合中的任意一个元素，元素 x 从实数集 $\mathbf{R}$ 中取值，竖线的右侧写出的是元素的特征性质.

如果从上下文可以明显看出，集合的元素为实数，则 $x\in\mathbf{R}$ 也可以省略不写，如上述的集合可表示为

$$\{x\mid x>2\}.$$

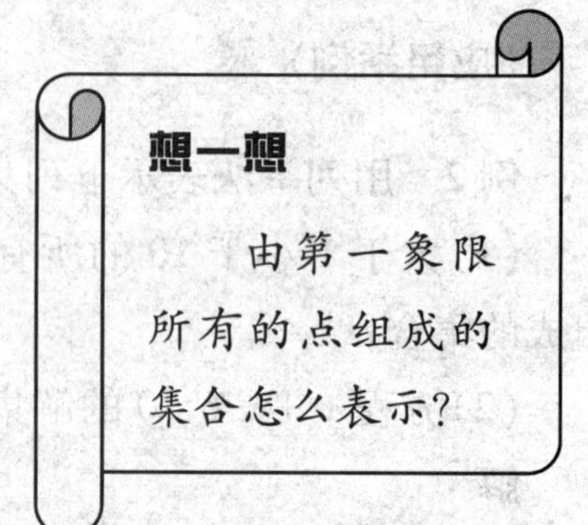

〈应用举例〉

例 3 用描述法表示下列集合.

(1) 不大于 3 的所有实数构成的集合；

(2) 不等式 $10x+1\geqslant0$ 的解集.

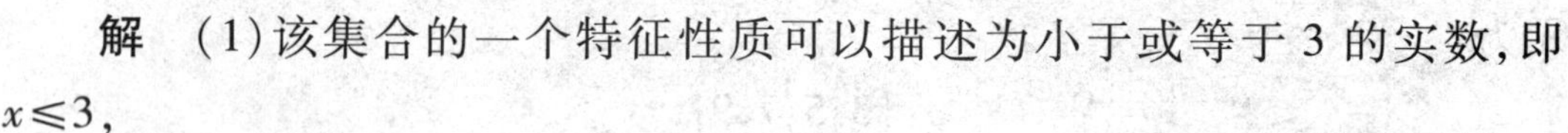

解 (1) 该集合的一个特征性质可以描述为小于或等于 3 的实数，即 $x\leqslant3$，

所以这个集合可表示为

$$\{x\mid x\leqslant3\}.$$

(2) 解不等式 $10x+1\geqslant0$ 可得 $x\geqslant-\frac{1}{10}$，所以该不等式的解集为

$$\left\{x\mid x\geqslant-\frac{1}{10}\right\}.$$

〈归纳指引〉

用列举法表示集合，可以明确地看到每个元素；而用描述法表示集合，可以清晰地反映出集合元素的特征性质. 因此在具体的应用中要视情况灵活选用.

〈课堂练习〉

用适当的方法表示下列集合.

1. 小于 10 的正整数；

2. 不等式 $3x-1\geqslant0$ 的解集.

〈课后习题〉

习题 A

1. 指出下列哪些集合是空集？

(1)方程 $x^4+2=0$ 的解集；

(2)方程 $x+1=1$ 的解集.

2. 用符号"$\in$"或"$\notin$"填空.

(1) -3______$\mathbf{N}$, 0.5______$\mathbf{N}$;

(2) 2.8______$\mathbf{Z}$, -6______$\mathbf{Z}$;

(3) -0.1______$\mathbf{Q}$, π______$\mathbf{Q}$;

(4) 1.6______$\mathbf{R}$, π____$\mathbf{R}$.

3. 用列举法表示下述集合.

(1)大于 3.2 小于 10.8 的整数；

(2)方程 $x^2+10x+25=0$ 的解组成的集合；

(3)16 的平方根.

4. 用描述法表示下述集合.

(1)100 以内的自然数；

(2)小于-2 的实数；

(3)不等式 $3<x-2<5$ 的解集.

习题 B

1. 用列举法表示下述集合.

(1) $\{x\in\mathbf{N}\,|\,3<x<15\}$;

(2)5 的平方根组成的集合；

(3)所有负偶数组成的集合.

2. 用描述法表示下列集合.

(1)由方程 $x^2-x-6=0$ 的根所组成的集合；

(2)大于 3 且小于 5 的所有实数组成的集合.

1.2　集合之间的关系

1.2.1　子集

〈问题导入〉

观察下列集合：

(1)$A=\{2,4,6\}$，$B=\{2,4,6,8\}$；

(2)$A=\{x|x$ 是长方形$\}$，$B=\{x|x$ 是平行四边形$\}$.

可以看出，上述集合 A 中的任意一个元素都是集合 B 的元素.

〈知识探究〉

一般地，如果集合 A 中的所有元素都属于集合 B，那么集合 A 就称为集合 B 的**子集**，记作

$$A \subseteq B \text{ 或 } B \supseteq A$$

读作"A 包含于 B"或"B 包含 A".

由上述子集的定义可知，任意一个集合 A 都是它自身的子集，即 $A\subseteq A$.

规定：空集是任意一个集合的子集，即对于任意一个集合 A，都有 $\varnothing\subseteq A$.

如果集合 A 是集合 B 的子集，且集合 B 中至少有一个元素不属于集合 A，那么集合 A 称为集合 B 的**真子集**，记作

$$A \subsetneqq B \text{ 或 } B \supseteq A,$$

读作"A 真包含于 B"或"B 真包含 A"，可用图 1.1 所示图形来直观地表示.

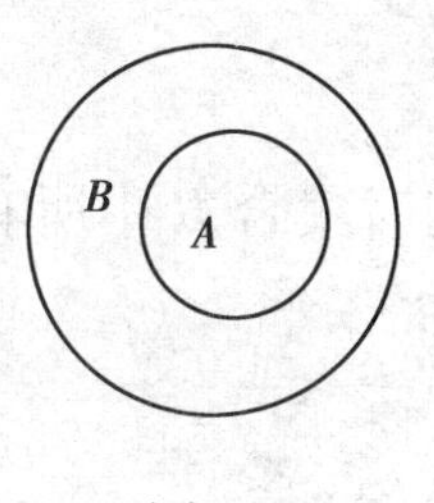

图1.1

思考与讨论

符号“$\in$”与符号“$\subseteq$”表达的含义相同吗？有什么区别？

〈应用举例〉

例1 写出集合 $A=\{1,2,3\}$ 的所有子集和真子集.

分析 集合 A 中共有3个元素,要想一个不漏地写出其所有的子集,可按以下步骤来写：

(1)因为空集是所有集合的子集,所以首先写出 $\varnothing$；

(2)写出由一个元素组成的子集,即 $\{1\},\{2\},\{3\}$；

(3)写出由两个元素组成的子集,即 $\{1,2\},\{2,3\},\{1,3\}$；

(4)写出由3个元素组成的子集,即 $\{1,2,3\}$.

解 集合 A 的所有子集为

$\varnothing,\{1\},\{2\},\{3\},\{1,2\},\{2,3\},\{1,3\},\{1,2,3\}$.

在上述子集中,除了集合 A 本身,即 $\{1,2,3\}$,其余的全为集合 A 的真子集.

1.2.2 集合的相等

〈问题导入〉

观察集合 $A=\{1,2,3\}$, $B=\{x\mid 0<x<4,x\in N\}$.

可以看出,集合 A 和集合 B 的元素完全相同,只是两个集合的表达方式不同.

〈知识探究〉

一般地,如果集合 A 中的所有元素都属于集合 B,同时集合 B 中所有元素也都属于集合 A,那么就说集合 A 等于集合 B.记作:$A=B$.

〈应用举例〉

例 2　判断下列各组集合的关系:

(1) $A=\{2,3\}$, $B=\{1,2,3,4,5\}$;

(2) $M=\{-2,2\}$, $N=\{x\mid x^2-4=0\}$.

解　(1) $A\subsetneqq B$.

(2) 由 $x^2-4=0$ 解得 $x_1=-2$, $x_2=2$, 所以集合 N 用列举法表示为 $\{-2,2\}$,则可看出这两个集合相等,即 $M=N$.

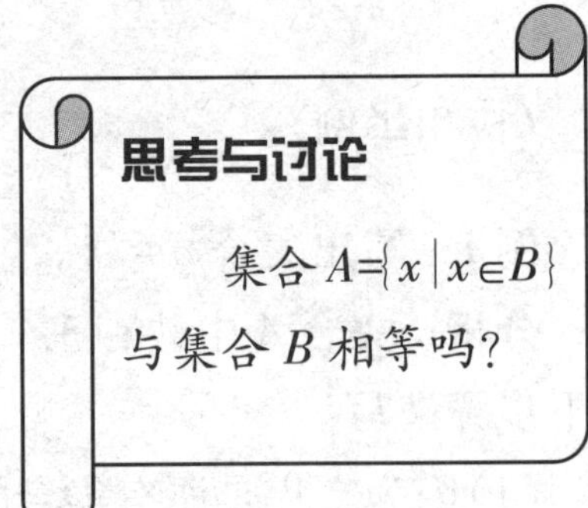

思考与讨论

集合 $A=\{x\mid x\in B\}$ 与集合 B 相等吗?

〈归纳指引〉

正确使用“$\subseteq$或$\supseteq$”“$\subsetneqq$或$\supsetneqq$”“$=$”符号的关键,是符号两边必须是集合.

〈课堂练习〉

1. 用适当的符号($\in$, $\notin$, $=$, $\subsetneqq$, $\supsetneqq$)填空:

(1) a____ $\{a,b\}$;　　(2) 3____ $\{6\}$;

(3) $\{a\}$____ $\{a,b,c\}$;　　(4) $\{a,b,c\}$____ $\{a,b\}$;

(5) $\varnothing$____ $\{2,3,4\}$;　　(6) {正方形}____{平行四边形};

(7) $\{2,3,4\}$____ $\{3,4,2\}$;　　(8) $\{5,7,8,11\}$____ $\{7,11\}$;

(9) $\{a,c\}$____ $\{c,a\}$;　　(10) $\varnothing$____ $\{x\mid x^2=-3, x\in\mathbf{R}\}$.

2. 下列描述正确的是(　　).

A. $\{0\}=\{\varnothing\}$;　　B. $\varnothing\subsetneqq\varnothing$;　　C. $\{0\}=\varnothing$　　D. $\varnothing\subsetneqq\{\varnothing\}$

3. 判断下列两个集合之间的关系.

(1) $A=\{1,2,6\}$, $B=$\{6 与 12 的公约数\};

(2) $A=\{x\mid x>2\}$, $B=\{x\mid x>3\}$.

〈**课后习题**〉

习题 A

1.选用合适的符号($\in$, $\notin$, $\subsetneqq$, $\supsetneqq$, $=$)填空.

(1) $\{a,b,c,d\}$ ______ $\{c,d,a,b\}$;

(2) b ______ $\{a,b\}$;

(3) $\{x\in\mathbf{R}\mid x^2=25\}$ ______ $\{5\}$;

(4) 3 ______ $\{x\mid x+3=0\}$;

(5) $\{3,4,5\}$ ______ $\{1,2,3,4,5,6\}$;

(6) $\varnothing$ ______ $\{a\}$.

2.集合 $\{a,b,c,d\}$ 的所有子集共有______个,它们中含有 3 个元素的子集有______个.

3.判断下列各题表示的关系是否正确.

(1) $5\in\{5\}$;

(2) $5\subsetneqq\{2,5,9\}$.

4.已知 $\{5,9\}\subsetneqq A\subseteq\{1,3,5,9\}$,写出满足条件的所有集合.

习题 B

1.已知集合 $A\subsetneqq\{2,3,9\}$,且 A 中至少有 1 个奇数,则这样的集合有(　　).

A.2 个　　B.4 个　　C.5 个　　D.6 个

2.已知集合 $A=\{x\mid x=a^2+2a+4,a\in\mathbf{R}\}$,集合 $B=\{x\mid x=b^2-4b+3,b\in\mathbf{R}\}$,试确定两个集合之间的关系.

1.3 集合的运算

1.3.1 交集

〈问题导入〉

观察集合 $A=\{1,2,3,4,5\}$，$B=\{1,2,3,6,7,8\}$，$C=\{1,2,3\}$.

可以看出,集合 C 的元素恰好是集合 A 与集合 B 的所有公共元素.

〈知识探究〉

一般地,像上述那样,给定两个集合 A,B,由既属于 A 又属于 B 的所有公共元素组成的集合称为集合 A 与 B 的**交集**.

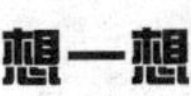

两个非空集合的交集可能是空集吗?试举例说明.

记作

$$A \cap B,$$

读作"A 交 B",即 $A\cap B=\{x \mid x\in A \text{ 且 } x\in B\}$,可用图 1.2 所示的阴影部分来形象地表示.

由交集的定义可知,对于任意两个集合 A,B,都有

$$A \cap B = B \cap A;$$

$$A \cap A = A, A \cap \varnothing = \varnothing;$$

$$A \cap B \subseteq A, A \cap B \subseteq B.$$

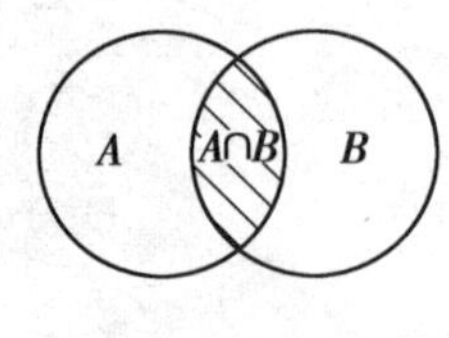

图 1.2

〈应用举例〉

例1 已知 $A=\{-1,0,1,2,3\}$, $B=\{1,3,5,7\}$,求 $A\cap B$.

解 $A\cap B=\{1,3\}$,可用图1.3来表示.

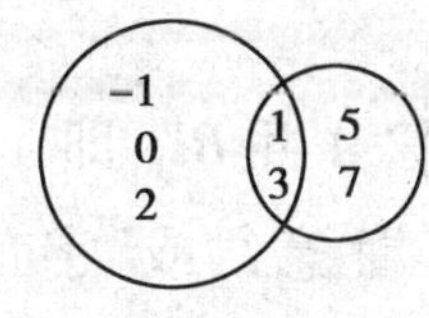

图1.3

例2 已知 $A=\{x|x$是等腰三角形$\}$, $B=\{x|x$是直角三角形$\}$,求 $A\cap B$.

解 $A\cap B=\{x|x$是等腰三角形$\}\cap\{x|x$是直角三角形$\}=\{x|x$是等腰直角三角形$\}$.

例3 已知 $A=\{x|-2<x\leqslant 1\}$, $B=\{x|0<x<4\}$,求 $A\cap B$.

分析 集合 A、B 是用描述法表示的集合,并且集合的元素是实数,没法一一列举出来,因此可以结合数轴来进行解题.

解 在数轴上表示集合 A、B,如图1.4所示.

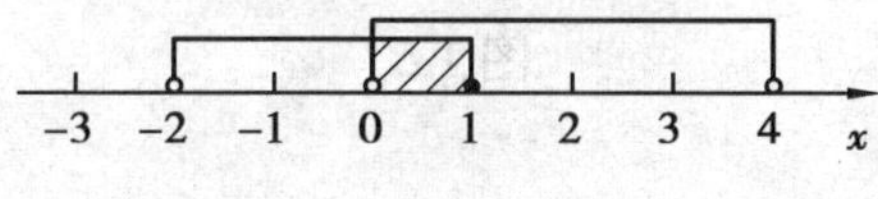

图1.4

从图中易看出,阴影部分即为集合 A、B 的交集,即

$$A\cap B=\{x|-2<x\leqslant 1\}\cap\{x|0<x<4\}=\{x|0<x\leqslant 1\}.$$

1.3.2 并集

〈问题导入〉

观察下面3个集合:

$M=\{-2,-1,0\}$, $N=\{1,2,3,4\}$, $P=\{-2,-1,0,1,2,3,4\}$,可以看出,集合 P 是由集合 M 与集合 N 的所有元素组成的.

〈知识探究〉

一般地,像上述那样,对于两个给定的集合 A、B,由属于集合 A 或属于集合 B 的所有元素组成的集合称为集合 A 与集合 B 的**并集**,

记作

$$A \cup B,$$

读作"A 并 B",即 $A\cup B=\{x|x\in A$ 或 $x\in B\}$.

注意:"或"字有三层含义:

(1)可以 $x\in A$;(2)可以 $x\in B$;(3)可以 $x\in A$ 且 $x\in B$

集合 A 与集合 B 的并集,可以用图 1.5 中的阴影部分来表示.

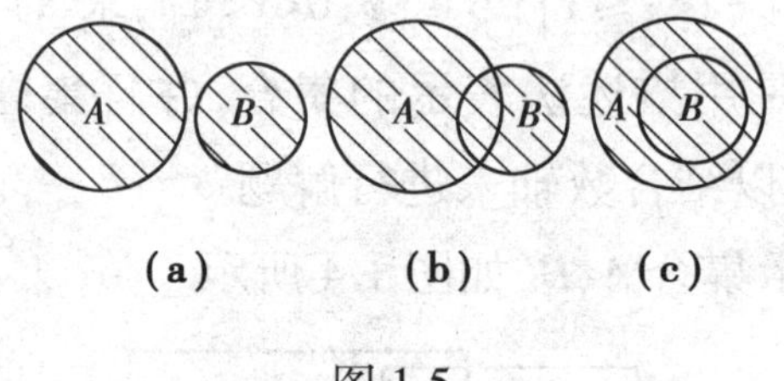

图 1.5

由并集的定义可知,对于任意两个集合 A、B,都有

$$A \cup B = B \cup A;$$

$$A \cup A = A, A \cup \varnothing = A;$$

$$A \subseteq A \cup B, B \subseteq A \cup B.$$

〈应用举例〉

例 4 已知 $A=\{3,4,5,6\}$,$B=\{5,6,7,8\}$,求 $A\cup B$.

解 $A\cup B=\{3,4,5,6\}\cup\{5,6,7,8\}=\{3,4,5,6,7,8\}$.

例 5 已知 $A=\{x|-1<x\leqslant 2\}$,$B=\{x|0<x\leqslant 3\}$,求 $A\cup B$.

分析 本题结合数轴进行解题比较直观.

解 将集合 A 和集合 B 在数轴上表示出来,如图 1.6 所示:

则可看出 $A\cup B=\{x|-1<x\leqslant 2\}\cup\{x|0<x\leqslant 3\}$

$=\{x|-1<x\leqslant 3\}$.

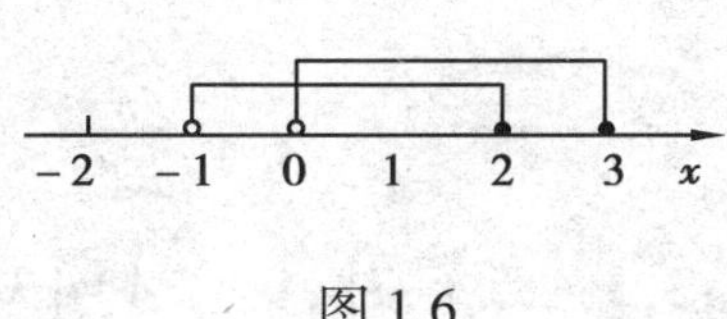

图 1.6

〈**课堂练习**〉

1. 已知 $A=\{$小于 9 的正整数$\}$, $B=\{-2,-1,0,1,2\}$.

求：$A\cap B$、$A\cup B$.

2. 已知：$A=\{x\mid -1\leqslant x<1\}$, $B=\{x\mid x\geqslant 0\}$.

求：$A\cap B$、$A\cup B$.

1.3.3　补集

〈**知识探究**〉

在研究集合与集合的关系时，如果所要研究的集合都是某一给定集合的子集，则称这个给定的集合为**全集**，一般用 U 来表示.

例如，在研究数集时，常常把实数集 $\mathbf{R}$ 作为全集.

如果给定某一集合 A 是全集 U 的一个子集，则 U 中不属于 A 的所有元素组成的集合称为 A 在全集 U 中的**补集**，记作 $\complement_U A$

读作“A 在 U 中的补集”，即

$$\complement_U A=\{x\mid x\in U\text{ 且 }x\notin A\}.$$

如果全集 U 为实数集 $\mathbf{R}$，则集合 A 在 U 中的补集也可写成 $\complement_{\mathbf{R}} A$

用图形表示集合时，通常用矩形区域表示全集. 全集 U 与它的任意一个真子集 A 之间的关系可用图 1.7 来表示，其中阴影部分表示 A 在 U 中的补集.

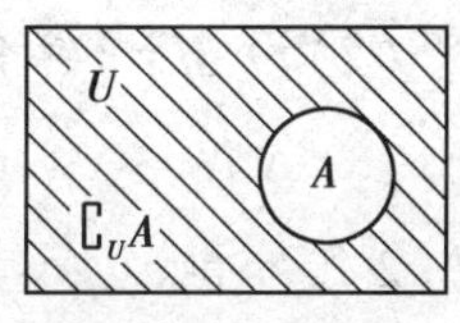

图 1.7

由补集的定义可知，对于任意集合 A，都有

$$A\cup\complement_U A=U,\ A\cap\complement_U A=\varnothing,\ \complement_U(\complement_U A)=A.$$

〈应用举例〉

例 6 已知全集 $U=\{1,2,3,4,5,6,7\}$,集合 $A=\{3,4,5,6\}$,求 $\complement_U A, A\cap\complement_U A$, $A\cup\complement_U A$.

解 $\complement_U A=\{1,2,7\}, A\cap\complement_U A=\varnothing, A\cup\complement_U A=U$.

例 7 已知 $U=\mathbf{R}, A=\{x|x>1\}$,求 $\complement_{\mathbf{R}} A$.

解 $\complement_U A=\{x|x\leqslant 1\}$.

〈归纳指引〉

对于有关不等式的集合的运算,可用"数轴法",结合口诀:"交集看重线,并集看全线,补集看没线",易于直观快速地解决问题.

〈课堂练习〉

1.已知:$U=\{0,1,2,3,4,5\}, A=\{0,2,4\}, B=\{1,3\}$,

求:$\complement_U A, \complement_U B, A\cap\complement_U A, B\cap\complement_U A, B\cup\complement_U A$.

2.已知:$U=R, A=\{x|-1<x<1\}$.

求:$\complement_{\mathrm{R}} A$.

〈课后习题〉

习题 A

1.选择题.

(1)下列选项中不正确的是(　　).

A.$A\cap\varnothing=\varnothing$　　B.$A\cap\varnothing\subseteq\varnothing$　　C.$\varnothing\subsetneqq A$　　D.$A\cap\varnothing\subsetneqq\varnothing$

(2)设 $M=\{$锐角三角形$\}, N=\{$等边三角形$\}$,则 $M\cap N=$(　　).

A.N　　B.M　　C.$\{$三角形$\}$　　D.$\varnothing$

2.填空题.

(1)$\{1,3,9,8\}\cap\{1,9\}=$______;

(2)$\mathbf{Z}\cap\mathbf{R}=$______;

(3)设 $\mathbf{R}$ 是全集, $A=\{a \mid a<2\}$ 则 $\complement_{\mathbf{R}}A=$______;

(4)设全集 $U=\{0,1,2,3,4\}$, $A=\{0,1,2,3\}$, $B=\{2,3,4\}$,求 $\complement_U A$、$\complement_U B$;

(5)设 $U=\mathbf{R}$, $A=\{x \mid x<5\}$, $B=\{x \mid x>10\}$,求 $\complement_{\mathrm{R}}A$、$\complement_{\mathrm{R}}B$.

3.已知:集合 $A=\{x \mid -\sqrt{2}<x\leqslant\sqrt{2}\}$, $B=\{x \mid x\leqslant 0\}$,求 $A\cap B$, $A\cup B$.

习题 B

1.已知全集 $U=\{x \mid -3\leqslant x\leqslant 3\}$, $\complement_U M=\{x \mid 0\leqslant x\leqslant 2\}$,求集合 M.

2.已知集合 $A=\{1,2,3,5,7\}$, $A\cap B=\{3,5\}$, $A\cup B=\{1,2,3,4,5,6,7\}$,求集合 B.

1.4　逻辑用语

〈问题导入〉

观察下列推论是否成立:

(a) $x=2$,则 $x^2=4$;(b) $xy=0$,则 $x=0$.

显然,由(a)中的"$x=2$"则一定能推断出"$x^2=4$";由(b)中的"$xy=0$"则不能推断出"$x=0$",因为有可能 $y=0$.

〈知识探究〉

像上述那样,已知条件 p 和结论 q:

(1)如果由条件 p 成立,可推出结论 q 成立,则说条件 p 是结论 q 的**充分条件**,记作"p⇒q".上述(a)中,条件 p: $x=2$,结论 q: $x^2=4$,即"$x=2$"是"$x^2=4$"的充分条件.

(2)如果由结论 q 成立,可推出条件 p 成立,则说条件 p 是结论 q 的**必要条件**,记作"q⇒p(或 p⇐q)".上述(b)中,条件 p: $xy=0$,结论 q: $x=0$,即"$xy=0$"是"$x=0$"的必要条件.

如果 p⇒q 且 p⇐q，那么 p 是 q 的充分且必要条件，简称**充要条件**，记作“p⇔q”.

〈应用举例〉

例 指出下列各组中的条件 p 是结论 q 的什么条件：

(1) p：$x=3$，q：$(x-1)(x-3)=0$；

(2) p：$x>1$，q：$x>3$；

(3) p：$x=y$，q：$(x-y)^2=0$.

解 (1) 由条件 $x=3$ 成立，能够推出结论 $(x-1)(x-3)=0$ 成立，因此 p 是 q 的充分条件；而由结论 $(x-1)(x-3)=0$ 成立，则不能够推出条件 $x=3$ 成立，因为当 $x=1$ 时 $(x-1)(x-3)=0$ 也成立，所以 p 不是 q 的必要条件.

(2) 由条件 $x>1$ 成立，不能推出结论 $x>3$ 成立，如 $x=2$ 时，$2>1$ 但 $2<3$，因此 p 不是 q 的充分条件；而由结论 $x>3$ 成立，则能够推出条件 $x>1$ 成立，所以，p 是 q 的必要条件.

(3) 由条件 $x=y$ 成立，能够推出结论 $(x-y)^2=0$ 成立，而由结论 $(x-y)^2=0$ 成立，也能够推出 $x=y$ 成立，因此 p 是 q 的充要条件.

〈归纳指引〉

在解题时，常常遇到充要条件同义词，如“当且仅当”“必须且只需”“等价于”这些词语的后面往往是条件，要从字面上区分，并准确地理解和使用数字语言，对理解和掌握数学知识是十分重要的.

〈课堂练习〉

1. 用符号“⇒”“⇐”“⇔”填空：

(1) $x=5$______ $|x|=5$；

(2) $x^2>0$_____ $x>0$；

(3) $x=2$_____ $x^2-3x+2=0$；

(4) $x\in\mathbf{Z}$_____ $x\in\mathbf{N}$.

2. 指出下列各组中条件 p 是结论 q 的什么条件：

(1) p：$x>0$，$y>0$，q：$xy>0$；

(2)p:$\triangle ABC$ 是等腰三角形,q:$\triangle ABC$ 是等腰直角三角形;

(3)p:$A\subseteq B$,q:$A\cup B=B$.

〈课后习题〉

习题 A

判断下列 p 是否是 q 的充要条件.

(1)p:$x>3$,q:$x>2$;

(2)p:三角形的三条边相等,q:三角形为等边三角形;

(3)p:$a=0$,q:$ab=0$;

(4)p:$a=b$,q:$a+c=b+c$.

习题 B

用"充分而不必要条件""必要而不充分条件"与"充要条件"填空:

(1)$a=-b$ 是 $a^2=b^2$的________;

(2)"$a+5$ 是无理数"是"a 是无理数"的________.

〈综合复习题 1〉

一、选择题

1.下面 6 个关系式:

①$a\subsetneqq\{a\}$;②$\varnothing\subsetneqq\{a\}$;③$\{a\}\in\{a,b\}$;④$\{a\}\subseteq\{a\}$;⑤$\varnothing\in\{a,b\}$;⑥$a\in\{a,b,c\}$.其中正确的有( );

A.2 个　　B.3 个　　C.4 个　　D.5 个

2.设全集 $U=\{0,1,2,3,4,5,6,7\}$,集合 $M=\{0,6,7\}$,$N=\{0,1,2,6\}$,则 $M\cup(\complement_U N)$是( );

A.$\{0,1,2,6,7\}$　　B.$\{0,3,4,5,6,7\}$

C.$\{1,2,3,4,5,6,7\}$　　D.$\{0,1,2,3,4,5,6\}$

3.设集合 $M=\{x|x>2\}$，$N=\{x|x>-2\}$，则 $M\cap N$ 等于(　　)；

A.$\{x|x>2\}$　　B.$\{x|x>-2\}$

C.$\{x|-2<x<2\}$　　D.$\{x|x<2\}$

4.设集合 $M=\{x|x>2\}$，$N=\{x|x>-2\}$，则 $M\cup N$ 等于(　　)；

A.$\{x|x>2\}$　　B.$\{x|x>-2\}$

C.$\{x|-2<x<2\}$　　D.$\{x|x>2\}$

5.设全集 $U=\mathbf{R}$，$M=\{x|x>2\}$，则 $\complement_U M$ 等于(　　)；

A.$\{x|x>2\}$　　B.$\{x|x\geqslant 2\}$

C.$\{x|x<2\}$　　D.$\{x|x\leqslant 2\}$

6.已知 $A\cap\{a,b\}=a$，$A\cup\{a,b\}=\{a,b,c,d\}$，那么集合 A 的非空子集有(　　)；

A.3 个　　B.4 个　　C.6 个　　D.7 个

7.集合 $A=\{x|x^2-2x-3=0\}$，用列举法表示为(　　)；

A.$\{-1,3\}$　　B.$\{(-1,3)\}$　　C.$\{3,-1\}$　　D.$\{1,3\}$

8.设 x,y 为实数，则 $|x|=|y|$ 的充要条件是(　　).

A.$x=y$　　B.$x=-y$

C.$x=0$ 且 $y=0$　　D.$x^2=y^2$

二、填空题

1.$\{x|x>-2\}\cap\{x|x<3\}=$____________；

2.$\{x|x\geqslant -2\}\cup\{x|x\leqslant 3\}=$____________；

3.集合 $A=\{x|x<-1$ 或 $x>5\}$，$B=\{x|a\leqslant x<a+4\}$，若 $B\subseteq A$，则实数 a 的取值范围是____________；

4.$\{x|x=2k-1,k\in\mathbf{Z}\}$__________$\{x|x=2k+3,k\in\mathbf{Z}\}$；

5."集合 $A\cap C=B\cap C$"是"集合 $A=B$"的________条件.

三、解答题

1.已知集合 $A=\{1,2,3,4\}$，$B=\{x|x^2-x-6=0\}$，求 $A\cap B$，$A\cup B$.

2.设全集 $U=\mathbf{R}$，集合 $A=\{x|x<2\}$，$B=\{x|x\geqslant -1\}$. 求 $A\cup B$，$A\cap B$，$\complement_U A$，$\complement_U B$.

3.已知集合 $A=\{x|2<x<3\}$，$B=\{x|x\geqslant a\}$，且 $A\cap B=\varnothing$，求实数 a 的取值范围.

第 2 章 不等式

2.1 不等式的基本性质

〈知识探究〉

一般地,不等式有如下性质:

性质 1 **(传递性)** 如果 $a>b$,且 $b>c$,那么 $a>c$.

性质 2 **(可加性)** 如果 $a>b$,且 $c\in\mathbf{R}$,那么 $a+c>b+c$.

性质 3 **(可乘性)** 如果 $a>b$,且 $c>0$,则 $ac>bc$;如果 $a>b$,且 $c<0$,则 $ac<bc$.

推论 1 如果 $a+b>c$,则 $a>c-b$.

推论 2 如果 $a>b$,且 $c>d$,则 $a+c>b+d$.

推论 3 如果 $a>b>0$,且 $c>d>0$,则 $ac>bd$.

推论 3 表明,两个两边都是正数的同向不等式,把它们的两边分别相乘,所得不等式与原不等式同向.

〈应用举例〉

例 1　已知 $a>b$，请用适当的符号（“$>$”或“$<$”）填空.

(1) $a-3$ ______ $b-3$；

(2) $a+\sqrt{5}$ ______ $b+2$；

(3) $6a$ ______ $6b$；

(4) $-3a$ ______ $-3b$；

(5) $\sqrt{5}a$ ______ $2b$.

解

(1) 因为 $a>b$，根据性质 2，可得 $a-3>b-3$.

(2) 因为 $a>b$，$\sqrt{5}>2$，根据推论 2，可得 $a+\sqrt{5}>b+2$.

(3) 因为 $a>b$，根据性质 3，可得 $6a>6b$.

(4) 因为 $a>b$，根据性质 3，可得 $-3a<-3b$.

(5) 因为 $a>b$，$\sqrt{5}>2$，根据推论 3，可得 $\sqrt{5}a>2b$.

例 2　用适当的数填空.

(1) 如果 $x+2>8$，那么 $x>$ ______；

(2) 如果 $x-3<4$，那么 $x<$ ______；

(3) 如果 $3x>9$，那么 $x>$ ______；

(4) 如果 $-2x>8$，那么 $x<$ ______；

(5) 如果 $-4x+1>9$，那么 $x<$ ______.

解

(1) 因为 $x+2>8$，根据推论 1，可得 $x>8-2$，即 $x>6$.

(2) 因为 $x-3<4$，根据推论 1，可得 $x<4+3$，即 $x<7$.

(3) 因为 $3x>9$，根据性质 3，可得 $x>3$.

(4) 因为 $-2x>8$，根据性质 3，可得 $x<-4$.

(5) 因为 $-4x+1>9$，根据推论 1，可得 $-4x>8$. 再根据性质 3，可得 $x<-2$.

〈课堂练习〉

1. 已知 $a>b$，选用适当的符号（“$>$”或“$<$”）填空.

(1) $a-6$ ______ $b-5$；　　　　(2) $a+\sqrt{3}$ ______ $b+\sqrt{3}$；

(3) $a+2\sqrt{5}$ ______ $b+2\sqrt{5}$；　　(4) $2a$ ______ $2b$；

(5) $-4a+\sqrt{7}$ ______ $-4b+\sqrt{7}$.

2. 用适当的数填空.

(1) 设 $x+6>13$，则 $x>$ ________；

(2) 设 $x-2<11$，则 $x<$ ________；

(3) 设 $-4x-2<18$，则 $x>$ ________.

2.2　区　间

〈知识探究〉

区间是数学中常用的术语和符号.设 $a,b\in\mathbf{R}$，且 $a>b$，我们规定：满足不等式 $a\leqslant x\leqslant b$ 的实数 x 的集合称为**闭区间**，表示为 $[a,b]$；满足不等式 $a<x<b$ 的实数 x 的集合称为**开区间**，表示为 (a,b)；满足不等式 $a\leqslant x<b$ 或 $a<x\leqslant b$ 的实数 x 的集合称为**右半开区间**或**左半开区间**，分别表示为 $[a,b)$ 或 $(a,b]$，统称为**有限区间**.这里的实数 a 和 b 称为相应区间的**端点**.

在数轴上，区间可以用一条以 a 和 b 为端点的线段来表示，规定用实心点表示包括在区间内的端点，用空心点表示不包括在区间内的端点，见表 2.1.

有限区间：

表 2.1

集合表示	名　称	区间表示	数轴表示
$\{x\mid a\leqslant x\leqslant b\}$	闭区间	$[a,b]$	a　b　x
$\{x\mid a<x<b\}$	开区间	(a,b)	a　b　x
$\{x\mid a\leqslant x<b\}$	右半开区间	$[a,b)$	a　b　x
$\{x\mid a<x\leqslant b\}$	左半开区间	$(a,b]$	a　b　x

满足不等式 $x\geqslant a$、$x\leqslant b$、$x>a$、$x<b$ 的实数 x 的集合，也可以用区间表示，这 4 种区间都只有一个端点，另外一端对应数轴的无限远处.

因此，$\{x|x\geqslant a\}$ 的区间表示为$[a,+\infty)$，$\{x|x\leqslant b\}$ 的区间表示为$(-\infty,b]$，$\{x|x>a\}$ 的区间表示为$(a,+\infty)$，$\{x|x<b\}$ 的区间表示为$(-\infty,b)$，$\{x|x\in\mathbf{R}\}$ 的区间表示为$(-\infty,+\infty)$，统称为**无限区间**.我们规定“∞”表示无穷大，“$-\infty$”表示负无穷大，“$+\infty$”表示正无穷大，无穷大的点是不存在的，因此用无穷大的点表示区间的端点时，都记作开区间.见表 2.2.

无限区间：

表 2.2

集合表示	名　称	区间表示	数轴表示
$\{x\|x\leqslant a\}$	无限区间	$[a,+\infty)$	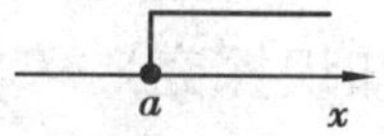
$\{x\|x>a\}$	无限区间	$(a,+\infty)$	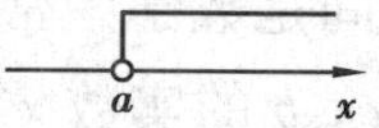
$\{x\|x\leqslant b\}$	无限区间	$(-\infty,b]$	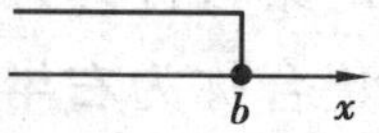
$\{x\|x<b\}$	无限区间	$(-\infty,b)$	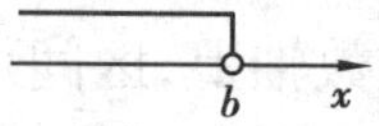

〈应用举例〉

例　将下列集合用区间的形式表示.

(1) $\{x|-3<x\leqslant 4\}$；　　(2) $\{x|a-1<x<a+2\}$；

(3) $\{x|x\leqslant -5\}$；　　(4) $\{x|x>m-3\}$.

解　(1) $(-3,4]$；　　(2) $(a-1,a+2)$；

(3) $(-\infty,-5]$；　　(4) $(m-3,+\infty)$.

〈归纳指引〉

书写区间时，应该注意以下几点：①有完整的区间符号；②有两个区间端点，且左端点小于右端点；③两个端点之间用“，”隔开.

〈课堂练习〉

将下列集合用区间的形式表示.

(1) $\{x \mid -1 \leqslant x < 1\}$；

(2) $\{x \mid x \leqslant \sqrt{3}\}$；

(3) $\{x \mid -\sqrt{2} < x < \sqrt{2}\}$；

(4) $\{x \mid 3 \leqslant x \leqslant 5\}$.

〈课后习题〉

习题 A

将下列集合用区间的形式表示.

(1) $\{x \mid 1 < x \leqslant 5\}$；

(2) $\{x \mid -1 \leqslant x < 4\}$；

(3) $\{x \mid x > -4\}$；

(4) $\left\{x \,\middle|\, x \leqslant \frac{1}{4}\right\}$.

习题 B

1.已知集合 $A=\{x \mid x \geqslant 3\}$，集合 $B=\{x \mid x \leqslant 7\}$，用区间的形式表示 $A \cap B$，$A \cup B$.

2.已知集合 $A=\{x \mid x \leqslant 5\}$，$B=\{x \mid x > 0\}$，用区间的形式表示 $A \cap B$，$A \cup B$.

2.3　一元二次不等式及其解法

〈问题导入〉

回忆初中所学知识，思考并回答下列问题：

(1)求一元一次方程 $2x+4=0$ 的解；

(2)画出一次函数 $y=2x+4$ 的图像；

(3)根据(1)(2)的结果,求一元一次不等式 $2x+4>0$ 的解集.

〈知识探究〉

通常,将含有一个未知数,并且未知数的最高次数是 2 次的不等式,称为**一元二次不等式**,其一般形式为 $ax^2+bx+c>0$ 或 $ax^2+bx+c<0(a\neq 0)$.

其中,“>”“<”可以换成“≥”“≤”.

下面学习利用二次函数的图像解一元二次不等式.它们的具体关系如表 2.3 所示.

想一想

一元二次方程的定义是什么?如何解一元二次方程?二次函数的定义是什么?二次函数有哪些性质?

表 2.3

判别式 $\Delta=b^2-4ac$		$\Delta>0$	$\Delta=0$	$\Delta<0$
一元二次方程 $ax^2+bx+c=0(a\neq 0)$ 的根		有两个不相等的实数根 $x_{1,2}=\frac{-b\pm\sqrt{b^2-4ac}}{2a}$	有两个相等的实数根 $x_1=x_2=-\frac{b}{2a}$	无实数根
二次函数 $y=ax+bx+c(a>0)$ 的图像		y, O, x_1, x_2, x, $(x_1<x_2)$	y, O, x, $(x_1=x_2)$	y, O, x
一元二次不等式的解集	$ax^2+bx+c>0$ $(a>0)$	$\{x\mid x<x_1$ 或 $x>x_2\}$	$\left\{x \,\middle|\, x\in \mathbf{R}\text{ 且 }x\neq-\frac{b}{2a}\right\}$	$\mathbf{R}$
	$ax^2+bx+c<0$ $(a>0)$	$\{x\mid x_1<x<x_2\}$	$\varnothing$	$\varnothing$

〈**应用举例**〉

例1　解不等式$x^2-4x>12$.

解　将不等式化为标准形式

$$x^2-4x-12>0$$

因为　$\Delta=(-4)^2-4\times1\times(-12)=64>0$

所以方程　$x^2-4x-12=0$的解是

$$x_1=-2,x_2=6$$

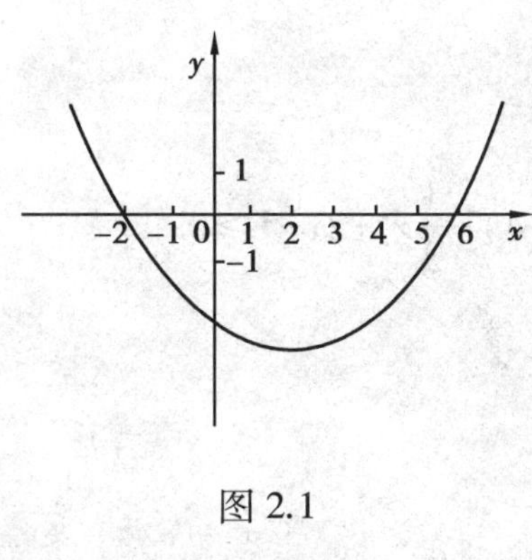

图2.1

想一想

能否通过函数$y=-x^2+3x+4$的图像，写出不等式$-x^2+3x\geqslant-4$的解集？

根据二次函数$y=x^2-4x-12$的图像如图2.1所示，得原不等式的解集为

$$\{x|x>6\text{或}x<-2\}$$

例2　解不等式$-x^2+3x\geqslant-4$.

解　将不等式化为标准形式

$$x^2-3x-4\leqslant0$$

因为$\Delta=(-3)^2-4\times1\times(-4)=25>0$

所以方程$x^2-3x-4=0$的解是

$$x_1=-1,x_2=4$$

根据二次函数$y=x^2-3x-4$的图像如图2.2所示，得原不等式的解集为

$$\{x|-1\leqslant x\leqslant4\}$$

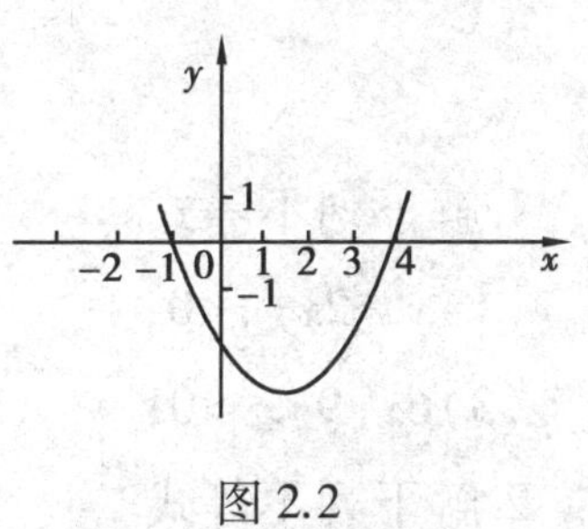

图2.2

〈归纳指引〉

解一元二次不等式的一般步骤如下：

(1)将原不等式化为标准形式 $ax^2+bx+c>0(a>0)$ 或 $ax^2+bx+c<0(a>0)$；

(2)求出方程 $ax^2+bx+c=0$ 的解；

(3)画出相应的二次函数 $y=ax^2+bx+c$ 的草图；

(4)根据图像，写出解集.

〈课堂练习〉

解下列一元二次不等式.

(1)$x^2>4$；(2)$x^2-3x-18<0$；(3)$3x^2>7x$；(4)$-\frac{1}{2}x^2+2x-1\geqslant 0$.

〈课后习题〉

习题 A

1.填空.

(1)$x^2>0$ 的解集是________；　(2)$x^2-1>0$ 的解集是________；

(3)$x^2+2\leqslant 0$ 的解集是________；(4)$x^2\geqslant 1$ 的解集是________.

2.解下列不等式.

(1)$x^2-3x<0$；　(2)$x^2-4x\geqslant 0$.

习题 B

1.解下列不等式.

(1)$x^2-2x+1<0$；　(2)$x^2-2x+3<0$；

(3)$6x-9+x^2>0$；　(4)$5x-3-2x^2<0$.

2.解下列不等式.

(1)$-x^2-6x+9>0$；　(2)$3x^2-2x+1<0$；

(3)$-6x^2-x+1\geqslant 0$；　(4)$-x^2-4x\leqslant 4$.

2.4　含绝对值的不等式简介

〈问题导入〉

在实数集中,对任意实数 a,有

$$|a|=\begin{cases} a & (\text{当}\,a>0\,\text{时}), \\ 0 & (\text{当}\,a=0\,\text{时}), \\ -a & (\text{当}\,a<0\,\text{时}). \end{cases}$$

如 $|5|=5$, $|0|=0$, $|-5|=5$

数 a 的绝对值 $|a|$,在数轴上等于对应实数 a 的点到原点的距离.如图 2.3 所示, $|-5|$ 和 $|5|$ 在数轴上分别等于点 A 和点 B 到原点的距离.

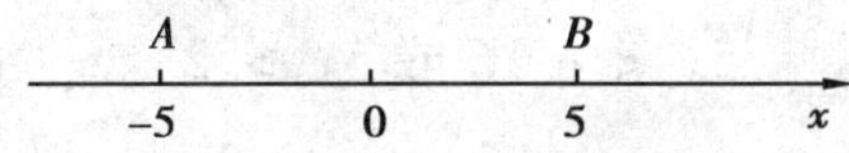

图 2.3

由 $|a|$ 的这一几何意义,求不等式 $|a|<5$ 与 $|a|>5$ 的解集.

〈知识探究〉

一般地,如果 $a>0$,那么

$|x|<a \Leftrightarrow -a<x<a$ 如图 2.4(a)所示.

$|x|>a \Leftrightarrow x>a$ 或 $x<-a$ 如图 2.4(b)所示.

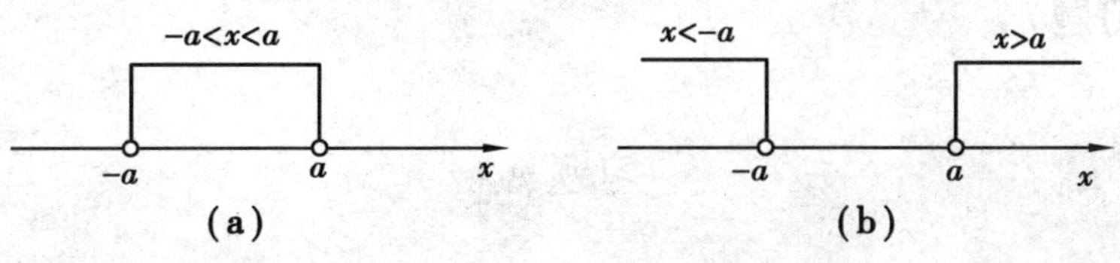

图 2.4

〈应用举例〉

例 1 解不等式 $2|x|<8$.

解 由不等式 $2|x|<8$,得 $|x|<4$,因此原不等式的解集为 $(-4,4)$.

例 2 解不等式 $|3x-2|\leqslant 5$.

解 原不等式 $|3x-2|\leqslant 5$ 等价于

$$-5\leqslant 3x-2\leqslant 5$$

即

$$-3\leqslant 3x\leqslant 7$$

解得

$$-1\leqslant x\leqslant \frac{7}{3}$$

因此原不等式的解集为 $\left[-1,\frac{7}{3}\right]$.

例 3 解不等式 $|5x+7|>9$.

解 原不等式 $|5x+7|>9$ 等价于

$$5x+7<-9 \text{ 或 } 5x+7>9$$

即

$$5x<-16 \text{ 或 } 5x>2$$

解得

$$x<-\frac{16}{5} \text{ 或 } x>\frac{2}{5}$$

因此原不等式的解集是 $\left(-\infty,-\frac{16}{5}\right)\cup\left(\frac{2}{5},+\infty\right)$.

〈课堂练习〉

解下列不等式.

(1) $|x|\leqslant 3$； (2) $3|x|\leqslant 5$； (3) $|3x-5|\leqslant 1$； (4) $|3x+5|>3$.

〈课后习题〉

习题 A

解下列不等式.

(1) $|x|\geqslant 1$；(2) $|3x|<5$；(3) $|x+3|>2$；(4) $|2-x|\geqslant 1$.

习题 B

解下列不等式.

(1) $|2x-1|>1$;(2) $|2x+3|\leqslant 8$;(3) $-|x+1|>-3$;(4) $\left|\frac{1}{2}x+2\right|\leqslant 4$.

〈综合复习题 2〉

一、选择题

1.下面 4 个式子中,正确的是(　　).

A.$4a>3a$　　B.$4-a>3-a$　　C.$4+a>4-a$　　D.$\frac{4}{a}>\frac{3}{a}$

2.集合$\{x|-3<x\leqslant 7\}$用区间表示为(　　).

A.$(-3,7)$　　B.$(-3,+\infty)$　　C.$[-3,7]$　　D.$(-3,7]$

3.不等式 $x^2+x-2>0$ 的解集是(　　).

A.$\{x|x<-2$ 或 $x>1\}$　　B.$\{x|-2<x<1\}$

C.$\{x|0<x<1\}$　　D.$\{x|-x>1\}$

4.已知 $a>1$,则$|x|+a>1$ 的解集是(　　).

A.$\{x|a-1<x<1-a\}$　　B.$\varnothing$

C.$\{x|x>1-a\}$　　D.$\mathbf{R}$

5.不等式$|x-2|+1<0$ 的解集是(　　).

A.$\{x|x<1$ 或 $x>3\}$　　B.$\{x|1<x<3\}$

C. $\mathbf{R}$　　D.$\varnothing$

6.已知 $A=\{x||x-1|<2\}$,$B=\{x||x-1|>1\}$,则 $A\cap B$ 等于(　　).

A.$\{x|-1<x<3\}$　　B.$\{x|x<0$ 或 $x>3\}$

C.$\{x|-1<x<0\}$　　D.$\{x|-1<x<0$ 或 $2<x<3\}$

二、填空题

1. $x>\frac{2}{3}$用区间可表示为__________.

2. 不等式$(x-1)^2\leqslant 4$的解集是__________.

3. 不等式$2x^2-3x<5$的解集是__________.

4. 如果不等式$x^2+2\geqslant a$的解集为$\mathbf{R}$,则a的范围是__________.

三、解答题

1. 用区间表示不等式$3x+9\geqslant 2-x$的解集.

2. 解下列不等式.

(1) $-x^2+4x-5<0$; (2) $3x^2-x+5>0$.

3. 解下列绝对值不等式.

(1) $|x+1|<2$; (2) $2|x|+3<3(4-|x|)$.

第3章 函 数

3.1 函数的概念

〈问题导入〉

在初中,用变量的观点给出函数的概念.在一个变化过程中,有两个变量 x 和 y,如果给定了一个 x 值,就有唯一的一个 y 值与其对应,那么我们称 y 是 x 的**函数**,其中 x 是自变量,y 是因变量.

用变量的观点来描述函数,可以形象地描述事物的变化规律,但有一定的局限性.先看下面的问题:

问题一 $y=1(x\in\mathbf{R})$是一个函数吗?

问题二 函数 $y=x$ 与函数 $y=\frac{x^2}{x}$是同一个函数吗?

〈知识探究〉

初中学过的函数概念很难回答这些问题,于是,我们从新的角度,用集合的观点给出函数的定义：

设集合 D 是一个非空集合，如果按照某个对应法则 f，对于任意一个数 $x\in D$ 都有唯一确定的数 y 与之对应，则这种对应关系称为集合 D 上的一个**函数**，记作

$$y=f(x),x\in D,$$

其中，x 称为**自变量**，自变量 x 的取值范围（集合 D）称为函数 $f(x)$ 的**定义域**，所有函数值构成的集合 $\{y|y=f(x),x\in D\}$ 称为函数 $f(x)$ 的**值域**.

当 $x=x_0$ 时，函数 $y=f(x)$ 对应的值 y_0 称为函数在点 x_0 处的**函数值**，记作 $y_0=f(x_0)$.

该定义使用了集合语言确切地刻画了函数，更具有一般性. 由此可以看出，函数的值域是由函数的定义域和对应法则所确定的，因此一个函数的确定只需两个要素：定义域和对应法则.

在实际问题中，函数的定义域是根据所研究的问题的实际意义确定的. 对于用解析式表示的函数，如果不考虑问题的实际意义，则函数的定义域，就是能够使函数式有意义的所有实数的集合.

学习提示

(1)两个函数相同必须是它们的定义域和对应法则分别完全相同.

(2)有时给出的函数没有明确说明定义域，此时的定义域，就是使函数关系式有意义的所有实数构成的集合；在实际问题中，函数的定义域还要受到自变量实际意义的制约.

〈应用举例〉

例 1 确定下列函数的定义域：

(1)$f(x)=\sqrt{x-5}$；　　(2)$f(x)=\dfrac{1}{x+\sqrt{3}}$

解 (1)要使函数有意义，必须使 $x-5\geqslant 0$，

所以函数的定义域为 $\{x|x\geqslant 5\}$，即 $[5,+\infty)$.

(2)当 $x+\sqrt{3}\neq0$,即 $x\neq-\sqrt{3}$ 时,函数有意义,所以函数的定义域为

$$\{x\mid x\neq-\sqrt{3}\},$$

即
$$(-\infty,-\sqrt{3})\cup(-\sqrt{3},+\infty)$$

例2　已知 $f(x)=3x^2-x+2$,求 $f(3)$,$f(-\sqrt{2})$,$f(a+1)$.

解　$f(3)=3\times3^2-3+2=26$

$$f(-\sqrt{2})=3\times(-\sqrt{2})^2-(-\sqrt{2})+2$$
$$=8+\sqrt{2}.$$
$$f(a+1)=3\times(a+1)^2-(a+1)+2$$
$$=3a^2+5a+4$$

例3　下列哪个函数与函数 $y=x$ 是同一个函数:

(1) $y=(\sqrt{x})^2$;　　(2) $y=\sqrt[3]{x^3}$;

(3) $y=\sqrt{x^2}$;　　(4) $y=\dfrac{x^2}{x}$.

解　(1)函数 $y=(\sqrt{x})^2=x(x\geqslant0)$ 与 $y=x(x\in\mathbf{R})$ 虽然对应法则相同,但是定义域不同,所以不是同一个函数.

(2)函数 $y=\sqrt[3]{x^3}=x(x\in\mathbf{R})$ 与 $y=x(x\in\mathbf{R})$ 的定义域、对应法则都相同,所以是同一个函数.

(3)函数 $y=\sqrt{x^2}=|x|(x\in\mathbf{R})$ 与 $y=x(x\in\mathbf{R})$ 的定义域相同,但是对应法则不同,所以不是同一个函数.

(4)函数 $y=\dfrac{x^2}{x}=x(x\neq0)$ 与 $y=x(x\in\mathbf{R})$ 虽然对应法则相同,但是定义域不同,所以不是同一个函数.

〈归纳指引〉

理解函数概念要侧重三个方面:定义域的确定;对应法则的理解;函数值的求法.

〈课堂练习〉

1.求下列函数的定义域.

(1)$f(x)=2x+15$;　　(2)$f(x)=\dfrac{1}{x-5}$;

(3)$f(x)=\sqrt{x+1}$;　　(4)$f(x)=\dfrac{1}{\sqrt{x-1}}$.

2.已知函数$f(x)=\sqrt{x-3}+\dfrac{1}{x+2}$,求:

(1)$f(-3)$,$f\left(\dfrac{1}{3}\right)$;

(2)当$a>0$时,$f(a)$,$f(a+1)$的值.

3.判断下列两组中的函数是否相同,并说明理由.

(1)$f(x)=x-1$,$g(x)=\dfrac{x^2-1}{x+1}$;

(2)$f(x)=x+1$,$g(t)=t+1$.

〈课后习题〉

习题 A

1.求下列函数的定义域.

(1)$f(x)=\dfrac{1}{x-1}$;　　(2) $f(x)=\sqrt{3x+2}$;

(3)$f(x)=\sqrt{2x+1}+\dfrac{1}{2-x}$;(4) $f(x)=\dfrac{1}{\sqrt{2x-1}}$.

2.已知$f(x)=4x^2-x+1$,求$f(1)$,$f(2)$,$f(a+1)$的值.

3.试判断下列各组中的两个函数是否是同一个函数;若不是,请说明原因.

(1)$f(x)=x$和$h(x)=(\sqrt{x})^2$;

(2)$f(x)=x$和$h(x)=\sqrt{x^2}$.

习题 B

1.求下列函数的定义域.

(1) $f(x)=\sqrt{x-1}+\sqrt{1-x}$;

(2) $f(x)=\sqrt{|x-2|+3}+\dfrac{1}{\sqrt[3]{4x+7}}$.

2.已知函数 $f(x)=4x^2-kx+1$, $f(1)=4$, 求 $f(2)$.

3.试判断下列各组中的两个函数是否是同一个函数;若不是,请说明原因.

(1) $f(x)=\sqrt{x}\cdot\sqrt{x-1}$ 和 $h(x)=\sqrt{x(x-1)}$;

(2) $f(x)=x^2$ 和 $h(x)=x|x|$.

3.2　函数的三种表示法

3.2.1　函数的三种表示方法

〈问题导入〉

上一节我们已经明确了函数的概念,那么怎样表示一个函数呢?例如,商店里所售练习本的单价为0.8元,买练习本的本数 x(本)与付款款额 y(元)的函数关系如何表示?

〈知识探究〉

首先,我们做一个表格(见表3.1):

表 3.1

x/本	1	2	3	4	5	…
y/元	0.8	1.6	2.4	3.2	4.0	…

列出表格可以很直观地反映出练习本的本数 x 与付款款额 y 之间的关系.像这种通过列出自变量与对应函数值的表格来表示函数关系的方法称为**列表法**.

但这种表示方法一般不完整,如要买 80 本练习本,则所需付的款额表中就没有,那么还可以用什么方法表示呢?

可以用一个数学式子 $y=0.8x$ 来表示.这种在函数 $y=f(x)$ $(x\in D)$ 中,$f(x)$ 是用代数式或解析式($0.8x$)来表达的方法称为**解析法**.这种方法严谨、完整,但不够直观.

另外,描绘函数的图像,也可以直观形象地表示一个函数,如图 3.1 所示,这种利用图像表示函数的方法称为**图像法**.

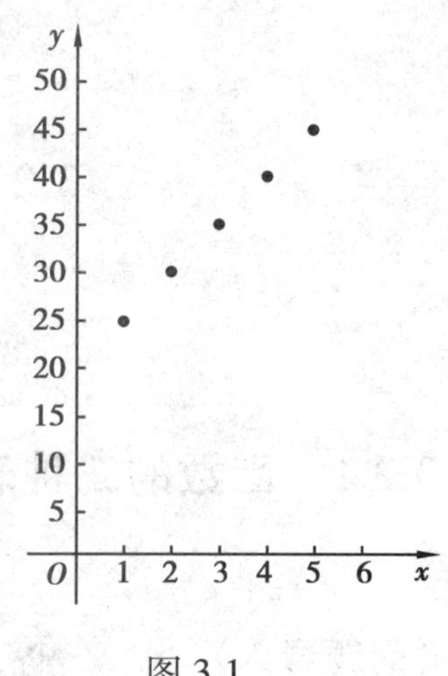

图 3.1

〈应用举例〉

例 1 某工厂的一名普通工人每天的基本工资是 20 元,每加工完成一个合格零件,日收入增加 5 元.一名工人的日收入 y 是他每天完成的合格零件数 x 的函数.当一名工人每天完成的合格零件数在 5 件以内(含 5 件)时,请用 3 种方法表示这个函数.

解 (1)按照题意,分别计算出一名工人每天完成合格零件数 x 在 1~5 件时的日薪 y(元),列成表格,因此函数用列表法表示,如表 3.2 所示:

表 3.2

x/件	1	2	3	4	5
y/元	25	30	35	40	45

(2)根据题意，函数的解析式为 $y=20+5x$，因此函数的解析法表示为 $y=5x+20, x\in\{1,2,3,4,5\}$.

(3)以表3.2中的 x 值为横坐标，对应的 y 值为纵坐标，在直角坐标系中，画出各个相应的点.因此，函数的图像法表示如图3.2所示.

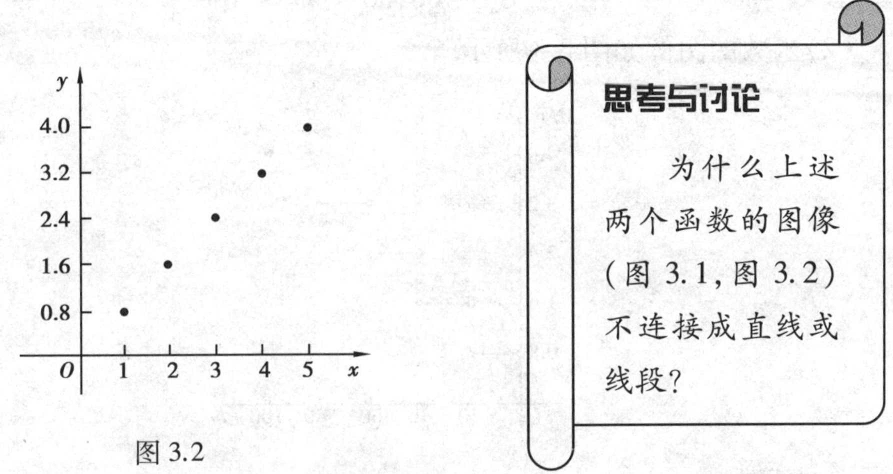

图3.2

3.2.2　分段函数

〈知识探究〉

我们先看一个例子：

国内跨省市之间邮寄信函，每封信函的质量 m(g)和对应的邮资 M(元)如表3.3所示：

表3.3

m/g	$0<m\leqslant 20$	$20<m\leqslant 40$	$40<m\leqslant 60$	$60<m\leqslant 80$	$80<m\leqslant 100$
M/g	0.80	1.60	2.40	3.20	4.00

请用解析法和图像法表示该函数.

解　(1)函数的解析式为：

$$M(m)=\begin{cases}0.80, 0 < m \leqslant 20,\\ 1.60, 20 < m \leqslant 40,\\ 2.40, 40 < m \leqslant 60,\\ 3.20, 60 < m \leqslant 80,\\ 4.00, 80 < m \leqslant 100.\end{cases}$$

(2)函数的图像如图 3.3 所示.

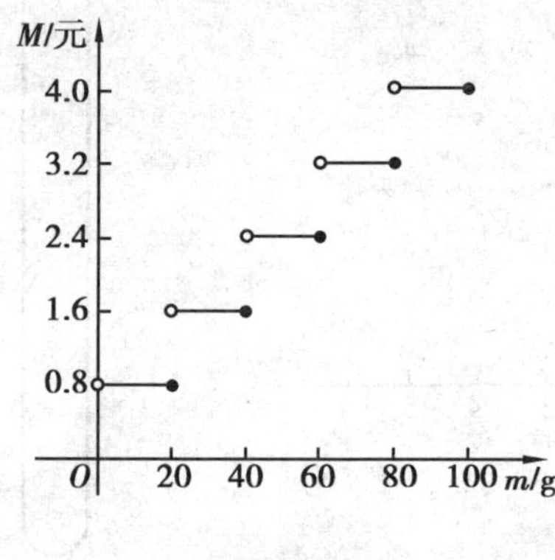

图 3.3

这种在定义域的不同部分有不同对应法则的函数,称为**分段函数**.

〈应用举例〉

例 2 已知函数$f(x)=\begin{cases}x-2, & 0\leqslant x<2,\\ 3x, & 2\leqslant x<4.\end{cases}$

(1)写出函数的定义域;

(2)求$f(0)$,$f(1)$,$f(2)$,$f(3)$;

(3)作出函数的图像.

解 (1)该函数的定义域为$[0,2]\cup[2,4]$,即$[0,4)$.

(2)因为$0,1\in[0,2)$,这时$f(x)=x-2$,所以

$$f(0)=0-2=-2$$

$$f(1)=1-2=-1$$

因为$2,3\in[2,4)$,这时$f(x)=3x$,所以

$$f(2)=3\times 2=6$$

$$f(3)=3\times 3=9$$

(3)在同一直角坐标系中,用描点法在$[0,2)$内作出$f(x)=x-2$的图像,在$[2,4)$内作出$f(x)=3x$的图像,如图3.4所示.

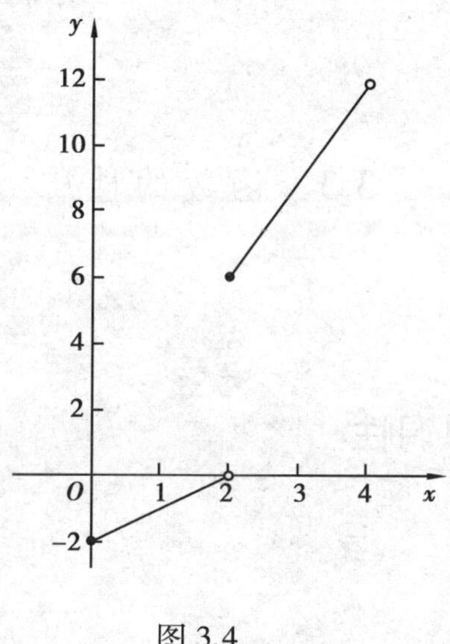

图3.4

〈归纳指引〉

函数的三种表示法各有优缺点,在实际中可灵活使用.列表法直观,但不利于研究函数的变化规律;解析法抽象,但利于研究函数变化规律.理解分段函数必须注意两点:①分段函数解析式由多个式子组成;②分段函数的定义域是各部分的取值范围的"并集".

〈课后习题〉

1.作函数$y=f(x)=2,x\in\mathbf{R}$的图像,并求$f(-1),f(0),f(1)$的值.

2.作函数$y=-\dfrac{1}{x}$的图像.

3.如果一辆汽车匀速行驶,2 h行驶110 km,这辆汽车行驶的路程s是时间t的函数,请用解析法和图像法表示这个函数.

4.设函数

$$f(x)=\begin{cases}2x+1, & x<0,\\ x^2, & x\geqslant 0.\end{cases}$$

(1)求函数的定义域;

(2)求$f(-2)$,$f(0)$,$f(1)$;

(3)作出函数的图像.

3.3 函数的性质

3.3.1 函数的单调性

〈知识探究〉

一般地,设函数$y=f(x)$的定义域为D,区间$I\subseteq D$.如果取区间I中的任意两点x_1、x_2,则

(1) 当$x_1<x_2$时,都有$f(x_1)<f(x_2)$成立,那么函数$y=f(x)$称为区间I上的**增函数**(或**单调递增函数**),区间I称为函数$y=f(x)$的**增区间**.观察图3.5,函数$y=f(x)$是区间(a,b)上的增函数,区间(a,b)是该函数的增区间.

(2) 当$x_1<x_2$时,有$f(x_1)>f(x_2)$成立,那么函数$y=f(x)$称为区间I上的**减函数**(或**单调递减函数**),区间I称为函数$y=f(x)$的**减区间**,观察图3.6,函数$y=f(x)$是区间(a,b)上的减函数,区间(a,b)是该函数的减区间.

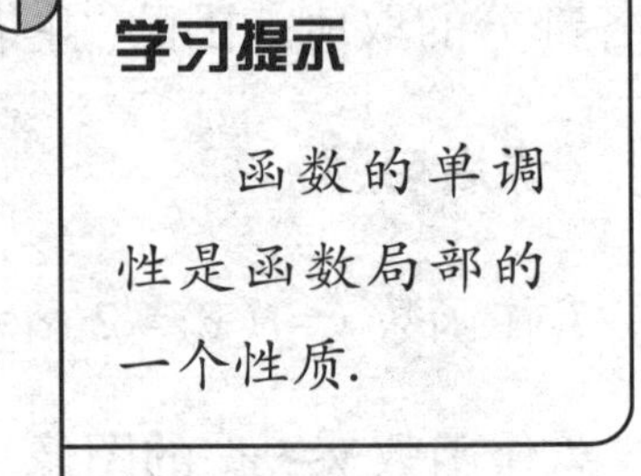

在某一区间上,单调递增或单调递减的函数称为在这个区间上的**单调函数**,该区间称为这个函数的**单调区间**.

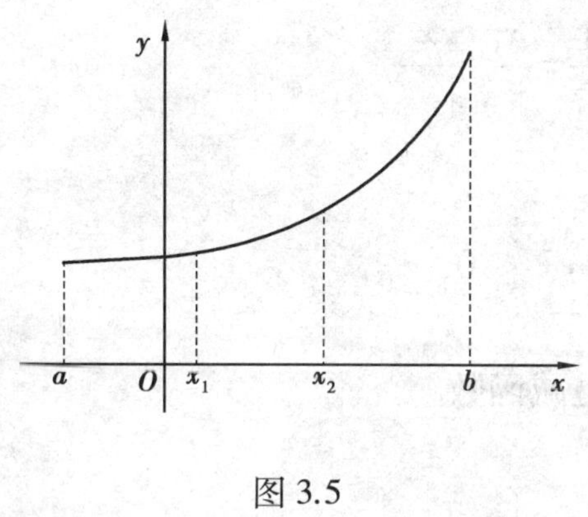

图 3.5

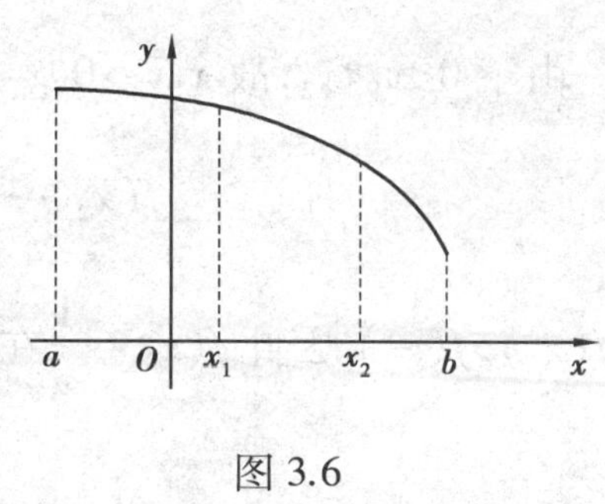

图 3.6

〈应用举例〉

例 1 图 3.7 是函数 $y=f(x)$ 的图像，其定义域为区间 $[-8,12]$，根据图像写出函数的单调性.

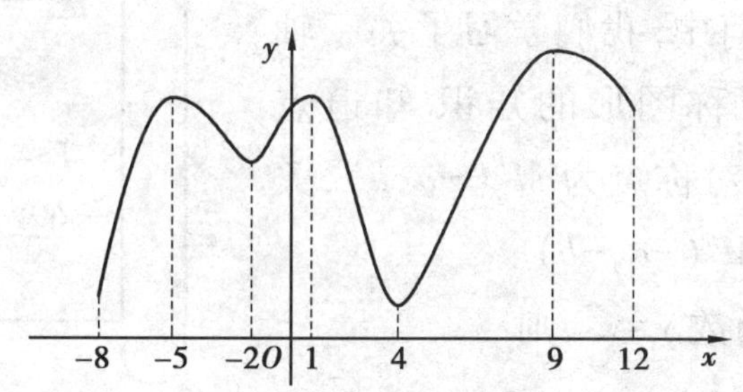

图 3.7

解 由图像可看出：自变量 x 在 $(-8,-5)$ 内，函数是单调递增的，因此函数在区间 $(-8,-5)$ 上是增函数；自变量 x 在 $(-5,-2)$ 内，函数是单调递减的，因此在区间 $(-5,-2)$ 上是减函数.类似，函数在区间 $(-2,1)$ 和 $(4,9)$ 上是增函数，在区间 $(1,4)$ 和 $(9,12)$ 上是减函数.

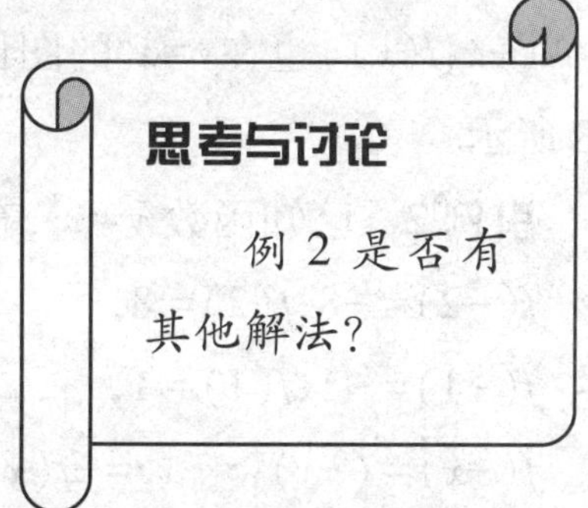

例 2 讨论函数 $f(x)=\dfrac{1}{x}$ 在 $(0,+\infty)$ 上的单调性.

解 在 $(0,+\infty)$ 内任意取 x_1、x_2，设 $x_1<x_2$，则

$$f(x_2)-f(x_1)=\frac{1}{x_2}-\frac{1}{x_1}=\frac{x_1-x_2}{x_1x_2}$$

由于$0<x_1<x_2$,故$x_1x_2>0$,$x_1-x_2<0$,于是

$$f(x_2)-f(x_1)=\frac{x_1-x_2}{x_1x_2}<0,$$

即$f(x_1)>f(x_2)$.因此$f(x)=\frac{1}{x}$在$(0,+\infty)$上是减函数.

3.3.2 函数的奇偶性

〈知识探究〉

在初中平面几何中,我们学习了关于轴对称图形和中心对称图形的知识.知道点$M(a,b)$关于y轴的对称点为$M'(-a,b)$,关于原点的对称点为$M''(-a,-b)$.

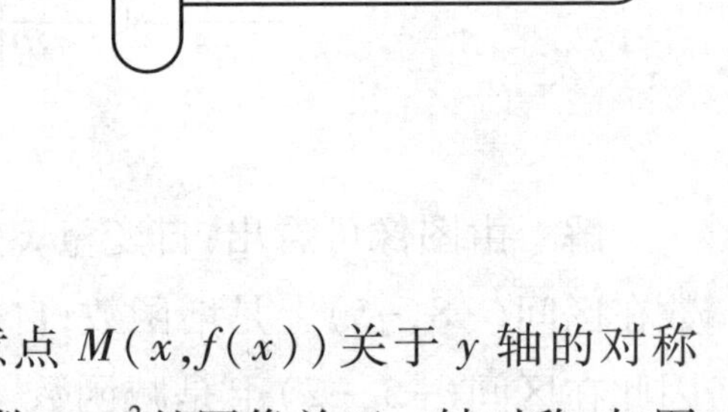

引例1 已知函数$y=x^2$,则

$f(-2)=f(2)=4$,

$f(-1)=f(1)=1$,

$f(-x)=(-x)^2=x^2=f(x)$.

可以看出,函数$y=x^2$的图像上的任意点$M(x,f(x))$关于y轴的对称点$N(-x,f(x))$也在$y=x^2$的图像上,所以函数$y=x^2$的图像关于y轴对称,如图3.8所示.

引例2 已知函数$y=x^3$,有

$f(-2)=-8,f(2)=8$,

$f(-1)=-1,f(1)=1$,

$f(-x)=(-x)^3=-x^3=-f(x)$.

可以看出,函数$y=x^3$图像上的任意点$M(x,f(x))$关于原点的对称点$N(-x,-f(x))$也在$y=x^3$图像上,所以函数$y=x^3$图像关于原点对称,如图3.9所示.

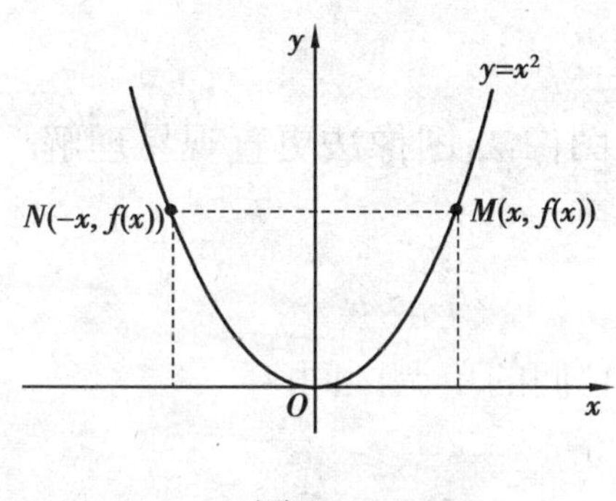

图 3.8

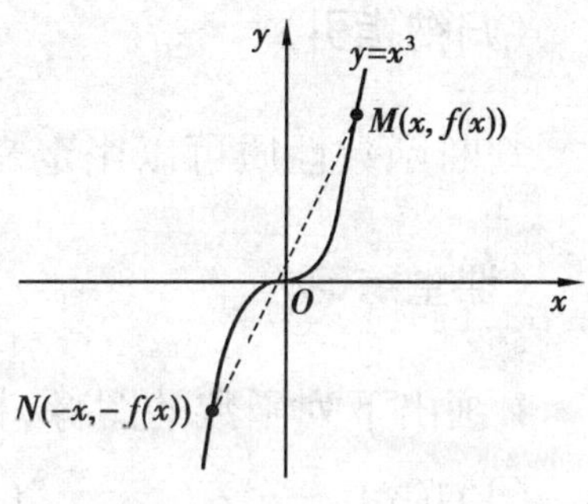

图 3.9

上述两个例子中的函数所表现出的性质，即为函数的奇偶性，其定义如下：设函数 $y=f(x)$ 的定义域为 D，且关于原点对称，如果对 D 内的任意 x，都有 $-x\in D$，且 $f(-x)=f(x)$，则这个函数称为**偶函数**，其图像关于 y 轴对称.

上述引例 1 中的函数 $y=x^2$，即为偶函数.

设函数 $y=f(x)$ 的定义域为 D，且关于原点对称，如果对 D 内的任意 x，都有 $-x\in D$，且 $f(-x)=-f(x)$，则这个函数称为**奇函数**，其图像关于原点对称.

上述引例 2 中的函数 $y=x^3$ 即为奇函数.

〈应用举例〉

例 3　判断下列函数是否具有奇偶性.

(1) $f(x)=x-x^5$；　(2) $f(x)=x^8+4$；　(3) $f(x)=x-1$.

解　(1) 函数 $f(x)=x-x^5$ 的定义域为 $\mathbf{R}$，

当 $x\in\mathbf{R}$ 时，$-x\in\mathbf{R}$，且

$$f(-x)=(-x)-(-x)^5=-(x-x^5)=-f(x)$$

因此函数 $f(x)=x-x^5$ 是奇函数.

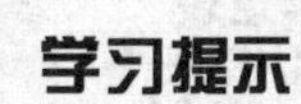
学习提示

奇函数和偶函数的定义域一定关于原点对称.

(2) 函数 $f(x)=x^8+4$ 的定义域为 $\mathbf{R}$，当 $x\in\mathbf{R}$ 时，$-x\in\mathbf{R}$，且

$$f(-x)=(-x)^8+4=x^8+4=f(x)$$

所以函数 $f(x)=x^8+4$ 是偶函数.

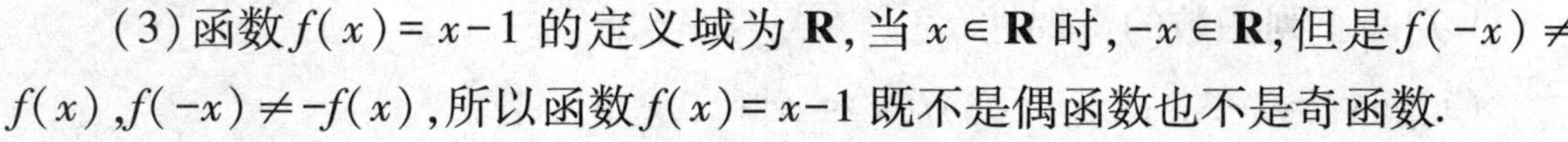
(3) 函数 $f(x)=x-1$ 的定义域为 $\mathbf{R}$，当 $x\in\mathbf{R}$ 时，$-x\in\mathbf{R}$，但是 $f(-x)\neq f(x)$，$f(-x)\neq -f(x)$，所以函数 $f(x)=x-1$ 既不是偶函数也不是奇函数.

〈归纳指引〉

判断函数性质可以用定义法,也可以用图像法.图像法更直观易理解.

〈课堂练习〉

1.画出下列函数的图像,根据图像说出它们的单调区间.

(1)$f(x)=-x^3$; (2)$f(x)=x^2+2$.

2.判断函数$f(x)=\frac{1}{x}$在区间$(-\infty,0)$上的单调性并证明.

3.判断下列函数是否具有奇偶性.

(1)$f(x)=-2x^3$; (2)$f(x)=3x^3-33$;

(3)$f(x)=x(x^2+4)$; (4)$f(x)=\frac{2}{x^2+2}$.

〈课后习题〉

习题 A

1.画出下列函数的图像,根据图像判断函数的单调性及单调区间.

(1)$f(x)=3x+4$; (2)$f(x)=x^2-1$.

2.判断下列函数的奇偶性.

(1)$f(x)=2x$; (2)$f(x)=2x+3$;

(3)$f(x)=x^2+1$; (4)$f(x)=x^3-x$.

3.已知$f(x)$是偶函数,且$x>0$时,$f(x)$是增函数,试比较下列函数值的大小.

(1)$f(-1)$与$f(1)$; (2)$f(-2)$与$f(3)$.

习题 B

1.判断下列函数的奇偶性.

(1)$f(x)=2-3x^2$; (2)$f(x)=x|x|$;

(3) $f(x)=\dfrac{1-x^2}{x^3}$；　　(4) $f(x)=x^3-\sqrt[3]{x}$.

2.已知 $f(x)$ 是偶函数,且 $x>0$ 时, $f(x)$ 是减函数,试比较下列函数值的大小.

(1) $f(-3)$ 与 $f(1)$；　　(2) $f(-2)$ 与 $f(3)$.

3.4　函数的实际应用举例

本节通过举例来简介函数在实际生活中的应用.

例1　弹簧挂上物体后会伸长,测得某一弹簧的长度为 y(cm)与悬挂物体的质量 x(kg)有下面一组对应值,如表3.4所示.

表3.4

y/kg	0	1	2	3	4	5	6	7	8
y/cm	12	12.5	13	13.5	14	14.5	15	15.5	16

根据上述对应值回答:

(1)弹簧不挂物体时长度是多少?

(2)当所挂的物体质量每增加1 kg时,弹簧怎样变化?

(3)求弹簧总长度 y(m)与所挂物体质量 x(kg)的函数解析式.

解　(1)根据对应值表,当 $x=0$ 时, $y=12$,所以弹簧不挂物体时长度为12 cm.

(2)观察对应值表,当所挂物体的质量每增加1 kg时,弹簧伸长0.5 cm.

(3)根据(1)(2)得,函数的解析式为

$$y=0.5x+12.$$

例2　因特网的费用由两部分组成:电话费和上网费,某地区电话费为0.16元/3 min,上网费每月不超过60 h,以4元/h计算,超过60 h部分,以8元/h计算.试将每月因特网的费用表示为上网时间(小时)的函数.

解 设上网 x 小时的费用为 $f(x)$ 元.

当 $0<x\leqslant 60$ 时,$f(x)=0.16\times 20x+4x=7.2x$;

当 $x>60$ 时,$f(x)=0.16\times 20x+4\times 60+(x-60)\times 8=11.2x-240$.

所以函数的解析式为

$$f(x)\begin{cases}7.2x, & 0<x\leqslant 60,\\ 11.2x-240, & x>60.\end{cases}$$

例 3 某质点在 30 s 内运动速度 v(cm/s)是时间 t(s)的函数,它的图像如图 3.10 所示.

(1)用解析法表示出这个函数;

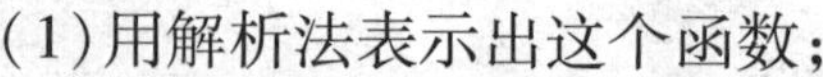

(2)求出 9 s 时,质点的速度.

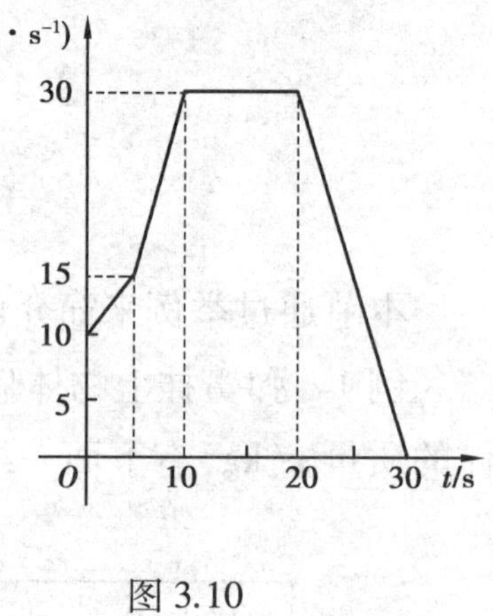

图 3.10

解 (1)函数的解析式为

$$v(t)=\begin{cases}t+10, & 0\leqslant t<5,\\ 3t, & 5\leqslant t<10,\\ 30, & 10\leqslant t<20,\\ -3t+90, & 20\leqslant t\leqslant 30.\end{cases}$$

(2)因为 $9\in[5,10)$,所以 $v(9)=3\times 9=27$(cm/s).

〈课后习题〉

1.某汽车油箱中能盛油 80 L,汽车每行驶 40 km 耗油 6 L,求加满油后,油箱中剩余油量 y(L)与汽车行驶路程 x(km)之间的函数解析式.

2.学生甲每小时走 3 km,出发 1.5 h 后,学生乙以每小时 4.5 km 的速度追赶甲,设乙行走的时间为 t h,写出甲、乙两学生走的路程 s_1、s_2 与时间 t 的函数解析式.

3.大气温度 y(℃)随着离开地面的高度 x(km)增大而降低,到上空 11 km 为止,大约每上升 1 km,气温降低 6 ℃,而在更高的上空,气温却几乎没变(设地面温度为 22 ℃).求:

(1)y 与 x 的函数解析式;

(2)$x=3.5$ km 以及 $x=12$ km 处的气温.

〈综合复习题3〉

一、选择题

1.下图中可作为函数$f(x)$的图像的是(　　).

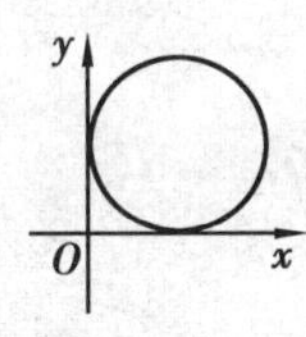

A

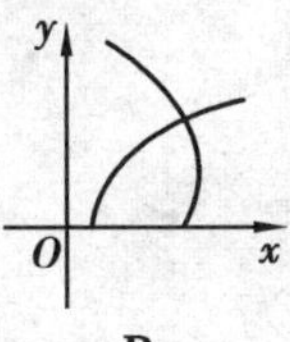

B

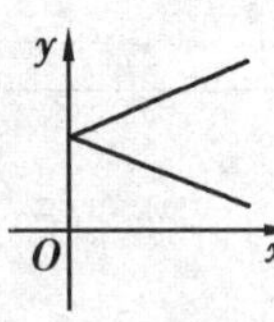

C

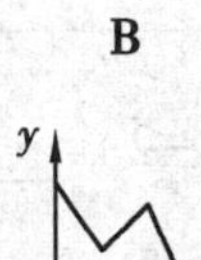

D

2.函数$y=\sqrt{2x+1}+\sqrt{3-4x}$的定义域为(　　).

A.$\left(-\frac{1}{2},\frac{3}{4}\right)$　　　　B.$\left[-\frac{1}{2},\frac{3}{4}\right]$

C.$\left(-\infty,\frac{1}{2}\right]\cup\left[\frac{3}{4},+\infty\right]$　　　　D.$(-\frac{1}{2},0)\cup(0,+\infty)$

3.下列各项中,函数$f(x)$与$g(x)$表示同一函数的是(　　).

A.$f(x)=x,g(x)=(\sqrt{x})^2$　　　　B.$f(x)=1,g(x)=\frac{x}{x}$

C.$f(x)=x,g(x)=\sqrt[3]{x^3}$　　　　D.$f(x)=1,g(x)=x$

4.函数$f(x)=-x^2$在$(-\infty,+\infty)$内(　　).

A.是增函数　　　　B.是减函数

C.不是增函数,也不是减函数　　　　D.是奇函数

5.下列函数在$(0,+\infty)$上为单调增加的是(　　).

A. $y=-3x+2$　　　　B. $y=\frac{1}{x}$

C. $y=5+x$　　　　D. $y=-x^2$

6.函数 $f(x)=x^2+5$(　　).

A.是奇函数　　　　B.是偶函数

C.不是奇函数,也不是偶函数　　　　D.是增函数

7.已知函数 $f(x)=\begin{cases}x-1, & x>1,\\ x+1, & x\leqslant 1,\end{cases}$ 则 $f(2)$ 为(　　).

A.1　　　　B.−1

C.3　　　　D.1 或 3

二、填空题

1.函数 $y=\dfrac{\sqrt{4-x}}{x-2}$ 的定义域为____________.

2.已知 $f(x)=-x^2+x-2$,则 $f(-2)=$ ________,$f(2x)=$ ________.

3.已知函数 $f(x)=\begin{cases}\sqrt{x-5}, x\geqslant 5,\\ 0, \quad x<5,\end{cases}$ 则 $f(0)=$ ________.

4.点(2,−3)关于坐标原点的对称点的坐标为__________.

三、解答题

1.判断下列函数的奇偶性:

(1)$f(x)=x+x^2+x^5$;　　　　(2)$f(x)=x^2+1$;

(3)$f(x)=x+1$;　　　　(4)$f(x)=x^2, x\in[-1,3]$.

2.某商店规定,某种商品一次性购买 10 kg 以下,按零售价格 50 元/kg 销售;若一次性购买量满 10 kg,可打 9 折;若一次性购买量满 20 kg,可按 40 元/kg 的更优惠价格供货.

(1)试写出支付金额 y(元)与购买量 x(kg)之间的函数解析式;

(2)分别求出购买 15 kg 和 25 kg 应支付的金额.

3.已知函数 $f(x)=\begin{cases}-1, x<-1,\\ x, \quad -1\leqslant x<1,\\ 1, \quad x\geqslant 1.\end{cases}$

(1)求 $f(x)$ 的定义域;

(2)作函数 $f(x)$ 的图像,并根据图像判断函数 $f(x)$ 的奇偶性.

第 4 章 指数函数与对数函数

4.1 实数指数幂与幂函数简介

4.1.1 实数指数幂及其运算法则

〈知识探究〉

一般地,如果有

$$x^n = a(a \in \mathbf{R}, n > 1, n \in \mathbf{N}^*)$$

则 x 称为 a 的 n **次方根**.

当 n 是奇数时,正数的 n 次方根是一个正数,负数的 n 次方根是一个负数,都表示为

$$\sqrt[n]{a}(n\text{ 为奇数})$$

学习提示

(1) 负数没有偶次方根.

(2) 0 的任何次方根都是 0,记作 $\sqrt[n]{0}=0$.

例如，$\sqrt[5]{32}=2$，$\sqrt[3]{-27}=-3$.

当 n 是偶数时，正数的 n 次方根有两个，它们互为相反数，分别表示为

$$\sqrt[n]{a},\ -\sqrt[n]{a}\ (a>0, n\text{ 为偶数}).$$

例如，81 的 4 次方根分别为$\sqrt[4]{81}=3$，$-\sqrt[4]{81}=-3$.

正数 a 的正 n 次方根称为 a 的 n **次算术根**. 当$\sqrt[n]{a}$有意义的时候，$\sqrt[n]{a}$称为**根式**，n 称为**根指数**，a 称为**被开方数**.

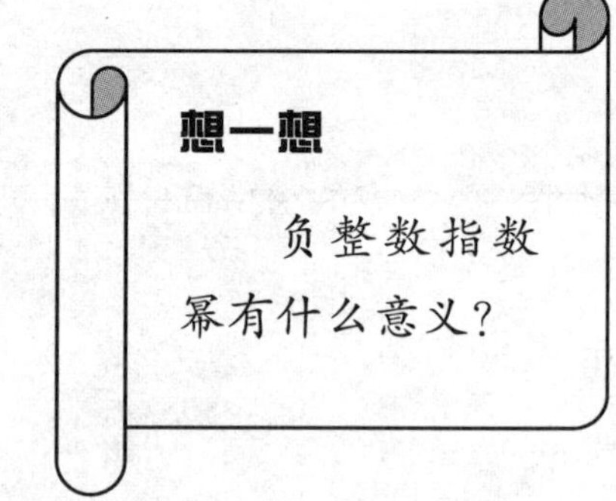

现在将整数指数幂的概念进行推广，为避免讨论，如不特别说明，我们约定底数 $a>0$. 于是，正分数指数幂定义为

$$a^{\frac{m}{n}}=\sqrt[n]{a^m}\ (a>0, m、n\in\mathbf{N}^*, n>1);$$

负分数指数幂的意义与负整数指数幂的意义相同，定义为

$$a^{-\frac{m}{n}}=\frac{1}{a^{\frac{m}{n}}}=\frac{1}{\sqrt[n]{a^m}}\ (a>0, m、n\in\mathbf{N}^*, n>1).$$

至此，我们已经把整数指数幂推广到有理数指数幂，还可以进一步推广到实数指数幂.

一般地，当 $a>0$，α 为任意实数时，实数指数幂a^{α}都是有意义的.

可以证明，对任意实数 α、β，下列运算法则，仍然成立.

(1) $a^{\alpha}\cdot a^{\beta}=a^{\alpha+\beta}$；

(2) $(a^{\alpha})^{\beta}=a^{\alpha\beta}$；

(3) $(ab)^{\alpha}=a^{\alpha}b^{\alpha}$，其中 $a,b>0$.

〈应用举例〉

例 1 将下列指数幂表示为根式的形式.

(1) $a^{\frac{3}{4}}$；　　(2) $x^{-\frac{3}{5}}$.

解 (1) 由于 $m=3$，$n=4$，于是$a^{\frac{3}{4}}=\sqrt[4]{a^3}$；

(2) 由于 $m=3$，$n=5$，于是$x^{-\frac{3}{5}}=\frac{1}{x^{\frac{3}{5}}}=\frac{1}{\sqrt[5]{x^3}}$.

例2　将下列根式表示为指数幂的形式.

(1) $\sqrt[3]{a^5}$；　　(2) $\dfrac{1}{\sqrt[3]{a^2}}$.

解　(1) 由于 $m=5,n=3$，于是 $\sqrt[3]{a^5}=a^{\frac{5}{3}}$；

(2) 由于 $m=2,n=3$，于是 $\dfrac{1}{\sqrt[3]{a^2}}=\dfrac{1}{a^{\frac{2}{3}}}=a^{-\frac{2}{3}}$.

例3　计算下列各式.

(1) $27^{\frac{2}{3}}$；　　(2) $4^{-\frac{1}{2}}$；　　(3) $\dfrac{2\sqrt{2}\cdot\sqrt[4]{2}}{\sqrt[8]{2}}$.

解　(1) $27^{\frac{2}{3}}=(3^3)^{\frac{2}{3}}=3^{3\cdot\frac{2}{3}}=3^2=9$

(2) $4^{-\frac{1}{2}}=(2^2)^{-\frac{1}{2}}=2^{2\cdot(-\frac{1}{2})}=2^{-1}=\dfrac{1}{2}$

(3) $\dfrac{2\sqrt{2}\cdot\sqrt[4]{2}}{\sqrt[8]{2}}=\dfrac{2\cdot 2^{\frac{1}{2}}\cdot 2^{\frac{1}{4}}}{2^{\frac{1}{8}}}$

$=2\cdot 2^{\frac{1}{2}}\cdot 2^{\frac{1}{4}}\cdot 2^{-\frac{1}{8}}$

$=2^{1+\frac{1}{2}+\frac{1}{4}-\frac{1}{8}}$

$=2^{\frac{13}{8}}$.

〈归纳指引〉

在进行实数指数幂运算时，要特别注意转化条件的约束，如开偶次方，被开方数必须是正数或零，计算时通常把根式运算转化为幂的运算.

〈课堂练习〉

1.将下列指数幂表示为根式的形式.

(1) $x^{\frac{2}{3}}$；　　(2) $x^{-\frac{2}{3}}$；　　(3) $2.5^{\frac{5}{2}}$.

2.将下列根式表示为指数幂的形式.

(1) $\sqrt[7]{x^6}$；　　(2) $\dfrac{1}{\sqrt[3]{x^8}}$；　　(3) $\dfrac{\sqrt{x}}{\sqrt[4]{y^2}}$.

3.计算下列各式.

(1)$\sqrt[3]{(-18)^3}$；　(2)$\left(\frac{25}{4}\right)^{\frac{3}{2}}$；　(3)$\sqrt[3]{-\frac{8}{125}}$.

4.1.2 幂函数简介

〈知识探究〉

注意观察已学习过的函数

$$y=x, y=x^2, y=\frac{1}{x}$$

可将其变为

$$y=x=x^1, y=\frac{1}{x}=x^{-1}$$

于是可发现这些函数的表达式有着共同的特征:幂的底数是自变量,指数是常数,即这3个函数都可以写成 $y=x^\alpha(\alpha\in\mathbf{R})$ 的形式.

一般地,形如

$$y=x^\alpha(\alpha\in\mathbf{R})$$

的函数称为**幂函数**,其中 α 为常数.

下面通过举例来简单认识一下这类函数.

〈应用举例〉

例4 指出下列函数的定义域,并作出它们的图像.

(1)$y=x$；　(2)$y=x^2$；

(3)$y=x^3$；　(4)$y=x^{\frac{1}{2}}$；

(5)$y=x^{-1}$；　(6)$y=x^{-2}$.

解 (1)函数 $y=x$ 的定义域为 $\mathbf{R}$;

(2)函数 $y=x^2$ 的定义域为 $\mathbf{R}$;

(3)函数 $y=x^3$ 的定义域为 **R**;

(4)函数 $y=x^{\frac{1}{2}}$ 的定义域为 $[0,+\infty)$;

(5)函数 $y=x^{-1}=\frac{1}{x}$ 的定义域为 $(-\infty,0)\cup(0,+\infty)$;

(6)函数 $y=x^{-2}=\frac{1}{x^2}$ 的定义域为 $(-\infty,0)\cup(0,+\infty)$.

接下采用描点法来作这6个函数的图像.分别在其定义域中取一些值,如表4.1、表4.2、表4.3、表4.4所示:

表4.1

x	…	−2	−1	0	1	2	…
$y=x$	…	−2	−1	0	1	2	…
$y=x^2$	…	4	1	0	1	4	…
$y=x^3$	…	−8	−1	0	1	8	…

表4.2

x	0	$\frac{1}{4}$	1	4	9	…
$y=x^{\frac{1}{2}}$	0	$\frac{1}{2}$	1	2	3	…

表4.3

x	…	−3	−2	−1	1	2	3	…
$y=x^{-1}$	…	$-\frac{1}{3}$	$-\frac{1}{2}$	−1	1	$\frac{1}{2}$	$\frac{1}{3}$	…

表4.4

x	…	−2	−1	$-\frac{1}{2}$	$\frac{1}{2}$	1	2	…
$y=x^{-2}$	…	$\frac{1}{4}$	1	4	4	1	$\frac{1}{4}$	…

它们的图像如图 4.1 所示.

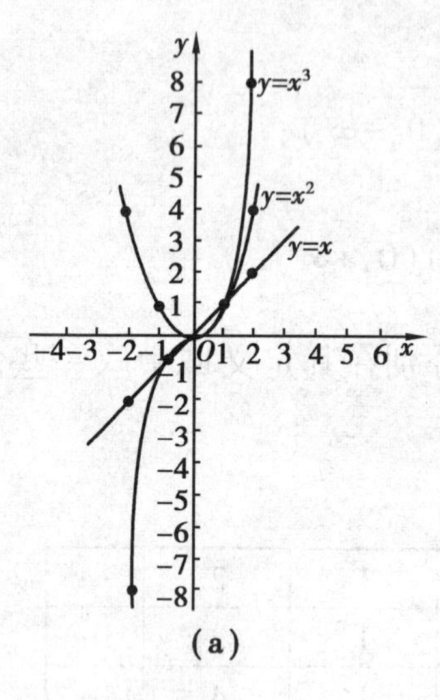

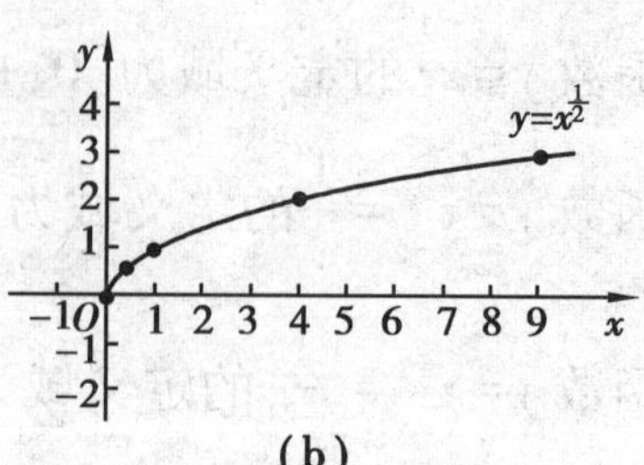

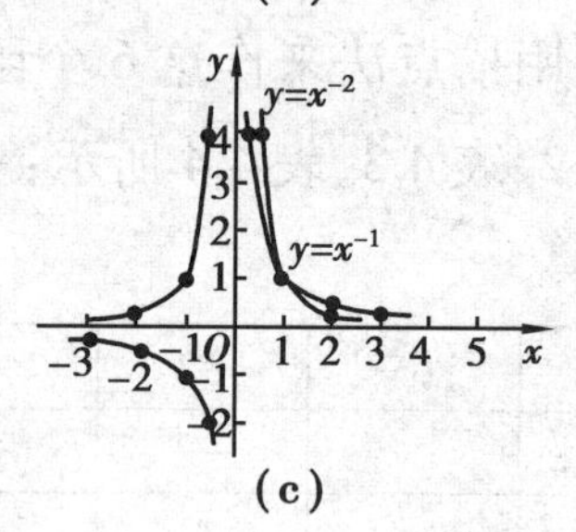

图 4.1

〈**课堂练习**〉

指出函数 $y=x^5$ 的定义域,并作出图像.

〈**课后习题**〉

1.计算下列各式.

(1) $100^{\frac{1}{2}}$;　　(2) $\left(\frac{27}{8}\right)^{-\frac{1}{3}}$;　　(3) $125^{\frac{2}{3}}+\left(\frac{1}{2}\right)^{-2}$;　　(4) $-\left(\frac{1}{27}\right)^{-\frac{1}{3}}$.

2.化简下列各式.

(1) $\sqrt[6]{\left(\frac{8x^3}{125y^3}\right)^4}$;　　(2) $(x^{-2}y)^{\frac{1}{2}}\div\sqrt{y}$.

3.画出函数 $y=x^{-\frac{2}{3}}$ 的图像,讨论它的定义域及函数值 y 随 x 的变化规律.

4.2　指数函数

〈问题导入〉

先看下面的问题,研究问题中两个变量之间的依赖关系.

问题一　细胞分裂时,由1个分裂成两个,两个分裂成4个,4个分裂成8个,…….一个这样的细胞分裂x次后,得到的细胞个数y与x的函数关系式为

$$y=2^x$$

问题二　一根1 m长的绳子,从中间剪一次剩下$\frac{1}{2}$m,再从中间剪一次剩下$\frac{1}{4}$m,若这绳子剪x次剩下y m,则y与x的函数关系式为

$$y=\left(\frac{1}{2}\right)^x.$$

在这两个函数中,自变量x出现在指数的位置上,而底数为常数.

〈知识探究〉

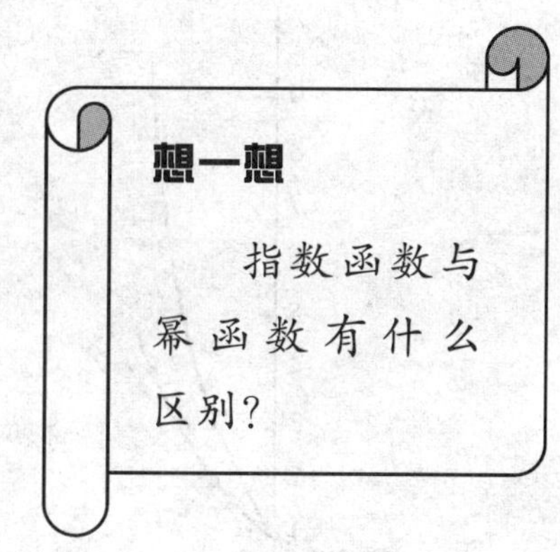

一般地,函数

$$y=a^x(a>0,a\neq 1)$$

称为**指数函数**,其定义域为**R**.

下面研究指数函数的图像和性质.

例1　作指数函数$y=2^x$和$y=3^x$的图像.

解　列出x、y的对应值,如表4.5所示:

表 4.5

x	…	−2	−1	0	1	2	…
$y=2^x$	…	$\frac{1}{4}$	$\frac{1}{2}$	1	2	4	…
$y=3^x$	…	$\frac{1}{9}$	$\frac{1}{3}$	1	3	9	…

用描点法,在同一坐标中作出它们的图像,如图 4.2 所示.

例 2 作指数函数 $y=\left(\frac{1}{2}\right)^x$ 和 $y=\left(\frac{1}{3}\right)^x$ 的图像.

解 列出 x、y 的对应值,如表 4.6 所示:

表 4.6

x	…	−2	−1	0	1	2	…
$y=\left(\frac{1}{2}\right)^x$	…	4	2	1	$\frac{1}{2}$	$\frac{1}{4}$	…
$y=\left(\frac{1}{3}\right)^x$	…	9	3	1	$\frac{1}{3}$	$\frac{1}{9}$	…

用描点法,在同一坐标系中作出它们的图像,如图 4.3 所示.

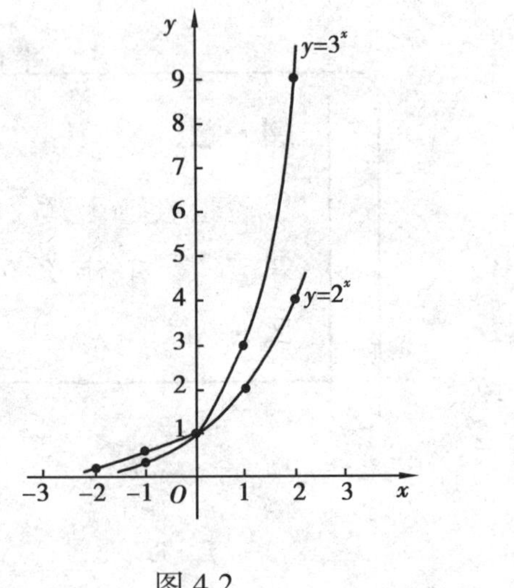

图 4.2

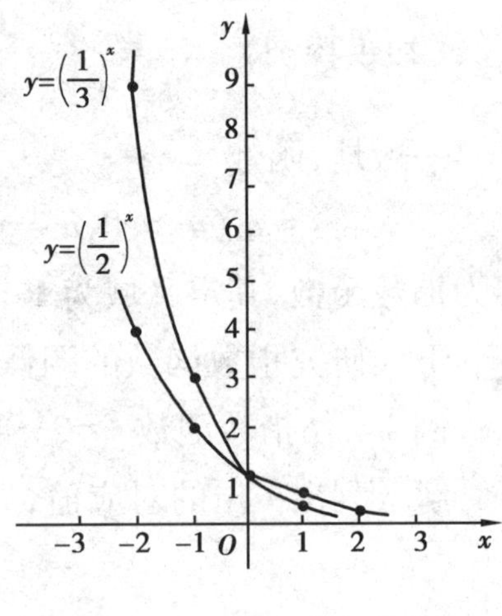

图 4.3

从例 1、例 2 所画出的函数的图像可以看出:

(1)这4个函数的图像都在 x 轴上方,且它们的图像都经过(0,1).

(2) $y=2^x$ 和 $y=3^x$ 在 $(-\infty,+\infty)$ 上是增函数,当 x 逐渐减小时,其图像从 x 轴上方逐渐逼近 x 轴; $y=\left(\frac{1}{2}\right)^x$ 和 $y=\left(\frac{1}{3}\right)^x$ 在 $(-\infty,+\infty)$ 上是减函数,当 x 逐渐增大时,其图像从 x 轴上方逐渐逼近 x 轴.

由以上实例,我们可以归纳出指数函数

$$y=a^x(a>0,a\neq 1)$$

具有下列性质:

(1)定义域为 **R**,值域为 $(0,+\infty)$.

(2)函数图像均经过点(0,1).

(3)当 $a>1$ 时,该函数是增函数,如图4.4(a)所示,当 $0<a<1$ 时,该函数是减函数,如图4.4(b)所示.

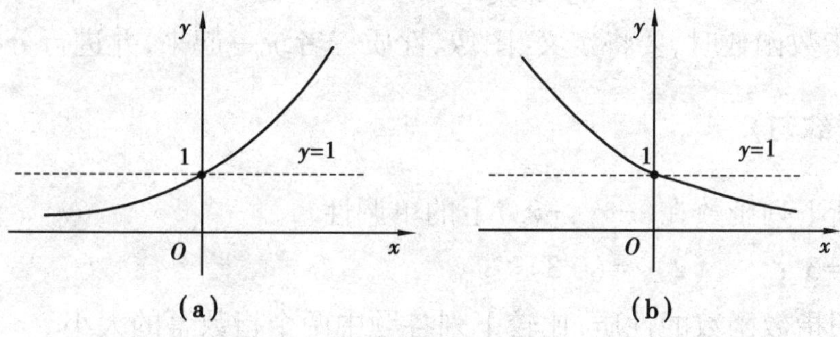

图4.4

〈应用举例〉

例3　判断下列函数在 $(-\infty,+\infty)$ 上的单调性.

(1) $y=0.5^x$;　　(2) $y=0.8^{-x}$;　　(3) $y=4^{\frac{x}{2}}$.

解　(1)因为底数 $a=0.5<1$,所以函数 $y=0.5^x$ 在 $(-\infty,+\infty)$ 上是减函数.

(2)因为 $y=0.8^{-x}=(0.8^{-1})^x=\left(\frac{5}{4}\right)^x$,底数 $a=\frac{5}{4}>1$,所以函数 $y=0.8^{-x}$ 在 $(-\infty,+\infty)$ 上是增函数.

(3)因为 $y=4^{\frac{x}{2}}=(4^{\frac{1}{2}})^x=(\sqrt{4})^x=2^x$,底数 $a=2>1$,所以函数 $y=4^{\frac{x}{2}}$ 在

$(-\infty,+\infty)$上是增函数.

例 4　比较下列各组中两个数值的大小.

(1) $5^{0.4}$与$5^{0.6}$;

(2) 0.8^{-3}与$0.8^{-1.5}$;

(3) $10^{\frac{2}{3}}$与1.

解　(1)函数$y=5^x$在$(-\infty,+\infty)$上是增函数.由于$0.4<0.6$,所以$5^{0.4}<5^{0.6}$.

(2)函数$y=0.8^x$在$(-\infty,+\infty)$上是减函数.由于$-3<-1.5$,所以$0.8^{-3}>0.8^{-1.5}$.

(3)函数$y=10^x$在$(-\infty,+\infty)$上是增函数.由于$\frac{2}{3}>0$,所以$10^{\frac{2}{3}}>10^0$,即$10^{\frac{2}{3}}>1$.

〈归纳指引〉

理解指数函数时,要将定义、图像、性质三者统一起来,并进行分类研究.

〈课堂练习〉

1.判断下列函数在$(-\infty,+\infty)$上的单调性.

(1) $y=3^x$;　　(2) $y=(0.3)^{-2x}$.

2.利用指数函数的性质,比较下列各题中两个指数幂的大小.

(1) 0.8^2与0.8^3;　　(2) $2.2^{2.2}$与$2.2^{0.2}$;　　(3) 0.7^{-3}与0.7.

〈课后习题〉

习题 A

1.判断下列函数是增函数还是减函数.

(1) $y=(\sqrt{2})^x$;　　(2) $y=\left(\frac{3}{4}\right)^x$;　　(3) $y=0.5^x$.

2.比较下列各式的大小.

(1) $12^{1.8}$和12^3;　　(2) $0.3^{1.8}$和$0.3^{2.1}$;

(3) $5^{3.5}$和$5^{3.9}$;　　(4) $3^{\sqrt{2}}$和1.

3.在同一坐标系下，画出 $y=6^x$ 和 $y=\left(\frac{1}{6}\right)^x$ 的图像.

习题 B

1.比较下列各式的大小.

(1) $\left(1\frac{4}{5}\right)^2$ 和 $\left(1\frac{4}{5}\right)^8$；　(2) $(0.006)^{1.5}$ 和 $(0.006)^4$；

(3) $2.7^{-1.5}$ 和 $(2.7)^{1.5}$；　(4) 0.99^3 和 1.01^3.

2.求下列函数的定义域.

(1) $y=\sqrt{3^x-27}$；　(2) $y=4^{\frac{1}{x}}$.

4.3　对　数

4.3.1　对数的概念

〈问题导入〉

在上节中，我们学习了指数函数 $y=a^x(a>0,a\neq1)$，当 x、a 已知时，我们能求出 y .例如，指数函数 $y=2^x$，当 $x=2$ 时，$y=2^2=4$.反过来，如果知道了 a、y，怎样求 x？也就是说，已知底数和幂的值，怎样求指数？

〈知识探究〉

为了解决这个问题，我们引入一个新的概念——对数.

一般地，如果 $a^b=N(a>0,a\neq1)$，数 b 就称为以 a 为底 N 的**对数**.记作

$$b=\log_a N,$$

其中，a 称为**底数**，N 称为**真数**，读作"b 等于以 a 为底 N 的对数".

式子 $\log_a N=b$ 称为**对数式**,式子 $a^b=N$ 称为**指数式**.

例如,$2^3=8$,所以 3 是以 2 为底 8 的对数,即 $\log_2 8=3$;$9^{-\frac{1}{2}}=\frac{1}{3}$,所以$-\frac{1}{2}$ 是以 9 为底$\frac{1}{3}$ 的对数,即 $\log_9\frac{1}{3}=-\frac{1}{2}$.同样,也能把对数式转化为指数式.

学习提示

实质上,对数式 $\log_a N=b$ 不过是指数式 $a^b=N$ 的另一种表达方式.

根据对数的定义,对数具有如下性质:

(1)0 和负数没有对数,即 $N>0$;

(2)1 的对数为 0,即 $\log_a 1=0$;

(3)底数的对数等于 1,即 $\log_a a=1$.

〈应用举例〉

例 1　将下列指数式写成对数式.

(1)$3^3=27$;　　(2)$2^{-5}=\frac{1}{32}$;

(3)$\left(\frac{1}{2}\right)^0=1$;　　(4)$81^{\frac{1}{2}}=9$.

解　根据对数式与指数式的关系得:

(1) $\log_3 27=3$;　　(2) $\log_2\frac{1}{32}=-5$;

(3)$\log_{\frac{1}{2}}1=0$;　　(4) $\log_{81}9=\frac{1}{2}$.

例 2　把下列对数式写成指数式.

(1)$\log_5 25=2$;　　(2) $\log_2\frac{1}{8}=-3$;

(3)$\log_{\frac{1}{2}}8=-3$;　　(4) $\log_{10}1\ 000=3$.

解　根据对数式与指数式的关系得:

(1)$5^2=25$;　　(2)$2^{-3}=\frac{1}{8}$;

(3) $\left(\frac{1}{2}\right)^{-3}=8$；　　(4) $10^3=1\ 000$.

例3　求下列各式的值.

(1) $\log_{\frac{1}{2}}\frac{1}{2}$；　　(2) $\log_7 1$.

解　根据对数的性质得：

(1) $\log_{\frac{1}{2}}\frac{1}{2}=1$；　　(2) $\log_7 1=0$.

通常将以10为底的对数称为**常用对数**，把$\log_{10}N$记作$\lg N$. 如$\log_{10}7$记作$\lg 7$.

在科学技术中，常使用以无理数$e=2.718\ 28\cdots$为底的对数，以e为底的对数称为**自然对数**，把$\log_e N$记作$\ln N$. 如$\log_e\sqrt{2}$，记作$\ln\sqrt{2}$.

4.3.2　积、商、幂的对数

〈**知识探究**〉

我们知道

$$a^p\cdot a^q=a^{p+q},$$

设　　$M=a^p, N=a^q$,　　(1)

则

$$M\cdot N=a^p\cdot a^q=a^{p+q},\qquad (2)$$

把式(1)和(2)写成对数式，得

$$\log_a(M\cdot N)=p+q=\log_a M+\log_a N,$$

从而得到对数的一个运算法则

$$\log_a(M\cdot N)=\log_a M+\log_a N.$$

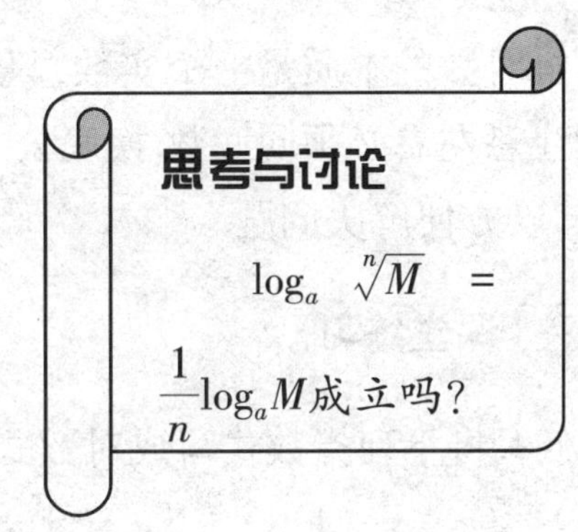

类似地，当$a>0$且$a\neq 1$，$M>0$，$N>0$时，可以得到如下对数运算法则：

(1) $\log_a(M\cdot N)=\log_a M+\log_a N$；

(2) $\log_a\frac{M}{N}=\log_a M-\log_a N$；

(3) $\log_a M^n = n\log_a M(n \in \mathbf{R})$.

〈应用举例〉

例 4 求下列各式的值.

(1) $\log_3(27\times9)$;　　(2) $\lg 4+\lg 25$;　　(3) $\log_3 5-\log_3 15$.

解 (1) $\log_3(27\times9)=\log_3(3^3\times3^2)=\log_3 3^{3+2}=5\log_3 3=5$.

(2) $\lg 4+\lg 25=\lg(4\times25)=\lg 100=\lg 10^2=2\lg 10=2$.

(3) $\log_3 5-\log_3 15=\log_3\dfrac{5}{15}=\log_3 3^{-1}=-\log_3 3=-1$.

一般地,下面的**换底公式**成立

$$\log_b N=\frac{\log_a N}{\log_a b},$$

例 5 求 $\log_5 4\cdot\log_8 5$.

解 $\log_5 4\cdot\log_8 5=\dfrac{\lg 4}{\lg 5}\cdot\dfrac{\lg 5}{\lg 8}=\dfrac{\lg 2^2}{\lg 5}\cdot\dfrac{\lg 5}{\lg 2^3}=\dfrac{2\lg 2}{3\lg 2}=\dfrac{2}{3}$.

〈归纳指引〉

对数的本质是一个实数,只不过表现形式有些特别,运算法则的运用要特别注意左右必须同底数.换底公式中的“a”在实际运用中,可视情况而灵活选取,以方便解决问题.

〈课堂练习〉

1.将下列指数式写成对数式.

(1) $5^{-2}=\dfrac{1}{25}$;　　(2) $\left(\dfrac{1}{2}\right)^{-3}=8$.

2.将下列对数式写成指数式.

(1) $\lg 10=1$;　　(2) $\ln e^{\frac{1}{2}}=\dfrac{1}{2}$;　　(3) $\log_{\sqrt{2}} 8=6$.

3.求下列各式的值.

(1) $\log_{\frac{1}{10}}1$；　(2) $\lg 10^{-1}$；　(3) $\ln\sqrt{e}-\ln e^3$.

4.求下列各式的值.

(1) $\log_2(8\times4)$；　(2) $\log_5 100-\log_5 4$；　(3) $\lg 125+\lg 8$.

〈课后习题〉

习题 A

1.把下列指数式写成对数式.

(1) $2^5=32$；　(2) $6^x=36$.

2.求下列对数的值.

(1) $\ln e^{-6}$；　(2) $\log_2 2^5$；　(3) $\log_{0.8}1$.

3.求下列各式的值.

(1) $\log_2(2^3\cdot4^4)$；　(2) $\lg 700-\lg 7-\lg 1$；

(3) $\log_2 3\cdot\log_3 8$；　(4) $\log_2\frac{2^5}{4^2}$.

习题 B

1.用 $\lg x,\lg y,\lg z$ 来表示下式.

(1) $\lg(xyz^2)$；　(2) $\lg\frac{x^2y^3}{z}$；

(3) $\lg\frac{x^{\frac{1}{2}}y^2}{\sqrt{z}}$；　(4) $\lg\frac{\sqrt[3]{x}}{yz^3}$.

2.利用换底公式计算.

(1) $\log_2 229$；　(2) $\log_{\frac{1}{3}}20$.

4.4　对数函数

〈**问题导入**〉

通过4.3节的学习，回顾4.2节中的两个实例：

问题一　1个细胞经过y次分裂后得到x个细胞，则x与y的函数关系式为$x=2^y$，写成对数式为$y=\log_2 x$.

问题二　1 m长的绳子剪y次剩下x m，则x与y的函数关系式为$x=\left(\frac{1}{2}\right)^y$，写成对数式为$y=\log_{\frac{1}{2}} x$.

〈**知识探究**〉

在上面这两个函数里，自变量x出现在真数的位置上.

一般地，我们把函数

$$y=\log_a x(a>0, a\neq 1)$$

称为**对数函数**，其定义域是$(0,+\infty)$，值域是$\mathbf{R}$.

下面研究对数函数的图像和性质.

例1　作对数函数$y=\log_2 x$和$y=\log_3 x$的图像.

解　分别列出两个函数x、y的对应值，如表4.7、4.8所示：

表4.7

x	…	$\frac{1}{4}$	$\frac{1}{2}$	1	2	4	…
$y=\log_2 x$	…	−2	−1	0	1	2	…

表4.8

x	…	$\frac{1}{9}$	$\frac{1}{3}$	1	3	9	…
$y=\log_3 x$	…	−2	−1	0	1	2	…

用描点法,在同一坐标系中,作出它们的图像,如图 4.5 所示.

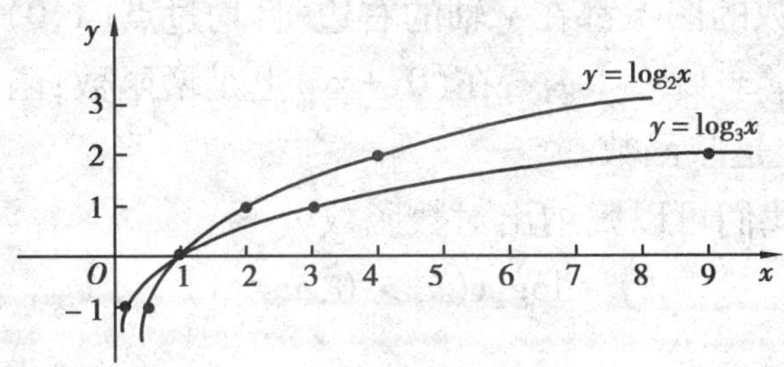

图 4.5

例 2　作对数函数 $y=\log_{\frac{1}{2}}x$ 和 $y=\log_{\frac{1}{3}}x$ 的图像.

解　分别列出这两个函数 x、y 的对应值,如表 4.9、表 4.10 所示:

表 4.9

x	…	4	2	1	$\frac{1}{2}$	$\frac{1}{4}$	…
$y=\log_{\frac{1}{2}}x$	…	−2	−1	0	1	2	…

表 4.10

x	…	9	3	1	$\frac{1}{3}$	$\frac{1}{9}$	…
$y=\log_{\frac{1}{3}}x$	…	−2	−1	0	1	2	…

用描点法,在同一坐标系中,作出它们的图像,如图 4.6 所示.

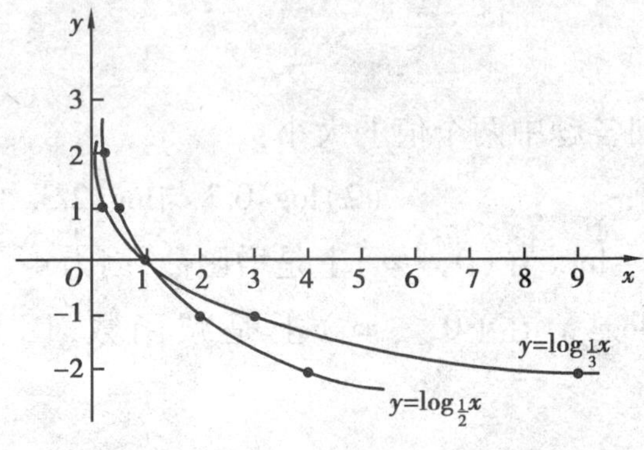

图 4.6

从函数的图像可以看出：

(1)这4个函数的图像都在y轴的右边，且均过点(1,0).

(2)函数$y=\log_2 x$和$y=\log_3 x$，在$(0,+\infty)$上是增函数；函数$y=\log_{\frac{1}{2}}x$和$y=\log_{\frac{1}{3}}x$在$(0,+\infty)$上是减函数.

由以上实例，我们可以归纳出对数函数

$$y=\log_a x(a>0,a\neq 1)$$

具有下列性质：

(1)定义域是$(0,+\infty)$，值域是**R**.

(2)图像都经过点(1,0).

(3)在定义域内，当$a>1$时，是增函数，如图4.7(a)；当$0<a<1$时，是减函数，如图4.7(b)所示.

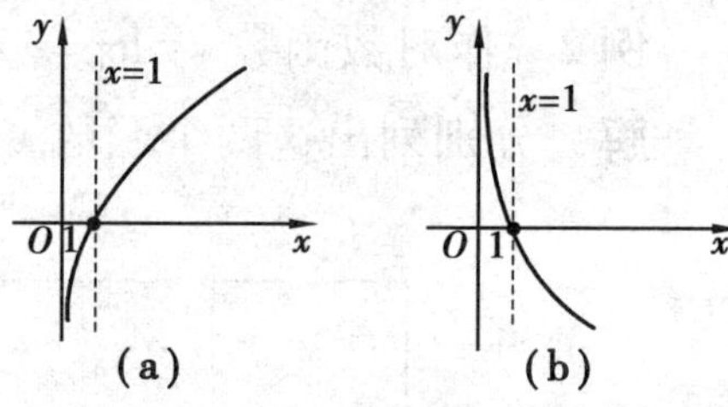

图 4.7

〈应用举例〉

例3 求下列函数的定义域：

(1)$y=\lg x^5$；　　(2)$y=\log_3(1-2x)$.

解 (1)要使函数有意义，只需$x^5>0$，即$x>0$，所以函数$y=\lg x^5$的定义域为$(0,+\infty)$.

(2)要使函数有意义，只需$1-2x>0$，即$x<\frac{1}{2}$，所以函数$y=\log_3(1-2x)$的定义域为$\left(-\infty,\frac{1}{2}\right)$.

例4 比较下列各题中两个值的大小：

(1)$\ln 4$与$\ln 7$；　　(2)$\log_{\frac{1}{2}}0.3$与$\log_{\frac{1}{2}}2.3$.

解 (1)函数$y=\ln x$在$(0,+\infty)$上是增函数，因为$4<7$，所以$\ln 4<\ln 7$.

(2)函数$y=\log_{\frac{1}{2}}x$在$(0,+\infty)$上是减函数，因为$0.3<2.3$，所以$\log_{\frac{1}{2}}0.3>\log_{\frac{1}{2}}2.3$.

〈归纳指引〉

讨论对数函数时，可以与指数函数作对比研究，利于理解区分这两个关系密切的函数.

〈课堂练习〉

1.判断下列函数在$(0,+\infty)$内的单调性.

(1)$y=\log_{\frac{1}{5}}x$；　　(2)$y=\lg x$.

2.求下列函数的定义域.

(1)$y=\log_{\frac{1}{2}}(x+1)$；　　(2)$y=\dfrac{7}{2\lg x}$；　　(3)$y=\sqrt{\ln x}$.

3.比较下列各题中两个值的大小.

(1)$\ln 3$与$\ln 3.16$；　　(2)$\log_{0.3}3$与$\log_{0.3}5$；　　(3)$\lg\dfrac{1}{2}$与$\lg\dfrac{1}{3}$.

〈课后习题〉

习题 A

1.求下列函数的定义域.

(1)$y=\lg(x+5)$；　　(2)$y=\sqrt[3]{\lg x^2}$.

2.判断下列各值的大小.

(1)$\log_3 3.6$与$\log_3 5.4$；(2)$\log_{\frac{1}{2}}0.1$与$\log_{\frac{1}{2}}0.2$；　(3)$\log_{\frac{1}{2}}0.8$与0.

习题 B

1.判断下列各数的正负.

(1)$\log_5 2.6$；　　(2)$\lg 0.5$；

(3)$\ln 2.3$；　　(4)$\log_{0.5}0.6$.

2.求下列函数的定义域,其中$a>0$,且$a\neq 1$.

(1)$y=\log_a(4-x^2)$；　　(2)$y=\log_a(x-1)^2$；

(3)$y=\dfrac{1}{\log_a x}$；　　(4)$y=\log_a\dfrac{1}{x^2}$.

〈综合复习题 4〉

一、选择题

1. 函数 $y=a^x(a>0,a\neq1)$ 的值域是(   ).

A. $(-\infty,+\infty)$　　B. $[0,+\infty)$　　C. $(0,+\infty)$　　D. $(-\infty,0)$

2. 当 $a>1$，函数 $y=a^{-x}$ 与 $f(x)=\log_a x$ 的图像是(   ).

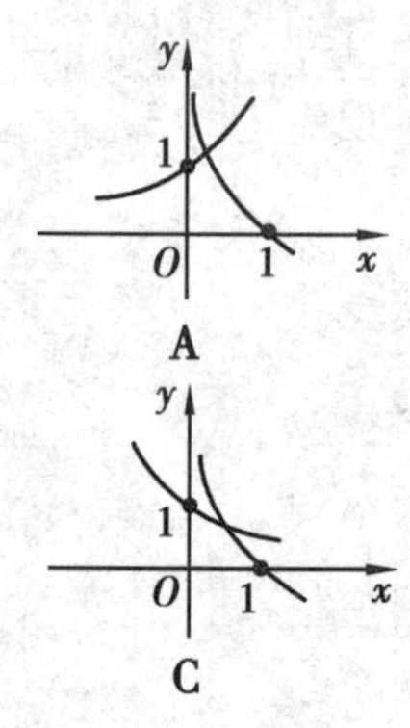

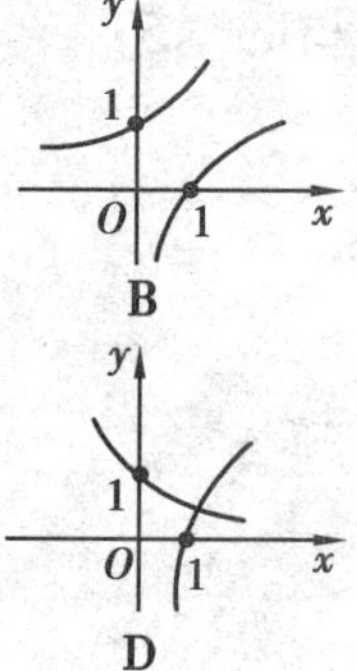

3. 下列不等式中，成立的是(   ).

A. $\left(\frac{1}{5}\right)^{-\frac{1}{2}}>5^{-5}$　　B. $\left(\frac{1}{2}\right)^{-\frac{1}{2}}<\left(\frac{1}{2}\right)^{3}$　　C. $\log_3 5<\log_3 4$　　D. $\log_{\frac{1}{3}}4<\log_{\frac{1}{3}}5$

4. 已知 $a>0$ 且 $a\neq1$，$x>y>0$，给出下列 4 个式子：

(1) $\log_a\cdot\log_y=\log_a(x+y)$；　　(2) $\log_a x+\log_a y=\log_a(xy)$；

(3) $\log_a\frac{x}{y}=\log_a(x-y)$；　　(4) $\log_a x-\log_a y=\frac{\log_a x}{\log_a y}$.

其中正确的个数是(   ).

A. 0 个　　B. 1 个　　C. 2 个　　D. 3 个

5. 下列函数的定义域为 $(0,+\infty)$ 的是(   ).

A. $y=\frac{1}{x}$　　B. $y=2^x$　　C. $\log_3 x$　　D. $y=x+\frac{1}{x^2}$

二、填空题

1.函数 $y=\log_3(2-x)$ 的定义域是__________，值域是__________.

2.函数 $y=(0.2)^x$ 的定义域是__________，值域是__________.

3.比较大小.

$4^{0.7}$____$4^{0.5}$；　　　　0.5^3____$0.5^{3.2}$；

$\log_{0.7}2.6$____$\log_{0.7}1.8$；　　　　$\log_2 0.3$____$\log_2 0.5$；

$\log_2 3$____1；　　　　$\log_{0.5}0.3$____0.

4.已知 $2^x=\dfrac{1}{64}$，则 $x=$__________.

三、求下列函数的定义域

1.$y=2^{2x}$；　　　　2.$y=\sqrt{9-3^x}$；　　　　3.$y=3^x-\log_3(x-1)$.

四、求下列各式的值.

1.$\left(\dfrac{3}{4}\right)^0+3^{-2}\times\left(\dfrac{9}{4}\right)^{-\frac{1}{2}}-0.01^{0.5}$；

2.$\log_3 12-2\log_3 2$；

3.$(\lg 2)^2+2\lg 2\cdot\lg 5+(\lg 5)^2$.

第 5 章
三角函数

5.1 角的概念推广

〈知识探究〉

我们知道,角可以看成是平面内一条射线绕着端点从一个位置旋转到另一个位置所形成的图形.如图 5.1(a)所示,射线的端点是 O,它从位置 OA 旋转到另一位置 OB 形成的图称为**角**.旋转位置开始的射线 OA 称为角的**始边**,终止位置的射线 OB 称为角的**终边**,端点 O 称为角的**顶点**.

规定:按逆时针方向旋转所形成的角称为**正角**,如图 5.1(a)所示;按顺时针方向旋转所形成的角称为**负角**,如图 5.1(b)所示.当射线没有做任何旋转时,我们称它形成一个**零角**,零角的始边与终边重合.

在以前所学的知识中,只研究了 0°~360°范围的角,但在现实生活中还会遇到更大范围的角.例如,游乐场的摩天轮,当它一圈又一圈地转动着的时候,其转动的角度不是只限于0°~360°.为了描述这种现实状况,我们把角的概念加以推广，即推广到任意角，包括正角、负角和零角. 如图 5.2 所示，正角 $\alpha=210°$，负角 $\beta=-150°$.

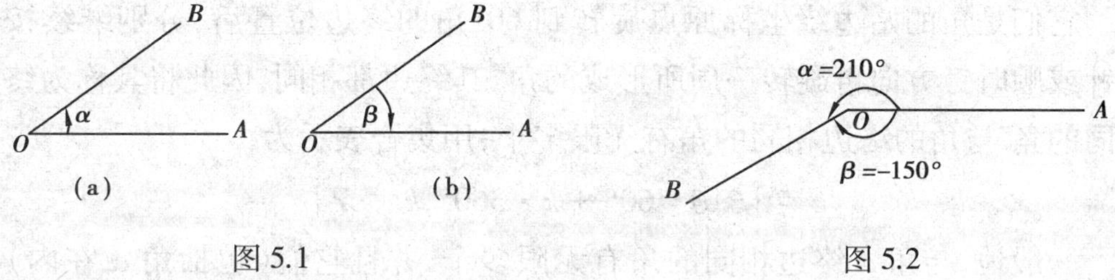

图 5.1　　　　图 5.2

为了方便，我们经常在平面直角坐标系中研究角. 将角的顶点与坐标原点重合，始边与 x 轴的正半轴重合.

通过初中的学习，我们知道平面直角坐标系分为四个部分：分别称为第一象限、第二象限、第三象限、第四象限. 坐标轴上的点不属于任何象限. 此时，角的终边在第几象限，就把这个角称为**第几象限的角**，或者说这个角在第几象限.

终边在坐标轴上的角称为**轴线角**，如 0°、90°、180°、270°、360°、-90°、-180°角都是轴线角.

如图 5.3 所示，60°、420°、-300°角都是第一象限的角，见图 5.3(a)；150°角是第二象限的角，-150°角是第三象限的角，见图 5.3(b)；-30°、330°角都是第四象限的角，如图 5.3(c)所示.

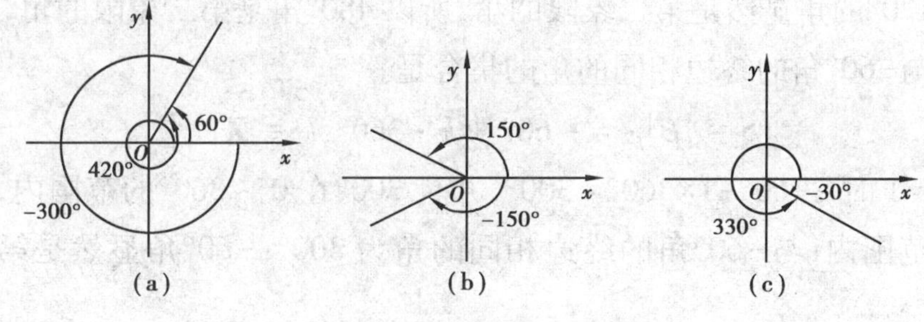

图 5.3

〈知识探究〉

从图 5.3(a)可以看出，420°角、-300°角都与 60°角的终边相同，并且都可以表示成 60°与 k 个周角的和，其中的 k 为整数，即

$$420° = 60° + k \times 360°(k = 1),$$
$$-300° = 60° + k \times 360°(k = -1).$$

它们是角的始边绕坐标原点旋转到60°角的终边位置后，分别继续按逆时针或顺时针方向再旋转一周所形成的角，其终边都相同，因此将其称为**终边相同的角**.与角的终边相同的角有无限多个，用集合表示为

$$S = \{\beta | \beta = 60° + k \cdot 360°, k \in \mathbf{Z}\}.$$

一般地，与角α终边相同的角有无限多个，并且它们(包括角α在内)都可以写成类似$\beta = 60° + k \cdot 360°$,($k \in \mathbf{Z}$)的形式，所以它们所组成的集合为

$$S = \{\beta | \beta = \alpha + k \cdot 360°, k \in \mathbf{Z}\}.$$

〈应用举例〉

例1 写出与下列各角终边相同的角的集合，并将其中在0°~360°范围内的角写出来，并判断下列各角是第几象限的角.

(1)480° (2)-60°

解 (1)与角480°的终边相同的角的集合是

$$S = \{\beta | \beta = 480° + k \cdot 360°, k \in \mathbf{Z}\}.$$

当$k=-1$时，$480°+(-1)\times 360° = 120°$，并且120°在0°~360°的范围内，所以在0°~360°范围内与480°角的终边相同的角为120°；因为$480° = 120° + 360°$，而120°的角显然是第二象限的角，所以480°角是第二象限的角.

(2)与-60°角的终边相同的角的集合是

$$S = \{\beta | \beta = -60° + k \cdot 360°, k \in \mathbf{Z}\}.$$

当$k=1$时，$-60°+1\times 360° = 300°$，并且300°在0°~360°的范围内，所以在0°~360°范围内，与-60°角的终边相同的角为300°；-60°角显然是第四象限的角.

例2 写出终边在y轴上的角的集合.

解 在0°~360°范围内，终边在y轴正半轴上的角为90°，终边在y轴负半轴的角为270°，因此，终边在y轴正半轴、负半轴上所有的角分别是

$$90° + k \cdot 360° = 90° + 2k \cdot 180°,$$
$$270° + k \cdot 360° = 90° + (2k + 1) \cdot 180°, \text{其中 } k \in \mathbf{Z}.$$

可以将上面的两个式子进行合并，即终边在 y 轴上的角的集合为

$$S=\{\beta \mid \beta=90^\circ+n\cdot 180^\circ, n\in \mathbf{Z}\}.$$

当 n 取偶数时，角的终边在 y 轴的正半轴上；当 n 取奇数时，角的终边在 y 轴的负半轴上.

〈**归纳指引**〉

确定已知角在第几象限，关键是将已知角拆分成 $\beta=k\cdot 360^\circ+\alpha$ 的形式（$0^\circ\leqslant\alpha<360^\circ$），再由 α 角所在的象限确定该已知角是第几象限的角.

〈**课堂练习**〉

1.判断下列各角分别是第几象限的角.

(1) $1\,350^\circ$；　(2) 245°；　(3) -325°；　(4) -580°.

2.写出与下列各角终边相同的角的集合，并把其中在 $0^\circ\sim360^\circ$ 内的角写出来.

(1) -75°；　(2) 385°；　(3) $1\,190^\circ$.

5.2　弧度制

〈**知识探究**〉

初中，我们研究过角的度量，即将圆周的 $\frac{1}{360}$ 所对的圆心角称为 1 **度角**，记作 1°，如图5.4(a)所示.这种用“度”作单位来度量角度的单位制称为**角度制**.现在我们来学习另外一种度量角的单位制——**弧度制**.

把等于半径长的圆弧所对的圆心角称为 1 **弧度的角**，记作 1 弧度或1 rad，如图 5.4(b)所示.

一般地，正角的弧度数是一个正数，负角的弧度数是一个负数，零角的弧度数是 0.这种以弧度为单位来度量角的单位制称为**弧度制**.

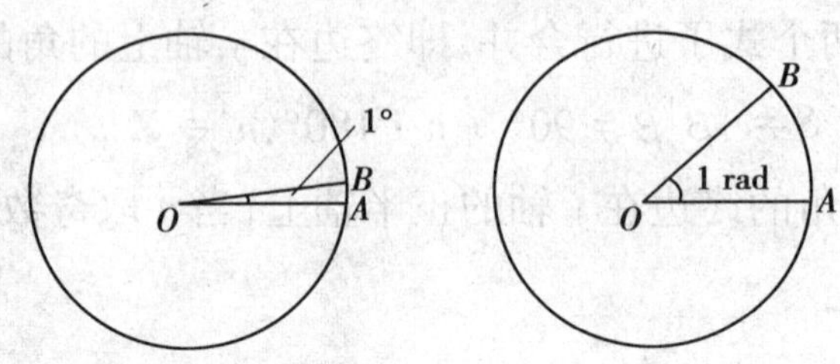

(a)劣弧$\widehat{AB}$的弧长为$\frac{1}{360}$周长 (b)劣弧$\widehat{AB}$的弧长为半径长

图 5.4

由定义可知,当角 α 用弧度表示时,其绝对值等于圆弧长 L 与半径 r 的比,即

$$|\alpha| = \frac{L}{r}\ (\text{rad}).$$

这里,角 α 的正负由其终边的旋转方向决定.

半径为 r 的圆的周长为 $2\pi r$,故周角的弧度为:

$$\frac{2\pi r}{r}(\text{rad}) = 2\pi(\text{rad}).$$

用角度制和弧度制来度量零角,单位虽然不同,但量数相同,都是 0;用角度制和弧度制度量任一非零角,单位不同,量数也不同.例如,周角的弧度数是 2π,而它在角度制下的度数是 $360°$.

由此得到两种单位制之间的换算关系:

$$360° = 2\pi(\text{rad}),$$
$$180° = \pi(\text{rad}).$$

因此,角度与弧度的换算公式为

$$1° = \frac{\pi}{180}(\text{rad}) \approx 0.017\ 45(\text{rad}),$$

$$1\ \text{rad} = \left(\frac{180}{\pi}\right)^{\circ} \approx 57.30° = 57°18'.$$

〈应用举例〉

例 1 将下列各角由角度换算为弧度.

(1)$45°$; (2)$105°$; (3)$-100°$.

解　(1) $45° = 45 \times \frac{\pi}{180} = \frac{\pi}{4}$;

(2) $105° = 105 \times \frac{\pi}{180} = \frac{7\pi}{12}$;

(3) $-100° = (-100) \times \frac{\pi}{180} = -\frac{5\pi}{9}$.

例2　将下列各角由弧度换算为角度.

(1) $\frac{7\pi}{6}$;　　(2) $-\frac{4\pi}{9}$;　　(3) 3.2.

解　(1) $\frac{7\pi}{6} = \frac{7\pi}{6} \times \left(\frac{180}{\pi}\right)^{\circ} = 210°$;

(2) $-\frac{4\pi}{9} = -\frac{4\pi}{9} \times \left(\frac{180}{\pi}\right)^{\circ} = -80°$;

(3) $3.2 = 3.2 \times \left(\frac{180}{\pi}\right)^{\circ} = \left(\frac{576}{\pi}\right)^{\circ}$.

〈归纳指引〉

如表5.1所示为常用特殊角的度和弧度关系的换算.

表5.1

度	0°	30°	45°	60°	90°	180°	270°	360°
弧度	0	$\frac{\pi}{6}$	$\frac{\pi}{4}$	$\frac{\pi}{3}$	$\frac{\pi}{2}$	π	$\frac{3\pi}{2}$	2π

采用弧度制之后,每一个角都对应唯一的一个实数;反之,每一个实数都对应唯一的一个角.这样,角与实数之间就建立了一一对应的关系.

〈课堂练习〉

1.将下列各角由角度换算为弧度.

(1) 18°;　　(2) −125°;　　(3) 135°;　　(4) 1 500°.

2.将下列各角由弧度换算为角度.

(1) $\frac{\pi}{8}$;　　(2) $\frac{8\pi}{11}$;　　(3) 6;　　(4) 7.8.

〈课后习题〉

习题 A

1. 试写出与 150°角的终边相同的所有角组成的集合.

2. 下列各角中,哪些角的终边与 30°角的终边相同?

390°　　-330°　　210°　　750°　　330°

3. 下列各角分别是第几象限角?

380°　　-300°　　200°　　- 750°　　-330°

4. 写出终边在 x 轴上的角的集合.

习题 B

1. 把下列各角化成 $k\cdot 360°+\alpha(k\in \mathbf{Z},0°\leqslant\alpha<360°)$ 的形式,并判断它们是第几象限角.

(1)450°;　　(2)-230°;　　(3)-130°;　　(4)750°.

2. 写出与下列各角终边相同的角的集合 S,并指出在-360°~360°的角.

(1)150°;　　(2)45°;　　(3)240°;　　(4)300°.

3. 设 α 为第二象限的角,请判断 $\frac{\alpha}{2}$ 是第几象限的角.

5.3　任意角的三角函数

5.3.1　任意角的三角函数的概念

〈知识探究〉

在初中,我们已经学过了锐角的正弦、余弦和正切函数,并且在前边的内容中,也已经推广了角的概念,现在利用平面直角坐标系把这三种三角函数推广到任意角的情况.

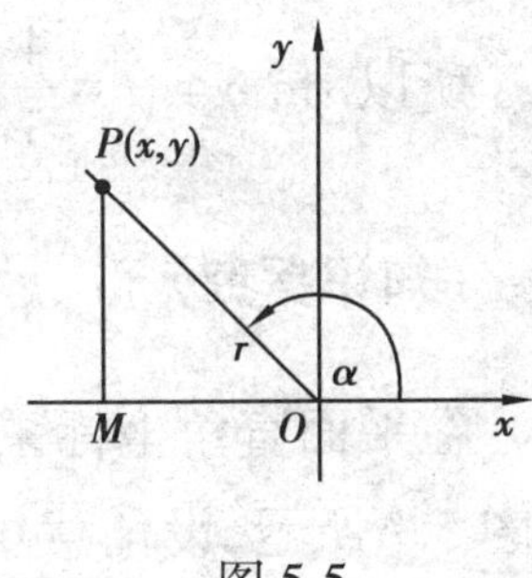

图5.5

如图5.5所示,设 α 是平面直角坐标系中的一个任意角,点 $P(x,y)$ 为角 α 终边上的任意一点,点 P 到坐标原点 $O(0,0)$ 的距离为 $r=\sqrt{x^2+y^2}>0$,那么

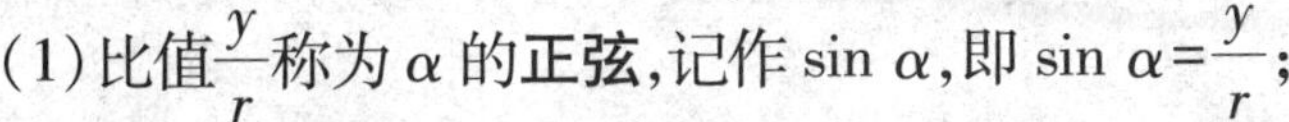
(1)比值 $\frac{y}{r}$ 称为 α 的**正弦**,记作 $\sin\alpha$,即 $\sin\alpha=\frac{y}{r}$;

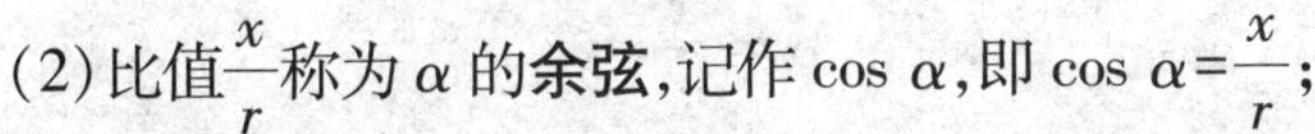
(2)比值 $\frac{x}{r}$ 称为 α 的**余弦**,记作 $\cos\alpha$,即 $\cos\alpha=\frac{x}{r}$;

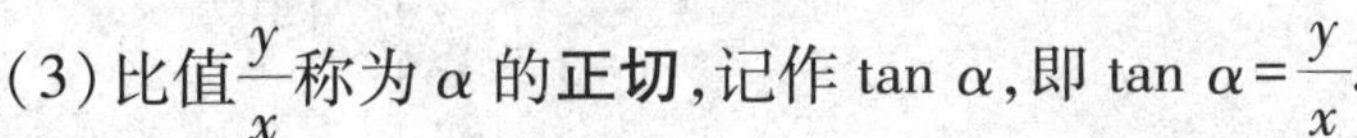
(3)比值 $\frac{y}{x}$ 称为 α 的**正切**,记作 $\tan\alpha$,即 $\tan\alpha=\frac{y}{x}$.

可以看出,当角 α 的终边在 y 轴上时,$\alpha=\frac{\pi}{2}+k\pi(k\in\mathbf{Z})$,终边上任意一点的横坐标 x 的值都等于0,此时 $\tan\alpha=\frac{y}{x}$ 无意义,即对于每一个确定的 α 值,其正弦、余弦及正切(当 $x\neq0$ 时)都分别对应唯一一个确定的比值.

因此,正弦、余弦及正切都是以 α 为变量的函数,分别称为**正弦函数**、**余弦函数**及**正切函数**,它们都是**三角函数**.表5.2所示为正弦函数、余弦函数和正切函数的定义域.

表5.2

三角函数	定义域
$\sin\alpha$	$\mathbf{R}$
$\cos\alpha$	$\mathbf{R}$
$\tan\alpha$	$\left\{\alpha \mid \alpha\neq\frac{\pi}{2}+k\pi,k\in\mathbf{Z}\right\}$

〈应用举例〉

例1　已知角 α 的终边经过点 $P(3,4)$,求角 α 的正弦、余弦和正切值.

解　如图5.6所示,因为 $x=3,y=4$,所以 $r=\sqrt{3^2+4^2}=5$,

所以 $\sin\alpha=\frac{y}{r}=\frac{4}{5}$，$\cos\alpha=\frac{x}{r}=\frac{3}{5}$，$\tan\alpha=\frac{y}{x}=\frac{4}{3}$.

〈知识探究〉

在平面直角坐标系中，以原点为圆点，单位长度为半径的圆称为**单位圆**. 如图 5.7 所示，设任意角 α 的终边与单位圆相交于点 $P(x,y)$，根据三角函数的定义，可得

$$\sin\alpha=\frac{y}{r}=y,\cos\alpha=\frac{x}{r}=x.$$

图 5.6　　图 5.7

这就是说，角 α 的正弦值和余弦值分别等于其终边与单位圆相交点 P 的纵坐标 y 和横坐标 x.

〈课堂练习〉

已知角 α 终边上的点 P 的坐标如下，分别求出它的正弦值、余弦值和正切值：

(1) $P(-1,\sqrt{3})$； (2) $P(-2,4)$； (3) $P(-1,-4)$.

5.3.2 任意角的三角函数在各象限的正负号

〈知识探究〉

由于 $r>0$，因此三角函数值的正负由终边上点 P 的坐标来确定，由三角函

数的定义以及各象限内的点的坐标的符号可知：

(1)正弦值 $\sin\alpha=\dfrac{y}{r}$，对于第一、二象限的角来说，是正的($y>0$)；对于第三、四象限的角来说，是负的($y<0$).

(2)余弦值 $\cos\alpha=\dfrac{x}{r}$，对于第一、四象限的角来说，是正的($x>0$)；对于第二、三象限的角来说，是负的($x<0$).

(3)正弦值 $\tan\alpha=\dfrac{y}{x}$，对于第一、三象限的角来说，是正的(x、y 同号)；对于第二、四象限的角来说，是负的(x、y 异号).

为了便于记忆，我们将三角函数的正负号标在各个象限内，如图5.8所示.

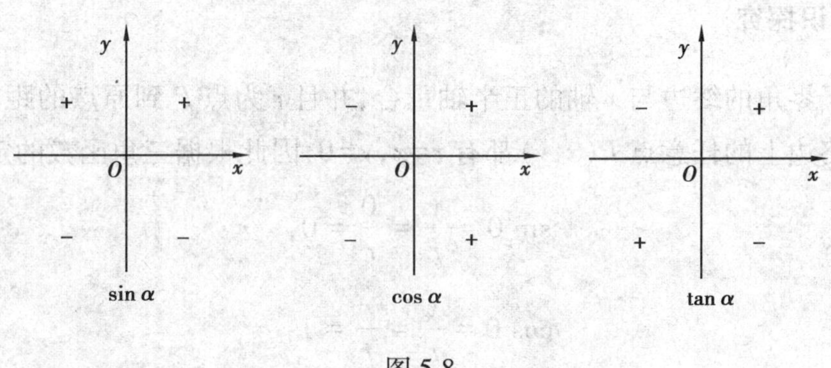

图5.8

〈应用举例〉

例2　判断下列各角的三角函数的正负号.

(1)525°；　　　(2)$-\dfrac{3\pi}{4}$.

解　(1)因为525°=165°+360°，而160°的角为第二象限的角，所以525°角为第二象限的角，所以

$$\sin 525°>0,\quad \cos 525°<0,\quad \tan 525°<0.$$

(2)因为$-\dfrac{3\pi}{4}=\dfrac{5\pi}{4}-2\pi$，而$\dfrac{5\pi}{4}$角为第三象限角，所以角$-\dfrac{3\pi}{4}$为第三象限的角，故

$$\sin\left(-\frac{3\pi}{4}\right)<0,\quad \cos\left(-\frac{3\pi}{4}\right)<0,\quad \tan\left(-\frac{3\pi}{4}\right)>0.$$

〈归纳指引〉

在具体运用三角函数值正负符号分布规律时,注意两点:一是先确定角所在的是第几象限;二是“分布规律”应用广泛,一般求三角函数值时,首先考虑符号.

5.3.3　$0,\frac{\pi}{2},\pi,\frac{3\pi}{2},2\pi$ 角的三角函数值

〈知识探究〉

由于零角的终边与 x 轴的正半轴重合,并且 r 为点 P 到原点的距离,所以对于角终边上的任意点 $P(x,y)$ 都有 $r=x,y=0$,因此根据三角函数的定义,有

$$\sin 0=\frac{y}{r}=\frac{0}{r}=0,$$

$$\cos 0=\frac{x}{r}=\frac{r}{r}=1,$$

$$\tan 0=\frac{y}{x}=\frac{0}{r}=0.$$

同样,我们还可以得到$\frac{\pi}{2},\pi,\frac{3\pi}{2},2\pi$ 等轴线角的三角函数值的情况,如表5.3所示:

表 5.3

三角函数 \ 弧度	0	$\frac{\pi}{2}$	π	$\frac{3\pi}{2}$	2π
$\sin\alpha$	0	1	0	−1	0
$\cos\alpha$	1	0	−1	0	1
$\tan\alpha$	0	不存在	0	不存在	0

〈应用举例〉

例 3　计算 $\cos\pi+\tan 0-2\tan\pi+\sin\frac{3\pi}{2}+\cos\frac{\pi}{2}$的值.

解　$\cos\pi+\tan 0-2\tan\pi+\sin\frac{3\pi}{2}+\cos\frac{\pi}{2}$

$=-1+0-2\times0+(-1)+0$

$=-2.$

〈归纳指引〉

牢记特殊角的三角函数值,便于三角函数的计算,如表 5.4 所示.

表 5.4

角 α	$0°$	$30°$	$45°$	$60°$	$90°$	$180°$	$270°$	$360°$
α 弧度	0	$\frac{\pi}{6}$	$\frac{\pi}{4}$	$\frac{\pi}{3}$	$\frac{\pi}{2}$	π	$\frac{3\pi}{2}$	2π
$\sin\alpha$	0	$\frac{1}{2}$	$\frac{\sqrt{2}}{2}$	$\frac{\sqrt{3}}{2}$	1	0	-1	0
$\cos\alpha$	1	$\frac{\sqrt{3}}{2}$	$\frac{\sqrt{2}}{2}$	$\frac{1}{2}$	0	-1	0	1
$\tan\alpha$	0	$\frac{\sqrt{3}}{3}$	1	$\sqrt{3}$	不存在	0	不存在	0

〈课堂练习〉

计算 $4\sin 90°-2\sin 0°+6\tan 180°+\cos 270°$的值.

5.3.4　利用计算器求任意角的三角函数值

利用科学计算器的[sin]、[cos]、[tan]键,就可以方便地计算任意角的三角函数值.主要步骤是:设置模式(角度制或弧度制)→按[sin]键(或[cos]、[tan]键)→输入角的大小→按[=]键显示结果.

例 4 利用计算器求下列各三角函数值(精确到 0.000 1).

(1) $\sin\left(-\frac{5\pi}{7}\right)$;　(2) $\tan 227°$;　(3) $\cos\frac{3\pi}{5}$;

(4) $\tan 4.5$;　(5) $\cos 27°$;　(6) $\sin 2\ 008°$.

解 (1) $\sin\left(-\frac{5\pi}{7}\right)\approx-0.781\ 8$;

(2) $\tan 227°\approx1.072\ 4$;

(3) $\cos\frac{3\pi}{5}\approx0.309\ 0$;

(4) $\tan 4.5\approx4.637\ 3$;

(5) $\cos 27°\approx0.891\ 0$;

(6) $\sin 2\ 008°\approx-0.469\ 5$.

〈课堂练习〉

利用计算器,求下列各三角函数的值.

(1) $\sin\frac{2\pi}{7}$;　(2) $\tan 832°$;　(3) $\cos 528°$.

〈课后习题〉

习题 A

1.选择题.

(1)已知角 α 的终边经过点 $\left(-\frac{1}{2},\frac{\sqrt{2}}{2}\right)$,则 $\tan\alpha$ 的值是(　　).

A.$\frac{1}{2}$　B.$-\frac{\sqrt{2}}{2}$　C.$-\frac{\sqrt{3}}{2}$　D.$-\sqrt{2}$

(2)下列各三角函数值中,为负值的是(　　).

A.$\sin 1\ 100°$　B.$\cos(-3\ 000°)$　C.$\tan(-115°)$　D.$\tan\frac{5\pi}{4}$

2.判断下列各角的三角函数值的正负号：

(1)$\frac{3\pi}{7}$;　　(2)$-46°$;　　(3)$-1\ 150°$.

3.计算 $6\sin 270°=\sqrt{2}\cos 180°-8\cos 90°-5\tan 0°$.

习题 B

1.根据条件判断角 α 是第几象限的角.

(1)$\sin\alpha<0,\tan\alpha<0$;　　(2)$\cos\alpha<0,\tan\alpha>0$.

2.利用计算器求下列各三角函数的值：

(1)$\tan 5.5$;　　(2)$\cos\frac{13\pi}{4}$;　　(3)$\sin(-950°)$.

5.4　同角三角函数的基本关系

〈知识探究〉

根据三角函数的定义，下面我们来研究同角三角函数间的一些基本关系.

由定义 $\sin\alpha=\frac{y}{r}$，$\cos\alpha=\frac{x}{r}$ $(r^2=x^2+y^2)$

可知

$$\sin^2\alpha+\cos^2\alpha=\left(\frac{y}{r}\right)^2+\left(\frac{x}{r}\right)^2$$

$$=\frac{x^2+y^2}{r^2}=1,$$

学习提示

利用基本关系式 $\sin^2\alpha+\cos^2\alpha=1$ 求三角函数的值时，需要进行开平方运算，所以必须要明确角 α 所在的象限.

当 $\alpha \neq \frac{\pi}{2}+k\pi(k \in \mathbf{Z})$ 时,有

$$\frac{\sin\alpha}{\cos\alpha}=\frac{\frac{y}{r}}{\frac{x}{r}}=\frac{y}{x}=\tan\alpha$$

于是,得到同角三角函数的基本关系式:

$$\sin^2\alpha+\cos^2\alpha=1,$$
$$\tan\alpha=\frac{\sin\alpha}{\cos\alpha},\alpha\neq\frac{\pi}{2}+k\pi(k\in\mathbf{Z}).$$

〈应用举例〉

例 1　已知 $\cos\alpha=-\frac{3}{5}$,且 α 是第三象限的角,求 $\sin\alpha$、$\tan\alpha$ 的值.

解　由同角三角函数的基本关系 $\sin^2\alpha+\cos^2\alpha=1$,可得

$$\sin\alpha=\pm\sqrt{1-\cos^2\alpha}.$$

又因为 α 是第三象限的角,所以 $\sin\alpha<0$,则

$$\sin\alpha=-\sqrt{1-\cos^2\alpha}=-\sqrt{1-\left(-\frac{3}{5}\right)^2}=-\frac{4}{5},$$

$$\tan\alpha=\frac{\sin\alpha}{\cos\alpha}=\frac{-\frac{4}{5}}{-\frac{3}{5}}=\frac{4}{3}.$$

例 2　已知 $\tan\alpha=-3$,求 $2\sin\alpha\cos\alpha$ 的值.

解　由已知,可得方程组

$$\begin{cases}\frac{\sin\alpha}{\cos\alpha}=-3 & (1)\\ \sin^2\alpha+\cos^2\alpha=1 & (2)\end{cases}$$

由式(1)得 $\sin\alpha=-3\cos\alpha$,代入式(2)得

$$(-3\cos\alpha)^2+\cos^2\alpha=1,$$

$$10\cos^2\alpha=1,$$

$$\cos^2\alpha=\frac{1}{10}.$$

所以 $2\sin\alpha\cos\alpha=2(-3\cos\alpha)\cos\alpha=-6\cos^2\alpha=-6\times\frac{1}{10}=-\frac{3}{5}.$

例3　化简 $\dfrac{\sin\theta-\cos\theta}{\tan\theta-1}$.

解　原式 $=\dfrac{\sin\theta-\cos\theta}{\dfrac{\sin\theta}{\cos\theta}-1}=\dfrac{\sin\theta-\cos\theta}{\dfrac{\sin\theta-\cos\theta}{\cos\theta}}=\cos\theta.$

〈归纳指引〉

运用同角三角函数的基本关系时,首先要熟悉常用的公式变形.如,$\sin\alpha=\pm\sqrt{1-\cos^2\alpha}$ 等.同时,要特别注意判断左边角所在象限,从而决定右边“±”号的确定.

〈课堂练习〉

1.已知 $\sin\alpha=\frac{1}{2}$,且 α 是第二象限的角,求 $\cos\alpha,\tan\alpha$ 的值.

2.化简:$\sin^4\alpha-\cos^4\alpha+\cos^2\alpha$.

〈课后习题〉

习题 A

1.已知 $\sin\alpha=-\frac{3}{5}$,且 α 是第四象限角,求 $\cos\alpha$ 和 $\tan\alpha$ 的值.

2.已知 $\tan\alpha=\frac{5}{12}$,且 α 是第三象限角.求 $\sin\alpha,\cos\alpha$ 的值.

3. 已知 $\tan\alpha=\dfrac{1}{3}$，求 $\sin\alpha$，$\cos\alpha$ 的值.

习题 B

1. 已知 $\tan\alpha=2$，求 $\dfrac{2\cos\alpha-3\sin\alpha}{\sin\alpha+3\cos\alpha}$ 的值.

2. 证明：

(1) $\tan^2\alpha-\sin^2\alpha=\tan^2\alpha\cdot\sin^2\alpha$；

(2) $\sin^4\alpha-\cos^4\alpha=\sin^2\alpha-\cos^2\alpha$.

5.5 诱导公式

5.5.1 角 α 与 $\alpha+2k\pi(k\in\mathbf{Z})$ 的三角函数间的诱导公式

〈知识探究〉

由 5.1 节可知，在平面直角坐标系中，角 α 与 $\alpha+2k\pi(k\in\mathbf{Z})$ 的终边相同. 根据三角函数的定义，它们的三角函数值相等，即

$$\text{公式一}\quad\begin{cases}\sin(\alpha+2k\pi)=\sin\alpha,\\ \cos(\alpha+2k\pi)=\cos\alpha,\\ \tan(\alpha+2k\pi)=\tan\alpha.\end{cases}$$

利用上述公式，就可以把求任意角的三角函数的值，转化为求 $0°\sim360°$ 的三角函数的值.

〈应用举例〉

例 1 求下列三角函数的值.

(1) $\sin\dfrac{13\pi}{2}$； (2) $\cos\dfrac{19\pi}{3}$； (3) $\tan 405°$.

解　(1) $\sin\frac{13\pi}{2}=\sin\left(\frac{\pi}{2}+6\pi\right)=\sin\frac{\pi}{2}=1$；

(2) $\cos\frac{19\pi}{3}=\cos\left(\frac{\pi}{3}+6\pi\right)=\cos\frac{\pi}{3}=\frac{1}{2}$；

(3) $\tan 405°=\tan(45°+360°)=\tan 45°=1$.

〈课堂练习〉

求下列三角函数的值.

(1) $\sin\frac{5\pi}{3}$；　　(2) $\cos 750°$；　　(3) $\tan\left(-\frac{11\pi}{6}\right)$.

5.5.2　角 α 与 $-\alpha$ 的三角函数间的诱导公式

〈知识探究〉

下面我们再研究任意角 α 与 $-\alpha$ 的三角函数值之间的关系，如图 5.9 所示.

设单位圆与角 α，$-\alpha$ 的终边的交点分别为 P 和 P'，则点 P 的坐标是 $(\cos\alpha,\sin\alpha)$，点 P' 的坐标是 $(\cos(-\alpha),\sin(-\alpha))$. 容易看出，点 P 和点 P' 关于 x 轴对称，则点 P' 的坐标也可以写成 $(\cos\alpha,-\sin\alpha)$，所以可得

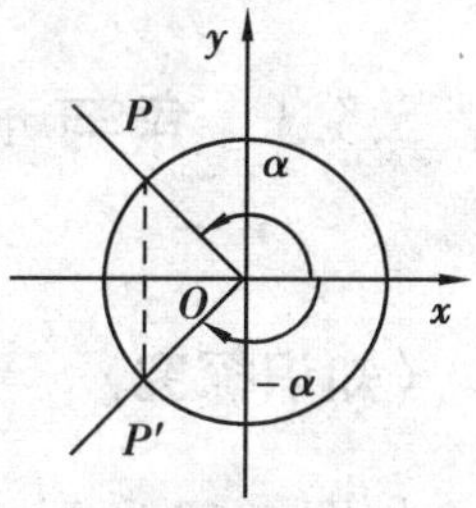

$$\sin(-\alpha)=-\sin\alpha,\cos(-\alpha)=\cos\alpha.$$

图 5.9

由同角三角函数的关系式可知

$$\tan(-\alpha)=\frac{\sin(-\alpha)}{\cos(-\alpha)}=\frac{-\sin\alpha}{\cos\alpha}=-\tan\alpha.$$

于是我们得到角 α 与 $-\alpha$ 的三角函数值之间的关系为：

$$\text{公式二}\quad\begin{cases}\sin(-\alpha)=-\sin\alpha,\\\cos(-\alpha)=\cos\alpha,\\\tan(-\alpha)=-\tan\alpha.\end{cases}$$

利用上述公式，我们就可以把负角的三角函数转化为正角的三角函数.

〈应用举例〉

例 2 求下列三角函数的值.

(1) $\sin\left(-\dfrac{\pi}{6}\right)$； (2) $\cos\left(-\dfrac{\pi}{4}\right)$； (3) $\tan\left(-\dfrac{\pi}{3}\right)$.

解 (1) $\sin\left(-\dfrac{\pi}{6}\right)=-\sin\dfrac{\pi}{6}=-\dfrac{1}{2}$；

(2) $\cos\left(-\dfrac{\pi}{4}\right)=\cos\dfrac{\pi}{4}=\dfrac{\sqrt{2}}{2}$；

(3) $\tan\left(-\dfrac{\pi}{3}\right)=-\tan\dfrac{\pi}{3}=-\sqrt{3}$.

〈课堂练习〉

求下列三角函数的值.

(1) $\sin\left(-\dfrac{\pi}{3}\right)$； (2) $\cos\left(-\dfrac{\pi}{6}\right)$； (3) $\tan\left(-\dfrac{7\pi}{3}\right)$.

5.5.3 角与 π±α 的三角函数间的诱导公式

〈知识探究〉

如图 5.10 所示，已知任意角 α 的终边与单位圆相交于点 P，由于角 $\pi+\alpha$ 的终边就是角 α 的终边的反向延长线，所以角 $\pi+\alpha$ 的终边同单位圆的交点 P' 与点 P 关于原点对称，点 P 的坐标为 $(\cos\alpha,\sin\alpha)$，点 P' 的坐标为 $(\cos(\pi+\alpha),\sin(\pi+\alpha))$，又由于点 P' 与点 P 关于原点对称，则点 P' 的坐标又可以写为 $(-\cos\alpha,-\sin\alpha)$，所以可得

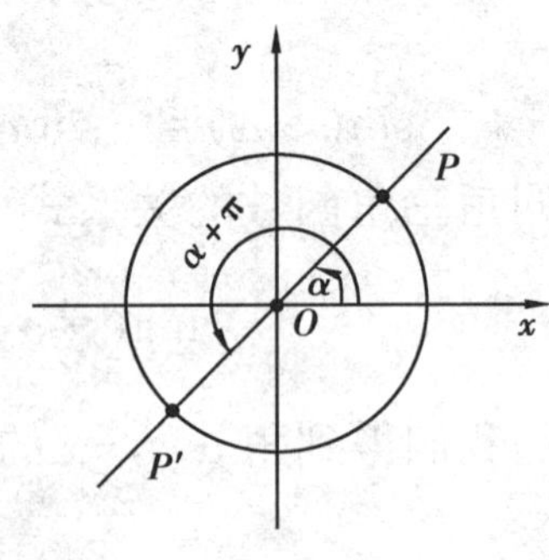

图 5.10

$$\sin(\pi+\alpha)=-\sin\alpha,\cos(\pi+\alpha)=-\cos\alpha.$$

由同角三角函数的关系式可知

$$\tan(\pi+\alpha)=\frac{\sin(\pi+\alpha)}{\cos(\pi+\alpha)}=\frac{-\sin\alpha}{-\cos\alpha}=\tan\alpha.$$

于是,得到的角 α 与 $\pi+\alpha$ 的三角函数值之间的关系为:

公式三 $\begin{cases}\sin(\pi+\alpha)=-\sin\alpha,\\ \cos(\pi+\alpha)=-\cos\alpha,\\ \tan(\pi+\alpha)=\tan\alpha.\end{cases}$

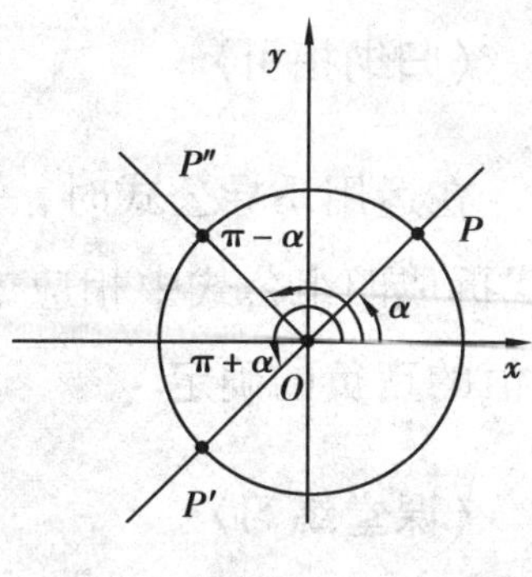

图 5.11

如图 5.11 所示,设单位圆与角 α、$\pi+\alpha$、$\pi-\alpha$ 的终边分别相交于点 P、P'、P''. 从图中可以看出,点 P' 与点 P'' 关于 x 轴对称,由此可以得到

$$\sin(\pi-\alpha)=-\sin(\pi+\alpha)=\sin\alpha,$$
$$\cos(\pi-\alpha)=\cos(\pi+\alpha)=-\cos\alpha.$$

由同角三角函数的关系式可知

$$\tan(\pi-\alpha)=\frac{\sin(\pi-\alpha)}{\cos(\pi-\alpha)}=\frac{\sin\alpha}{-\cos\alpha}=-\tan\alpha.$$

于是,我们得到角 α 与 $(\pi-\alpha)$ 的三角函数值之间的关系为:

公式四 $\begin{cases}\sin(\pi-\alpha)=\sin\alpha,\\ \cos(\pi-\alpha)=-\cos\alpha,\\ \tan(\pi-\alpha)=-\tan\alpha.\end{cases}$

上述公式一、二、三、四统称为**诱导公式**,利用诱导公式可以把任意角的三角函数转化为锐角的三角函数,用以求三角函数式的值或化简三角函数式.

〈应用举例〉

例 3　求下列三角函数的值.

(1) $\cos\frac{7\pi}{6}$;　　　　(2) $\sin\frac{2\pi}{3}$.

解　(1) $\cos\frac{7\pi}{6}=\cos\left(\pi+\frac{\pi}{6}\right)=-\cos\frac{\pi}{6}=-\frac{1}{2}$;

(2) $\sin\frac{2\pi}{3}=\sin\left(\pi-\frac{\pi}{3}\right)=\sin\frac{\pi}{3}=\frac{1}{2}$.

〈归纳指引〉

在运用诱导公式时，一般将“负角”先转为“正角”，再将“正角”逐步“拆角”拆成四组公式中相应的角的“形式”，然后依据公式求值.要特别注意：函数值的正负的确定.

〈课堂练习〉

求下列三角函数的值.

(1) $\sin\frac{3\pi}{4}$;　　(2) $\cos\frac{2\pi}{3}$;　　(3) $\tan\frac{5\pi}{6}$.

〈课后习题〉

习题 A

1.求下列各正弦函数的值.

(1) $\sin\frac{19\pi}{6}$;　　(2) $\sin\left(-\frac{25\pi}{4}\right)$;　　(3) $\sin(-210°)$.

2.求下列各余弦函数的值.

(1) $\cos\frac{31\pi}{6}$;　　(2) $\cos\left(-\frac{79\pi}{6}\right)$;　　(3) $\cos 135°$.

习题 B

求下列各正切函数的值.

(1) $\tan\frac{14\pi}{3}$;　　(2) $\tan\frac{21\pi}{4}$;　　(3) $\tan(-675°)$.

5.6　正弦函数与余弦函数的图像和性质

5.6.1　正弦函数的图像和性质

〈知识探究〉

下面研究三角函数的时候，按照惯例采用字母 x 来表示角（自变量）. 在平面直角坐标系中，可以利用描点法得到正弦函数的图像. 一般地，作图时自变量 x 应采用弧度制.

现在利用描点法画出正弦函数的图像. 把区间 $[0,2\pi]$ 分为 8 等份，分别求得函数 $y=\sin x$ 在各分点及区间端点的函数值，列表如表 5.5 所示：

表 5.5

x	0	$\frac{\pi}{4}$	$\frac{\pi}{2}$	$\frac{3\pi}{4}$	π	$\frac{5\pi}{4}$	$\frac{3\pi}{2}$	$\frac{7\pi}{4}$	2π
$y=\sin x$	0	0.71	1	0.71	0	−0.71	−1	−0.71	0

以表 5.5 中每组 (x,y) 的值作为点的坐标，在平面直角坐标系内作出对应的点，把它们依次连接成光滑的曲线，就得到了正弦函数 $y=\sin x$ 在区间 $[0,2\pi]$ 上的图像，如图 5.12 所示.

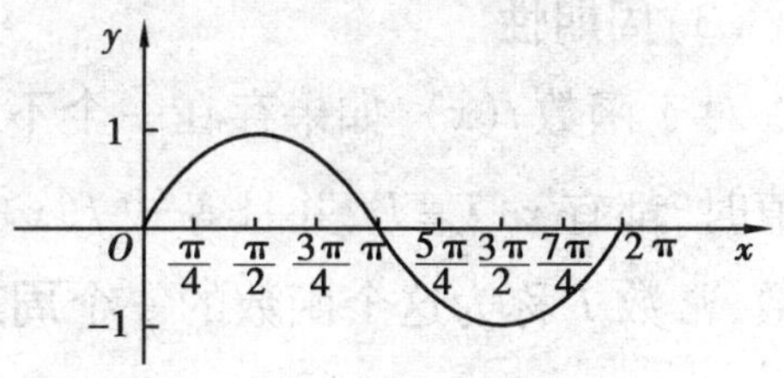

图 5.12

因为终边相同的角有相同的三角函数值，所以将函数 $y=\sin x$ 在 $[0,2\pi]$ 上的图像向左或向右平移（每次移动 2π 个单位长度），这样就得到正弦函数 $y=\sin x$ 在 $\mathbf{R}$ 上的图像，如图 5.13 所示. 正弦函数的图像称为**正弦曲线**.

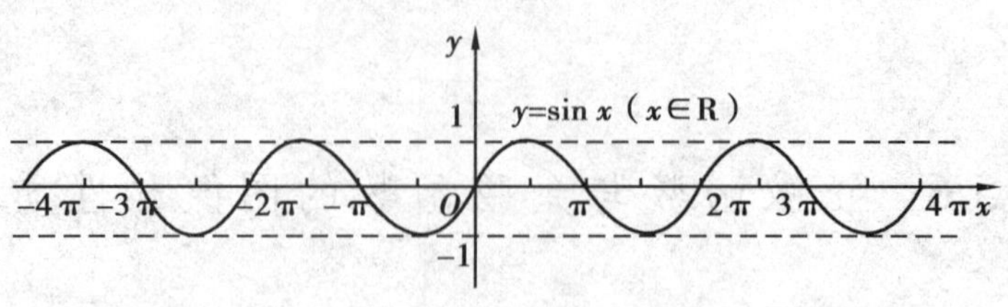

图 5.13

观察发现，正弦函数 $y=\sin x$ 在 $[0,2\pi]$ 上的图像有五个关键点：

$$(0,0),\left(\frac{\pi}{2},1\right),(\pi,0),\left(\frac{3\pi}{2},-1\right),(2\pi,0).$$

在平面直角坐标系中，描出这五个点后，正弦函数 $y=\sin x$ 在 $[0,2\pi]$ 上的图像的形状就基本上确定了.因此在精确度要求不高时，经常先找出这五个关键点，然后用光滑的曲线把它们连接起来，就得到了正弦函数在 $[0,2\pi]$ 上的简图.这种作图的方法称为**“五点法”**.

下面研究正弦函数的主要性质.

(1) **定义域**

正弦函数 $y=\sin x$ 的定义域是 $\mathbf{R}$.

(2) **值域**

正弦函数 $y=\sin x$ 的值域为 $[-1,1]$.当 $x=\frac{\pi}{2}+2k\pi,k\in\mathbf{Z}$ 时，函数取得最大值 1；当 $x=-\frac{\pi}{2}+2k\pi,k\in\mathbf{Z}$ 时，函数取得最小值 −1.

(3) **周期性**

对于函数 $f(x)$，如果存在一个不为零的常数 $\mathbf{T}$，当 x 取定义域 D 内的每一个值时，都有 $x+T\in D$，并且等式 $f(x+T)=f(x)$ 成立，那么函数 $f(x)$ 称为**周期函数**，常数 T 称为这个函数的一个**周期**.

正弦函数的定义域是 $\mathbf{R}$，对 $x\in\mathbf{R}$ 都有 $x+2k\pi\in\mathbf{R}(k\in\mathbf{Z})$，并且由诱导公式 $\sin(x+2k\pi)=\sin x$ 可知，正弦函数是周期函数.

周期函数的周期不止一个，如 $2\pi,4\pi,6\pi,\cdots,-2\pi,-4\pi,-6\pi,\cdots$ 都是正弦函数的周期.事实上，任何一个常数 $2k\pi(k\in\mathbf{Z},k\neq0)$ 都是正弦函数的周期.

如果周期函数的所有周期中，存在一个最小的正数，那么就把它称为**最小**

正周期.一般在不引起混淆的情况下,我们所说的函数的周期都是指它的最小正周期.例如,正弦函数的最小正周期为 2π.

(4)**奇偶性**

观察正弦曲线,可以看到正弦曲线关于原点 O 对称,即正弦函数是奇函数.

(5)**单调性**

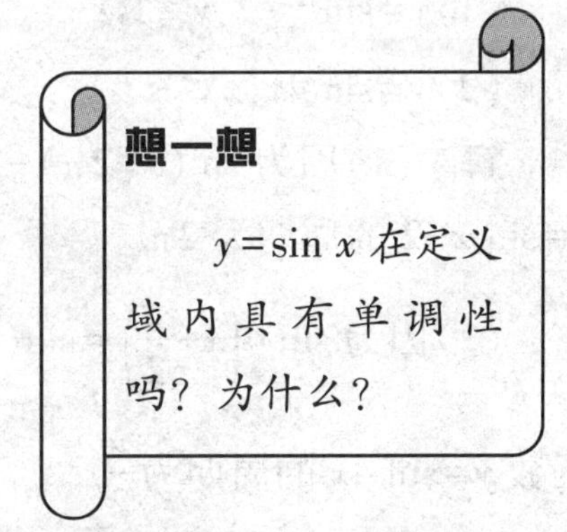

由正弦曲线可以看出,当 x 由 $-\frac{\pi}{2}$ 增大到 $\frac{\pi}{2}$ 时,曲线逐渐上升,$\sin x$ 的值由 -1 增大到 1;当 x 由 $\frac{\pi}{2}$ 增大到 $\frac{3\pi}{2}$ 时,曲线逐渐下降,$\sin x$ 的值由 1 减小到 -1.

根据正弦函数的周期性可知:

正弦函数在每一个区间 $\left[-\frac{\pi}{2}+2k\pi,\frac{\pi}{2}+2k\pi\right](k\in\mathbf{Z})$ 都是增函数,其值从 -1 增大到 1;在每一个区间 $\left[\frac{\pi}{2}+2k\pi,\frac{3\pi}{2}+2k\pi\right](k\in\mathbf{Z})$ 上都是减函数,其值从 1 减小到 -1.

〈**应用举例**〉

例 1　利用“五点法”作函数 $y=1+\sin x$ 在区间 $[0,2\pi]$ 上的图像.

解　按五个关键点列表,如表 5.6 所示:

表 5.6

x	0	$\frac{\pi}{2}$	π	$\frac{\pi}{2}$	2π
$\sin x$	0	1	0	-1	0
$y=1+\sin x$	1	2	1	0	1

以表中每组(x,y)的值作为点的坐标，描点并将它们用光滑的曲线连接起来，就得到函数 $y=1+\sin x$ 在区间$[0,2\pi]$上的图像，如图 5.14 所示.

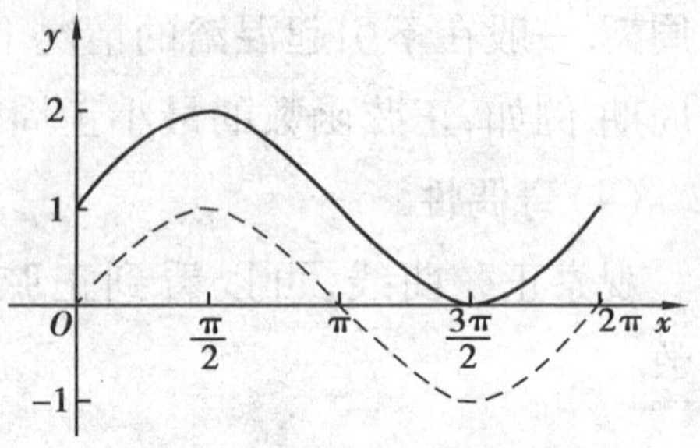

图 5.14

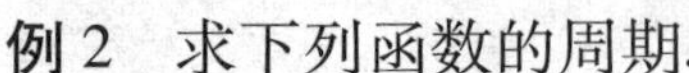

例 2　求下列函数的周期.

(1) $y=\sin x-2, x\in\mathbf{R}$;

(2) $y=\sin 4x, x\in\mathbf{R}$

解　(1)因为 $\sin(x+2\pi)-2=\sin x-2$，所以由周期函数的定义可知，函数 $y=\sin x-2$ 的周期为 2π.

(2)因为 $\sin 4\left(x+\frac{\pi}{2}\right)=\sin(4x+2\pi)=\sin 4x$，所以由周期函数的定义可知，函数 $y=\sin 4x$ 的周期为$\frac{\pi}{2}$.

〈**课堂练习**〉

1.利用“五点法”作函数 $y=2\sin x$ 在区间$[0,2\pi]$上的图像.

2.求下列函数的周期.

(1) $y=2\sin\frac{x}{4}, x\in\mathbf{R}$;　　　(2) $y=\sin\left(2x+\frac{\pi}{3}\right), x\in\mathbf{R}$.

5.6.2　余弦函数的图像和性质

〈**知识探究**〉

现在利用描点法，画出余弦函数的图像.把区间$[0,2\pi]$分为 8 等份，分别求得函数 $y=\cos x$在各分点及区间端点的函数值，列表如表 5.7 所示：

表 5.7

x	0	$\frac{\pi}{4}$	$\frac{\pi}{2}$	$\frac{3\pi}{4}$	π	$\frac{5\pi}{4}$	$\frac{3\pi}{2}$	$\frac{7\pi}{4}$	2π
$y=\cos x$	1	0.71	0	−0.71	−1	−0.71	0	0.71	1

以表中每组(x,y)的值作为点的坐标，在平面直角坐标系内，作出对应的点，把它们依次连接成光滑的曲线，就得到了余弦函数 $y=\cos x$ 在区间$[0,2\pi]$上的图像，如图 5.15 所示.

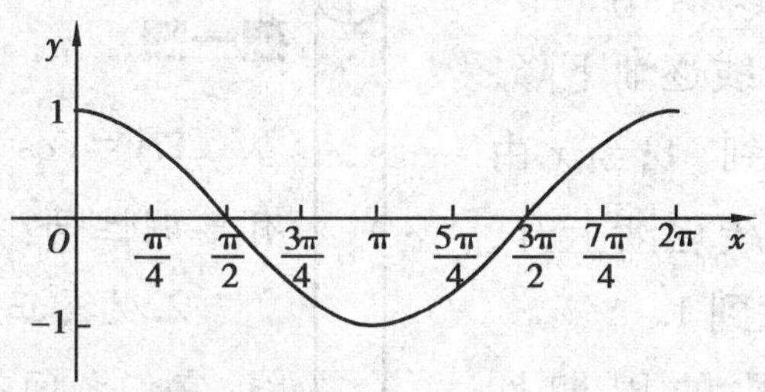

图 5.15

因为终边相同的角有相同的三角函数值，所以将函数 $y=\cos x$ 在$[0,2\pi]$上的图像向左或向右平移（每次移动 2π 个单位长度），这样就得到余弦函数 $y=\cos x$在 R 上的图像，如图 5.16 所示.余弦函数的图像称为**余弦曲线**.

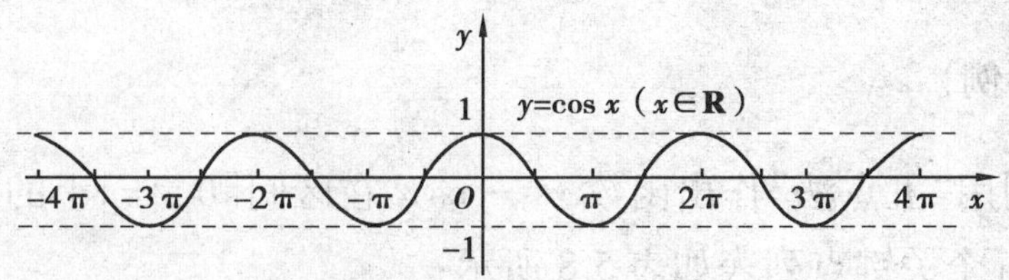

图 5.16

下面我们研究余弦函数的主要性质.

（1）**定义域**

余弦函数 $y=\cos x$ 的定义域是 $\mathbf{R}$.

（2）**值域**

余弦函数 $y=\cos x$ 的值域为$[-1,1]$，当 $x=2k\pi,k\in\mathbf{Z}$ 时，函数取得最大

值 1；当 $x=(2k+1)\pi, k\in\mathbf{Z}$ 时，函数取得最小值−1.

(3)周期性

余弦函数的定义域是 $\mathbf{R}$，对 $x\in\mathbf{R}$ 都有 $x+2k\pi\in\mathbf{R}(k\in\mathbf{Z})$，并且由诱导公式 $\cos(x+2k\pi)=\cos x$ 可知，与正弦函数相同，余弦函数也是周期函数，它的周期是 $2k\pi(k\in\mathbf{Z}, k\neq 0)$，并且最小正周期是 2π.

(4)奇偶性

观察余弦曲线，可以看到余弦曲线关于 y 轴对称，即余弦函数是偶函数.

(5)单调性

由余弦曲线可以看出，当 x 由 0 增大到 π 时，曲线逐渐下降，$\cos x$ 的值由 1 减小到−1；当 x 由 π 增大到 2π 时，曲线逐渐上升，$\cos x$ 的值由−1 增大到 1.

根据余弦函数的周期性可知：

1. $y=\cos x$ 在定义域内具有单调性吗？为什么？

2. 观察正弦曲线和余弦曲线，它们之间有什么联系？

余弦函数在每一个区间 $[(2k-1)\pi, 2k\pi](k\in\mathbf{Z})$ 上都是增函数，其值从−1 增大到 1；在每一个区间 $[2k\pi, (2k+1)\pi](k\in\mathbf{Z})$ 上都是减函数，其值从 1 减小到−1.

〈应用举例〉

例 3 利用“五点法”作出函数 $y=-\cos x$ 在区间 $[0, 2\pi]$ 上的图像.

解 按五个关键点列表如表 5.8 所示：

表 5.8

x	0	$\frac{\pi}{2}$	π	$\frac{3\pi}{2}$	2π
$\cos x$	1	0	−1	0	1
$-\cos x$	−1	0	1	0	−1

以表中每组(x,y)的值作为点的坐标，描点，并将它们用光滑的曲线连接起来，就得到函数$y=-\cos x$在区间$[0,2\pi]$上的图像，如图5.17所示.

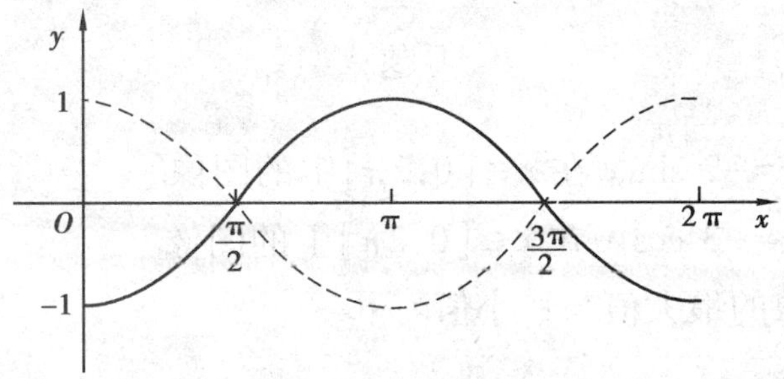

图5.17

例4　求使函数$y=\cos 2x$取得最小值的x的集合，并指出最小值.

解　设$u=2x$，则使函数$y=\cos u$取得最小值-1的角的集合是

$$\{u \mid u=(2k+1)\pi, k\in \mathbf{Z}\}.$$

由$2x=u=(2k+1)\pi$得

$$x=\frac{(2k+1)\pi}{2}=k\pi+\frac{\pi}{2}$$

故所求的集合为$\left\{x \mid x=k\pi+\frac{\pi}{2}, k\in \mathbf{Z}\right\}$

函数$y=\cos 2x$的最小值为-1.

〈**归纳指引**〉

在研究有关正弦函数和余弦函数的问题时，先利用“五点法”画出简图，再充分利用函数图像特征来理解运用性质.

〈**课堂练习**〉

1.利用“五点法”作出函数$y=2-\cos x$在区间$[0,2\pi]$上的图像.

2.求下列函数的周期.

(1)$y=3\cos x+1$，$x\in \mathbf{R}$；　　(2)$y=\cos 2x+1$，$x\in \mathbf{R}$.

3.求使函数$y=\cos\left(x+\frac{\pi}{6}\right)$取得最大值的$x$的集合，并指出最大值.

〈课后习题〉

习题 A

1.画出函数 $y=-2\sin x$ 在 $x\in[0,2\pi]$ 上的图像.

2.画出函数 $y=-3\cos x$ 在 $x\in[0,2\pi]$ 上的图像.

3.求下列函数的最大值与最小值.

(1) $y=\frac{3}{4}\sin 2x$；　(2) $y=\frac{3}{5}\cos x$.

4.求下列函数的最小正周期.

(1) $y=3\sin x$；　(2) $y=4\cos 3x$.

习题 B

1.用"五点法"画出下列函数在 $x\in[0,2\pi]$ 上的图像.

(1) $y=3\sin x+1$；(2) $y=1-\cos x$.

2.求下列函数的最大值与最小值.

(1) $y=3\sin 2x-1$；(2) $y=3-2\cos 3x$.

5.7　已知三角函数值求指定范围内的角

5.7.1　已知正弦函数值求指定范围内的角

〈知识探究〉

在科学计算器的标准设置中，已知正弦函数值，只能显示 $-90°\sim 90°$ $\left(\text{或}-\frac{\pi}{2}\sim\frac{\pi}{2}\right)$范围内的角，其步骤是：设定角度或弧度计算模式→按 Shift 键→

按 sin 键→输入正弦函数值→按 = 键显示→$-90°\sim90°\left(\text{或}-\frac{\pi}{2}\sim\frac{\pi}{2}\right)$范围的角.如果求指定范围内的角,那么还需要使用诱导公式.

已知正弦值,求指定范围内的角的主要步骤是:

(1)利用计算器求出$-90°\sim90°\left(\text{或}-\frac{\pi}{2}\sim\frac{\pi}{2}\right)$范围内的角;

(2)利用诱导公式 $\sin(\pi-\alpha)=\sin\alpha$ 求出 $90°\sim270°\left(\text{或}\frac{\pi}{2}\sim\frac{3\pi}{2}\right)$范围内的角;

(3)利用诱导公式 $\sin(\alpha+2k\pi)=\sin\alpha$ 求出指定范围内的角.

〈应用举例〉

例1　已知 $\sin x=0.6$,利用计算器求 $0°\sim360°$范围内的角 x(精确到 $0.01°$).

解　利用计算器得到锐角

$$x_1\approx36.87°,$$

利用 $\sin(\pi-\alpha)=\sin\alpha$,得到所求的钝角

$$x_2\approx180°-36.87°=143.13°$$

故 $0°\sim360°$范围内,正弦函数值为0.6的角为 $36.87°$和 $143.13°$.

例2　已知 $\sin x=-0.6$,利用计算器求区间$[0,2\pi]$范围内的角 x(精确到0.000 1).

解　利用计算器得到$\left[-\frac{\pi}{2},\frac{\pi}{2}\right]$上的角为

$$x\approx-0.643\ 5;$$

利用 $\sin(\pi-\alpha)=\sin\alpha$,得到$\left[\frac{\pi}{2},\frac{3\pi}{2}\right]$上的角为

$$x_1\approx\pi-(-0.643\ 5)\approx3.785\ 1;$$

利用 $\sin(\alpha+2\pi)=\sin\alpha$,得到$\left[\frac{3\pi}{2},2\pi\right]$上的角为

$$x_2\approx2\pi+(-0.643\ 5)\approx5.639\ 7.$$

所以在区间[0,2π]上,正弦值为-0.6的角为3.785 1和5.639 7.

〈课堂练习〉

已知 $\sin x=-0.4$,利用计算器求区间[0,2π]范围内的角 x(精确到0.000 1).

5.7.2 已知余弦函数值求指定范围内的角

〈知识探究〉

在科学计算器的标准设置中,已知余弦函数值,只能显示0°~180°(或0~π)范围内的角.其步骤是:设定角度或弧度计算模式→按 Shift 键→按 cos 键→输入余弦函数值→按 = 键显示→0°~180°(或0~π)范围内的角.如果求指定范围内的角,还需要使用诱导公式.

已知余弦值,求指定范围内的角的主要步骤是:

(1)利用计算器求出0°~180°(或0~π)范围内的角;

(2)利用诱导公式 $\cos(-\alpha)=\cos\alpha$ 求出-180°~0°(或-π~0)范围内的角;

(3)利用诱导公式 $\cos(\alpha+2k\pi)=\cos\alpha$ 求出指定范围内的角.

〈应用举例〉

例3 已知 $\cos x=0.6$,利用计算器求-180°~180°范围内的角 x(精确到0.01°).

解 利用计算器求得在0°~180°范围内的角为

$$x_1\approx 53.13°;$$

利用 $\cos(-\alpha)=\cos\alpha$,得到-180°~0°范围内的角为

$$x_2\approx -53.13°;$$

因此在-180°~180°范围内,余弦的值为0.6的角为±53.13°.

〈课堂练习〉

已知 $\cos x=0.4$,利用计算器求区间0~2π范围内的角 x(精确到0.000 1).

〈课后习题〉

习题 A

1.已知 $\sin x=\frac{\sqrt{2}}{2},x\in\left[-\frac{\pi}{2},\frac{\pi}{2}\right]$,求 x.

2.已知 $\cos x=\frac{1}{2},x\in[\pi,2\pi]$,求 x.

习题 B

1.已知 $\sin x=\frac{\sqrt{3}}{2},x\in[0,2\pi]$,求 x.

2.已知 $\cos x=-0.63$,利用计算器求满足 $x\in[-360°,-180°]$ 的角 x(精确到 0.001).

〈综合复习题 5〉

一、选择题

1.30°转化为弧度为(　　).

A.$\frac{\pi}{6}$　　B.$\frac{\pi}{3}$　　C.3π　　D.6π

2.若 $\sin\alpha=\frac{4}{5}$,且 α 是第二象限的角,那么 $\tan\alpha$ 等于(　　).

A.$\frac{4}{3}$　　B.$-\frac{4}{3}$　　C.7　　D.-7

3.$\sin\left(-\frac{13\pi}{3}\right)$ 的值为(　　).

A. $\frac{1}{2}$　　B. $\frac{\sqrt{3}}{2}$　　C. $-\frac{1}{2}$　　D. $-\frac{\sqrt{3}}{2}$

4. 若 $\sin\theta \cdot \tan\theta>0$，则角 θ 属于(　　).

A. 第一、四象限　　B. 第一、三象限　　C. 第二、三象限　　D. 第三、四象限

5. 函数 $y=2\cos x-2$ 的最大值为(　　).

A. 4　　B. −4　　C. 0　　D. −3

二、填空题

1. 若角 α 的终边经过点(−3,−4)，则 $\sin\alpha=$__________.

2. 若角 α 是第二象限的角，则点 $A(\sin\alpha,\cos\alpha)$ 是第____象限内的点.

3. 函数 $y=\frac{1}{2}\sin\left(x+\frac{\pi}{4}\right)$ 的最小正周期是______，最大值是______，最小值是______.

4. 计算：$\sin 0-2\cos\frac{\pi}{4}+\tan\frac{\pi}{3}-\sin\frac{3\pi}{2}+\cos\pi=$__________.

三、解答题

1. 已知角 α 的终边经过点 $P(\sqrt{3}a,a)$，其中，$a\neq 0$，求 $\sin\alpha,\cos\alpha,\tan\alpha$ 的值.

2. 已知 $\sin\alpha=\frac{\sqrt{5}}{3}$，$\alpha$ 是第三象限角，求 $\tan\alpha$ 的值.

3. 已知 $\tan\alpha=-\frac{2}{3}$，求 $\sin\alpha,\cos\alpha$ 的值.

4. 化简：$(1+\tan^2\alpha)\cos^2\alpha$.

第 6 章
数 列

6.1 数列的概念

〈知识探究〉

先看几个例子，将正整数从小到大排成一列数为

$$1,2,3,4,5,\cdots;$$

将上列数的倒数排成一列新的数为

$$1,\frac{1}{2},\frac{1}{3},\frac{1}{4},\frac{1}{5},\cdots;$$

将 2 的正整数指数幂从小到大排成一列数为

$$2,2^2,2^3,2^4,2^5,\cdots$$

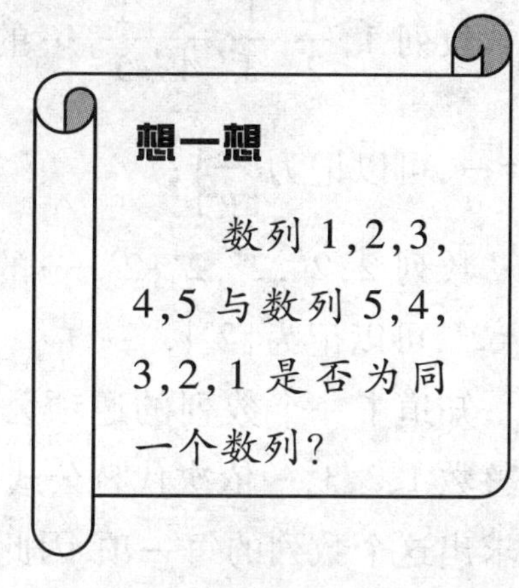
想一想

数列 1,2,3,4,5 与数列 5,4,3,2,1 是否为同一个数列？

在上面的例子中,按照一定的顺序排成的一列数称为**数列**.数列中的每一个数都称为这个数列的**项**.在一个数列中,从开始的项起,自左至右排序,各项按照其位置依次称为这个数列的第1项(**首项**),第2项,第3项,…,第n项,…,其中反映各项的数列中位置的数字1,2,3,…,n,…分别称为对应项的**项数**.

只有有限项的数列称为**有穷数列**,有无限多项的数列称为**无穷数列**.

由于数列的项都是按一定的顺序排列的,则每一项都占有一个不同的序号.因此,在一个数列中,每一项与它的序号都有一一对应的关系.

数列的一般形式可以写作

$$a_1,a_2,\cdots,a_n,\cdots(n\in\mathbf{N}^*),$$

记作$\{a_n\}$,其中下脚标的数字代表项数.因此,通常把第n项a_n称为数列$\{a_n\}$的**通项**或**一般项**.

例如,数列2,3,4,…,$n+1$,…可以简记为$\{n+1\}$;数列$\frac{1}{2},\frac{1}{3},\cdots,\frac{1}{n+1},\cdots$可以简记为$\left\{\frac{1}{n+1}\right\}$.

如果数列$\{a_n\}$的第n项a_n能够用关于项数n的一个公式来表示,那么这个式子称为这个数列的**通项公式**.

例如,数列1,2,3,4,5,…的通项公式是$a_n=n$,可以记为$\{n\}$;

数列$1,\frac{1}{2},\frac{1}{3},\frac{1}{4},\frac{1}{5},\cdots$的通项公式是$a_n=\frac{1}{n}$,可以记为$\left\{\frac{1}{n}\right\}$;

数列$2,2^2,2^3,2^4,2^5,\cdots$的通项公式是$a_n=2^n$,可以记为$\{2^n\}$.

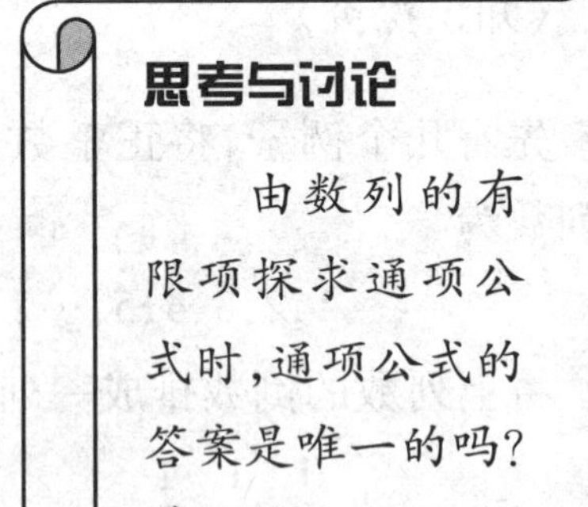

知道了一个数列的通项公式后,只要用正整数1,2,3,…依次代替公式中的n,就可以求出这个数列的每一项.因此,知道了数列的通项公式,就知道了这个数列的每一项.

〈应用举例〉

例1　设数列的通项公式为 $a_n=\dfrac{n}{n+1}$，写出数列的前6项.

解　$a_1=\dfrac{1}{1+1}=\dfrac{1}{2}$；$a_2=\dfrac{2}{2+1}=\dfrac{2}{3}$；$a_3=\dfrac{3}{3+1}=\dfrac{3}{4}$；

$a_4=\dfrac{4}{4+1}=\dfrac{4}{5}$；$a_5=\dfrac{5}{5+1}=\dfrac{5}{6}$；$a_6=\dfrac{6}{6+1}=\dfrac{6}{7}$.

例2　写出下面数列的通项公式，使它的前4项分别为下列各数：

(1)5，10，15，20；　　(2)$\dfrac{1}{1}$，$\dfrac{1}{3}$，$\dfrac{1}{5}$，$\dfrac{1}{7}$.

解　观察发现有 $5\times1=5$，$5\times2=10$，$5\times3=15$，$5\times4=20$ 的规律，因此，这个数列的前4项都是5与项数的乘积，所以它的一个通项公式为

$$a_n=5n;$$

(2)观察发现：4个数的分子是定的“1”，而分母是连续的正奇数，所以它的一个通项公式为

$$a_n=\frac{1}{2n-1}.$$

〈归纳指引〉

理解数列概念，必须强调“顺序性”。确定通项公式，要探寻“规律性”，难度有时很大。并不是所有的数列都有通项公式，即使有也不一定是唯一的表现形式。

〈课堂练习〉

1.根据下列各数列的通项公式，写出数列的前5项：

(1) $a_n=10n$；　　(2) $a_n=3^n+1$

2.根据下列数列的前 5 项,写出数列的一个通项公式:

(1)4,9,16,25,36;　　(2)$\frac{1}{2},\frac{3}{4},\frac{5}{6},\frac{7}{8},\frac{9}{10}$.

〈课后习题〉

习题 A

1.数列“3,5,7,9,11,…”与数列 $a_n=2n+1$ 是同一个数列吗?

2.判断下列哪些是有穷数列、无穷数列.

(1)1,1,2,2,3,3,…;　　(2)$\frac{2}{3},\frac{3}{4},\frac{4}{5},\frac{5}{6},\frac{6}{7}$;

(3)0,0,0,0,0,0;　　(4)1,3,5,7,9,11,…

3.写出数列 $a_n=\frac{1}{2}n^2-1$ 的前 5 项.

4.写出数列 $a_n=\frac{n-2}{n+1}$的第 10 项和第 250 项.

5.写出数列 9,7,5,3,1,…的通项公式.

6.写出数列$\frac{1}{2},\frac{1}{4},\frac{1}{8},\frac{1}{16},\cdots$的通项公式.

习题 B

1.写出数列$-\frac{1}{1\times2},\frac{1}{2\times3},-\frac{1}{3\times4},\frac{1}{4\times5},\cdots$的通项公式.

2.已知数列$\{a_n\}$中,$a_1=1,a_2=2,a_n=3a_{n-1}+a_{n-2}(n\geqslant3)$,试写出数列的前 4 项.

3.已知 $a_1=2,a_{n+1}=2a_n$,写出前 3 项,并猜想 a_n.

6.2　等差数列

6.2.1　等差数列的概念及通项公式

〈知识探究〉

我们现在观察下面的两个数列：

$$3,6,9,12,15,\cdots;$$
$$2,4,6,8,\cdots.$$

在第一个数列中，从第 2 项起，数列中的每一项与它前一项的差都为 3；在第二个数列中，从第 2 项起，数列中的每一项与它前一项的差都为 2. 因此，这两个数列有一个共同点，从数列的第 2 项起，数列中的每一项与它前一项的差都为常数.

想一想

如果等差数列 $a_1,a_2,\cdots,a_n$ 的公差为 d，那么数列 $a_n,a_{n-1},\cdots,a_2,a_1$ 是否为等差数列？如果是等差数列，则公差是多少？

一般地，如果数列

$$a_1,a_2,\cdots,a_n,\cdots$$

从第 2 项起，每一项与它前一项的差都等于一个常数，那么，这个数列称为**等差数列**. 常数称为等差数列的**公差**，一般用字母 d 表示.

由定义可知，若数列 $\{a_n\}$ 为等差数列，d 为公差，则 $a_{n+1}-a_n=d$，即

$$a_{n+1}=a_n+d.$$

在上面的例子中，两个数列都为等差数列，公差分别为 3 和 2.

设数列 $\{a_n\}$ 为等差数列，且公差为 d，则

$$a_1 = a_1,$$
$$a_2 = a_1 + d,$$
$$a_3 = a_2 + d = (a_1 + d) + d = a_1 + 2d,$$
$$a_4 = a_3 + d = (a_1 + 2d) + d = a_1 + 3d,$$
$$\cdots$$

由此可知,首项为 a_1,公差为 d 的等差数列的通项公式为

$$a_n = a_1 + (n-1)d.$$

〈应用举例〉

例 1　已知等差数列的首项为 4,公差为−2.试写出这个数列的通项公式,并求出这个数列的第 5 项和第 10 项.

解　由于 $a_1=4,d=-2$,则通项公式为

$$\begin{aligned} a_n &= a_1 + (n-1)d \\ &= 4 + (n-1) \times (-2) \\ &= -2n + 6 \end{aligned}$$

即 $a_n=-2n+6$.　因此

$$a_5 = (-2) \times 5 + 6 = -4$$
$$a_{10} = (-2) \times 10 + 6 = -14$$

学习提示

在等差数列的通项公式中,有 4 个量:a_1、d、n、a_n,只要知道其中的任意 3 个量,就可以求出另外一个量.

例 2　在等差数列 $\{a_n\}$ 中,$a_{17}=25$,公差 $d=\frac{1}{4}$,求数列的首项 a_1.

解　设数列 $\{a_n\}$ 的通项公式为

$$a_n = a_1 + (n-1)d,$$

将 $a_{17}=25,d=\frac{1}{4}$代入得

$$25 = a_1 + (17-1) \times \frac{1}{4},$$

解得 $a_1=21$.

〈课堂练习〉

1.下列数列是否为等差数列,若是等差数列,求公差和通项公式.

(1) −2,2,6,10,14,…;

(2) $1,\frac{1}{2},\frac{1}{3},\frac{1}{4},\frac{1}{5},\cdots$.

2.求等差数列10,7,4,1,…的公差、通项公式及第25项.

3.在等差数列$\{a_n\}$中,$a_5=1$,$a_{10}=10$,求a_1和公差d的值.

6.2.2　等差数列的前 n 项和

〈知识探究〉

一般地,设等差数列$\{a_n\}$的前n项和为S_n,即

$$S_n=a_1+a_2+a_3+\cdots+a_{n-2}+a_{n-1}+a_n, \tag{1}$$

也可以写作

$$S_n=a_n+a_{n-1}+a_{n-2}+\cdots+a_3+a_2+a_1. \tag{2}$$

将(1)式和(2)式两边分别相加,得

$$2S_n=(a_1+a_n)+(a_2+a_{n-1})+(a_3+a_{n-2})+\cdots+(a_{n-2}+a_3)+(a_{n-1}+a_2)+(a_n+a_1).$$

由于

$$a_1+a_n=a_n+a_1,$$
$$a_2+a_{n-1}=(a_1+d)+(a_n-d)=a_1+a_n,$$
$$a_3+a_{n-2}=(a_1+2d)+(a_n-2d)=a_1+a_n,$$
$$\cdots$$

因此　$2S_n=n(a_1+a_n)$.

由此,得到等差数列$\{a_n\}$的前n项和公式为

$$S_n=\frac{n(a_1+a_n)}{2}.$$

即等差数列前n项的和等于首末两项之和与项数乘积的一半.

又由于

$a_n=a_1+(n-1)d$,所以前 n 项和 S_n 又可以表示为

$$S_n=na_1+\frac{n(n-1)}{2}d.$$

〈应用举例〉

例 3 在等差数列 $\{a_n\}$ 中,

(1) $a_1=4,a_{20}=20$,求 S_{20}; (2) $a_1=3,d=-2$,求 S_{20}.

解 (1)因为 $a_1=4,a_{20}=20,n=20$,

所以 $S_{20}=\frac{n(a_1+a_{20})}{2}=\frac{20\times(4+20)}{2}=240$;

(2)因为 $a_1=3,d=-2,n=20$,

所以 $S_{20}=na_1+\frac{n(n-1)}{2}d$

$$=20\times3+\frac{20\times(20-1)}{2}\times(-2)=-320.$$

〈归纳指引〉

关于等差数列中的五个量 a_1、n、d、a_n、S_n,可以利用方程组“知三求二”方法解决相关问题。

〈课堂练习〉

1.求等差数列 1,5,9,…的前 100 项的和.

2.在等差数列 $\{a_n\}$ 中,$a_4=3,a_9=39$,求数列前 10 项的和 S_{10}.

〈课后习题〉

习题 A

1.写出等差数列

$$\frac{1}{5},\frac{3}{5},1,\frac{7}{5},\cdots$$

的通项公式,并求出数列的第10项.

2.在等差数列$\{a_n\}$中,

(1)$a_5=-1,a_8=8$,求a_1和d;

(2)$a_1=3,a_6=27$,求d;

(3)$d=-\frac{1}{9},a_7=8$,求a_1.

习题B

1.根据下列各题的条件,求相应等差数列$\{a_n\}$的前n项和S_n.

(1)$a_1=5,a_n=75,n=15$;

(2)$a_1=10,d=2,n=20$;

(3)$a_3=3,a_9=-9,n=10$.

2.根据下列条件,求相应等差数列$\{a_n\}$的有关未知数.

(1)$d=-2,n=10,S_n=0$,求a_1和a_n;

(2)$a_1=1,d=4,S_n=45$,求n和a_n.

6.3　等比数列

6.3.1　等比数列的概念及通项公式

〈知识探究〉

我们观察数列

$$1,\frac{1}{2},\frac{1}{4},\frac{1}{8},\cdots$$

可以看到,数列中的每一项与它的前一项的比都等于$\frac{1}{2}$.

一般地,如果一个数列

$$a_1,a_2,\cdots,a_n,\cdots$$

从第2项起,每一项与它前一项的比都等于一个非零的常数,那么这个数列称为**等比数列**.非零常数称为等比数列的**公比**,一般用字母q来表示.

由定义可知,若数列$\{a_n\}$为等比数列,公比为q,则a_n和q均不为零,且有$\frac{a_{n+1}}{a_n}=q$,即

$$a_{n+1}=a_n\cdot q.$$

设等比数列$\{a_n\}$的公比为q,则

$$a_2=a_1\cdot q,$$

$$a_3=a_2\cdot q=(a_1\cdot q)\cdot q=a_1\cdot q^2,$$

$$a_4=a_3\cdot q=(a_1\cdot q^2)\cdot q=a_1\cdot q^3,$$

$$\cdots$$

由此可知,首项为a_1,公比为q的等比数列的通项公式为

$$a_n=a_1\cdot q^{n-1}$$

想一想

如果等比数列$a_1,a_2,\cdots,a_n$的公比为q,那么数列$a_n,a_{n-1},\cdots,a_2,a_1$是否为等比数列?如果是等比数列,则公比是多少?

〈应用举例〉

例1　在等比数列$\{a_n\}$中,$a_1=3,q=2$,求a_2,a_3,a_4,a_5.

解　$a_2=a_1\cdot q=3\times2=6,a_3=a_2\cdot q=6\times2=12,$

$a_4=a_3\cdot q=12\times2=24,a_5=a_4\cdot q=24\times2=48$.

例2　已知等比数列$\{a_n\}$的首项是2,公比$q=-2$,求数列的第5项.

解　根据等比数列的通项公式$a_n=a_1\cdot q^{n-1}$,得

$$a_5=a_1\cdot q^{5-1}=2\times(-2)^4=32.$$

例3　已知在等比数列$\{a_n\}$中,$a_1=-2,a_5=-32$,求公比q.

解　因为$a_1=-2,a_5=-32$,所以

$$(-2)\times q^{5-1}=-32,$$

即$q^4=16$,解得

$$q=\pm2.$$

〈课堂练习〉

1.求下列等比数列的第5项与第10项.

(1)5,-15,45…;　　(2)2,4,8,16,…;

(3)$\frac{2}{3},\frac{1}{2},\frac{3}{8},\cdots$;　　(4)$\sqrt{2},1,\frac{\sqrt{2}}{2},\cdots$.

2.(1)一个等比数列的第9项是$\frac{4}{9}$,公比是$-\frac{1}{3}$,求它的第1项;

(2)一个等比数列的第2项是10,第3项是20,求它的第1项与第4项.

3.已知等比数列$\{a_n\}$的首项$a_1=-4$,公比$q=\frac{3}{4}$,试问:它的第几项是$-\frac{81}{64}$?

6.3.2　等比数列的前 n 项和

〈知识探究〉

下面研究如何求等比数列前n项和.

一般地,设等比数列$\{a_n\}$的前n项和为S_n,即

$$S_n=a_1+a_2+\cdots+a_{n-1}+a_n,$$

根据等比数列的通项公式$a_n=a_1\cdot q^{n-1}$,上式可以写为

$$S_n=a_1+a_1q+a_1q^2+\cdots+a_1q^{n-1} \tag{1}$$

将(1)式的两边同时乘以公比q得:

$$qS_n=a_1q+a_1q^2+\cdots+a_1q^{n-1}+a_1q^n \tag{2}$$

(1)-(2)得　$$(1-q)S_n=a_1-a_1q^n.$$

因此得到,当$q\neq1$时,等比数列$\{a_n\}$的前n项和公式为

$$S_n=\frac{a_1(1-q^n)}{1-q}(q\neq1).$$

又由于$a_1q^n=(a_1q^{n-1})q=a_nq$,所以上式还可以写为

$$S_n=\frac{a_1-a_nq}{1-q}(q\neq1).$$

当 $q=1$ 时，等比数列的各项都相等，此时数列前 n 项和为 $S_n=na_1$.

〈应用举例〉

例 4 求等比数列$\frac{1}{2},\frac{1}{4},\frac{1}{8},\cdots$的前 n 项和公式，并求出数列的前 8 项和.

解 因为 $a_1=\frac{1}{2},q=\frac{\frac{1}{4}}{\frac{1}{2}}=\frac{1}{2}\neq 1$，所以，

等比数列前 n 项和公式为

$$S_n=\frac{a_1(1-q^n)}{1-q}=\frac{\frac{1}{2}\times\left[1-\left(\frac{1}{2}\right)^n\right]}{1-\frac{1}{2}}$$

$$=1-\left(\frac{1}{2}\right)^n,$$

$$S_8=1-\left(\frac{1}{2}\right)^8=\frac{255}{256}$$

学习提示

在求等比数列的前 n 项和时，一定要先判断公比 q 是否为 1.

〈归纳指引〉

在研究有关等比数列问题时，首先必须注意公比 q 的取值范围：定义中，$q\neq 0$；前 n 项和公式中，$q\neq 1$. 其次当 n 较大时，运算量大，较复杂，注意运用数学技巧加以简化.

〈课堂练习〉

1. 求等比数列$\frac{1}{5},\frac{2}{5},\frac{4}{5},\cdots$的前项和公式，并求出数列的前 10 项和.

2. 已知等比数列 $\{a_n\}$ 的公比 $q=2,S_4=1$，求 a_1 和 S_{10}.

〈**课后习题**〉

习题 A

1.填空题.

(1)在等比数列$\{a_n\}$中,$a_1=\frac{8}{9}$,$a_n=\frac{1}{3}$,$q=\frac{2}{3}$,则 $n=$______.

(2)已知等比数列 $a_n=2^{n-2}$,则 $a_1\cdot a_2=$______ ,$a_3\cdot a_4=$______ .

2.写出等比数列$\frac{8}{3}$,4,6,…的通项公式,并写出它的第 6 项和第 8 项.

3.等比数列$\{a_n\}$的首项是 16,公比是$\frac{1}{4}$,写出它的通项公式,并求出第 6 项.

习题 B

1.根据下列各题的条件,求相应等数列$\{a_n\}$的前项 n 项和 S_n:

(1)$a_1=3,q=2,n=6$;　　(2)$a_1=1,q=2,a_n=1\ 024$.

2.等比数列$\{a_n\}$的首项是 3,公比是−2,求其前 6 项的和.

6.4　数列实际应用举例

在生活实践中,有很多实际问题都可以转化为数列问题,然后用数列的知识求解.

例 1　银行有一种储蓄业务称为零存整取,即每月定时存入一笔相同数目的现金,到约定日期,可以一起取出全部本利和(本金与利息之和).若某人每月初存入 100 元,银行以年利率 2.25%计息,试问年终结算时本利和是多少?

解　若年利率 2.25%,则折合月利率为 0.187 5%.

年终结算时:

第 1 个月的存款利息为 100×0.187 5%×12,本利和为 100+100×0.187 5%×12;

第 2 个月的存款利息为 100×0.187 5%×11,本利和为 100+100×0.187 5%×11;

第 3 个月的存款利息为 100×0.187 5%×10,本利和为 100+100×0.187 5%×10;

…

第 12 个月的存款利息为 100×0.187 5%×1,本利和为 100+100×0.187 5%×1;

因此,每月存入 100 元,到期本利和构成一个等差数列,设为$\{a_n\}$,则 $n=12$,

$$a_1 = 100 + 100 \times 0.187\,5\% \times 12 = 102.25,$$

$$a_n = 100 + 100 \times 0.187\,5\% \times 1 = 100.187\,5,$$

所以

$$S_{12} = \frac{n(a_1+a_{12})}{2} = \frac{12\times(102.25+100.187\,5)}{2} = 1\,214.625.$$

答:年终结算时本利和是 1 124.625 元.

例 2 某林场今年计划造林 10 hm², 此后每一年比上一年多造林 10%,那么从今年起,几年内可以使林场造林达到 60 hm²?(结果保留整数)

解 因为今年计划造林 10 hm²,第二年计划造林 $10+10\times10\%=10\times(1+10\%)$,第三年计划造林 $10\times(1+10\%)+10\times(1+10\%)\times10\%=10\times(1+10\%)^2,\cdots$,由此可知,每年计划造林的公顷数,构成一个等比数列,设为$\{a_n\}$,则$a_1=10$,$q=1+10\%=1.1$,$S_n=60$,所以

$$\frac{10\times(1-1.1^n)}{1-1.1}=60$$

解得 $n\approx5$.

答:5 年内可以使林场造林达到 60 hm².

〈课后习题〉

1.银行给某工厂无息贷款 36 000 元,还款方式是一年后的第一个月还 1 000元,以后每月比前一个月多还 200 元,请问需要多少个月才能全部还清贷款?

2.某城市2013年的生产总值100亿元，如果年增长率保持8%，试问多少年后，该城市的生产总值会翻一番？（结果保留整数）

〈综合复习题6〉

一、选择题

1.数列$-\frac{1}{2},\frac{9}{4},-\frac{25}{6},\frac{49}{8},\cdots$的一个通项公式是（　　）.

A. $a_n=\frac{2n-1}{2n}$　　B. $a_n=(-1)^n\frac{(2n+1)^2}{2n}$

C. $a_n=(-1)^n\frac{(2n-1)^2}{2n}$　　D. $a_n=(-1)^{n+1}\frac{(2n-1)^2}{2n}$

2.数列$1,\frac{1}{2},\frac{1}{4},\cdots,\frac{1}{2^{n-1}},\cdots$的前100项的和为（　　）.

A. $2-\frac{1}{2^{100}}$　　B. $\frac{1}{2^{100}}-2$　　C. $2-\frac{1}{2^{99}}$　　D. $\frac{1}{2^{99}-2}$

3.已知数列$\{a_n\}$的首项为1，数列中的其余的项都满足等式$a_n=a_{n-1}+2$ $(n\geqslant 2)$，则这个数列的通项公式为（　　）.

A. $a_n=3n-2$　　B. $a_n=2n-1$　　C. $a_n=n+2$　　D. $a_n=4n-3$

4.已知等差数列1，4，7，10，…，则4 900是这个数列的第（　　）项.

A.1 632　　B.1 634　　C.1 633　　D.1 630

5.已知数列$\{a_n\}$中，$S_n=n^2+n$，则a_5为（　　）.

A.10　　B.20　　C.30　　D.40

6.某细菌在培养过程中，每20 min分裂一次（一个分裂为两个）.经过3个小时，这种细菌由1个可以繁殖为（　　）个.

A.511　　B.512　　C.1 023　　D.1 024

7.设数列$\{a_n\}$的前n项和为$S_n=n^2$，则数列$\{a_n\}$为（　　）.

A.等比数列，且公比不为1

B.等差数列

C.等比数列，且公比为 1

D.既不是等差数列，也不是等比数列

二、填空题

1. 数列$\left\{\frac{1}{2n}\right\}$中，第 6 项为________.

2.在等差数列$\{a_n\}$中，$a_5=2$，$d=2$，则 $a_8=$_______，$S_{10}=$_______.

3.通项公式为 $a_5=4n+2$ 的数列的前 n 项和公式为________.

4.在等比数列$\{a_n\}$中，$a_2=6$，$a_6=96$，则公比 $q=$______，$S_6=$_______.

5.已知等差数列中，$a_{15}=33$，$a_{45}=153$，则 217 是这个数列中的第______项.

三、解答题

1.求等差数列$-1,2,5,8,\cdots$的前 20 项的和.

2.等差数列$\{a_n\}$中，$a_3=5$，$a_8=15$，求 S_{11}.

3.在等比数列$\{a_n\}$中，$a_3=4$，$a_5=16$，求 S_6.

4.在等比数列$\{a_n\}$中，已知 $q=\frac{1}{2}$，$S_3=1$，求首项 a_1 的值.

第7章 平面向量

7.1 平面向量的概念

〈**知识探究**〉

在现实生活中,存在两种类型的量,一种只有数值的大小而没有方向,它们可以用实数表示,如质量、时间、体积、温度等;而另外一种量不仅有数值的大小,而且还有方向,如力、速度、位移等.为了区分这两种量,我们把只有数值大小的量称为**数量(或标量)**,把既有大小又有方向的量称为**向量(或矢量)**.

> **想一想**
>
> 在生活中,还有哪些量是数量?哪些量是向量呢?

平面上带有指向的线段(有向线段)称为**平面向量**,线段的指向就是平面向量的方向,线段的长度表示平面向量的大小.有向线段的起点称为平面向量的**起点**,有向线段的终点称为平面向量的**终点**.如图 7.1 所示,以点 A 为起点,点 B 为终点的向量记作$\overrightarrow{AB}$,也可以使用小写黑体英文字母表示,记作 $\boldsymbol{a}$,手写时为了区分,应在字母上加箭头,如 $\vec{a}$.

向量的长度称为**向量的模**,向量 $\boldsymbol{a}$,$\overrightarrow{AB}$ 的模依次记作 $|\boldsymbol{a}|$,$|\overrightarrow{AB}|$.向量的模是一个非负数.

当向量的终点和起点重合时,向量便成为一个点,我们称它为**零向量**,记作 $\boldsymbol{0}$.零向量的模等于 0,即 $|\boldsymbol{0}|=0$.零向量的方向是任意的.**规定:**所有的零向量都相等.

模为 1 的向量称为**单位向量**.

如图 7.2(a)所示,如果两个向量的模相等,方向也相同,那么就说这两个**向量相等**.向量 $\boldsymbol{a}$ 和 $\boldsymbol{b}$ 相等,记作 $\boldsymbol{a}=\boldsymbol{b}$.

如图 7.2(b)所示,如果两个向量的模相等,方向相反,那么就说这两个向量互为**相反向量**,$\boldsymbol{a}$ 的相反向量记作 $-\boldsymbol{a}$.**规定:**零向量的相反向量仍为零向量.

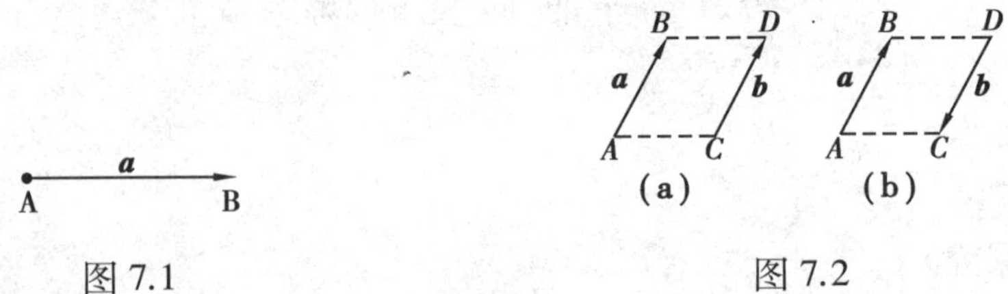

图 7.1　　　　图 7.2

方向相等或相反的两个非零向量称为互相**平行的向量**,向量 $\boldsymbol{a}$ 与 $\boldsymbol{b}$ 平行记作 $\boldsymbol{a}/\!/\boldsymbol{b}$.**规定:**零向量与任何一个向量都平行.

由于任意一组互相平行的向量都可以平移到同一条直线上,因此互相平行的向量又称为**共线向量**.

〈应用举例〉

例 1　如图 7.3 所示,在平行四边形 $ABCD$ 中,O 为对角线的交点.

(1)找出与向量$\overrightarrow{AD}$相等的向量;

(2)找出向量$\overrightarrow{CD}$的负向量;

(3)找出与向量$\overrightarrow{AB}$平行的向量.

解　根据平行四边形的性质,得

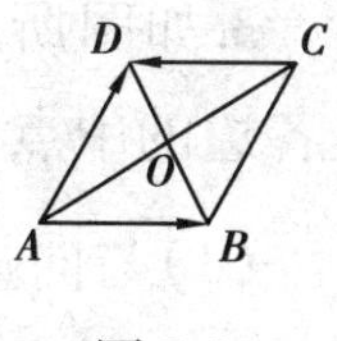

图 7.3

(1)$\overrightarrow{AD}=\overrightarrow{BC}$;

(2)$-\overrightarrow{CD}=\overrightarrow{AB}$,$-\overrightarrow{CD}=\overrightarrow{DC}$;

(3)$\overrightarrow{BA}/\!/\overrightarrow{AB}$,$\overrightarrow{DC}/\!/\overrightarrow{AB}$;$\overrightarrow{CD}/\!/\overrightarrow{AB}$.

〈课堂练习〉

1.如图所示,点 D、E、F 分别是$\triangle ABC$ 三边的中点,试写出:

(1)与向量$\overrightarrow{ED}$相等的向量;

(2)与向量$\overrightarrow{EF}$共线的向量.

2.已知如图所示四边形 $ABCD$ 为等腰梯形,$AB/\!/CD$,$AD=BC$.

(1)写出与向量$\overrightarrow{AB}$共线的向量;

(2)确定向量$\overrightarrow{AD}$与向量$\overrightarrow{BC}$的关系.

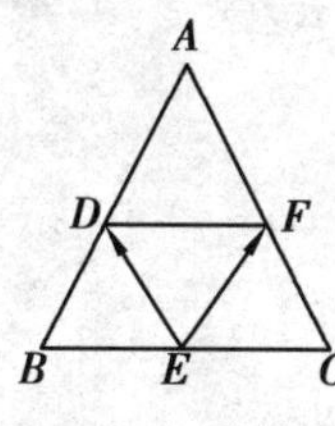

第 1 题图

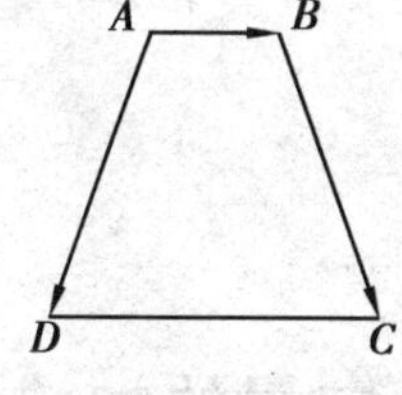

第 2 题图

〈课后习题〉

习题 A

1.已知边长为 4 的等边三角形 ABC,求 BC 边上的中线向量$\overrightarrow{AD}$的模.

2.有人说,由于海平面以上的高度(海拔)用正数表示,海平面以下的高度用负数表示,所以海拔也是向量,这种说法是否正确?

3. 如图所示，$\triangle ABC$ 是等边三角形，点 D、E、F 分别是各边的中点，求：

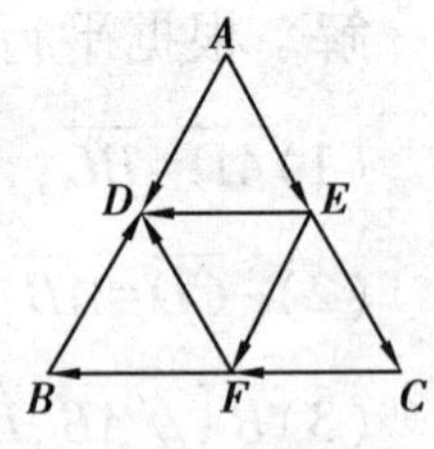

第 3 题图

(1) 与向量$\overrightarrow{CF}$相等的向量；

(2) 向量$\overrightarrow{EF}$的相反向量；

(3) 与向量$\overrightarrow{BD}$平行的向量；

(4) 与向量$\overrightarrow{ED}$共线的向量.

习题 B

1. 四边形 $ABCD$ 满足$\overrightarrow{AB}=-\overrightarrow{CD}$，且$\overrightarrow{AC}=\overrightarrow{BD}$，判断四边形 $ABCD$ 的形状.

2. 已知四边形 $ABCD$，点 E、F、G、H 分别是 AB、BC、CD、DA 的中点，求证：$\overrightarrow{EF}=\overrightarrow{HG}$.

7.2　平面向量的运算

7.2.1　平面向量的加减运算

〈问题导入〉

在 7.1 节中，我们学习了向量的概念. 现在考虑向量之间是否能像数与式那样进行运算呢？如果可以进行某些运算，那么这些运算又遵循什么运算法则呢？在本节内容中，我们将学习这方面的知识.

〈知识探究〉

一般地，设向量 $\boldsymbol{a}$ 与向量 $\boldsymbol{b}$ 不共线，在平面上任取一点 A，首尾相接地作$\overrightarrow{AB}=\boldsymbol{a}$，$\overrightarrow{BC}=\boldsymbol{b}$，如图 7.4 所示，则向量$\overrightarrow{AC}$称为向量$\overrightarrow{AB}$与向量$\overrightarrow{BC}$的和，记作 $\boldsymbol{a}+\boldsymbol{b}$，即

$$\boldsymbol{a}+\boldsymbol{b}=\overrightarrow{AB}+\overrightarrow{BC}=\overrightarrow{AC}.$$

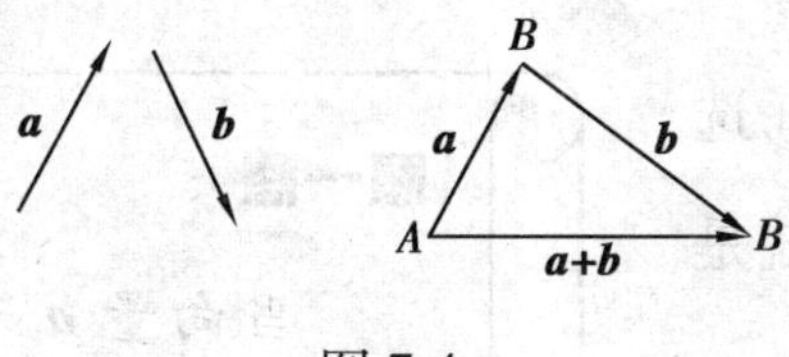

图 7.4

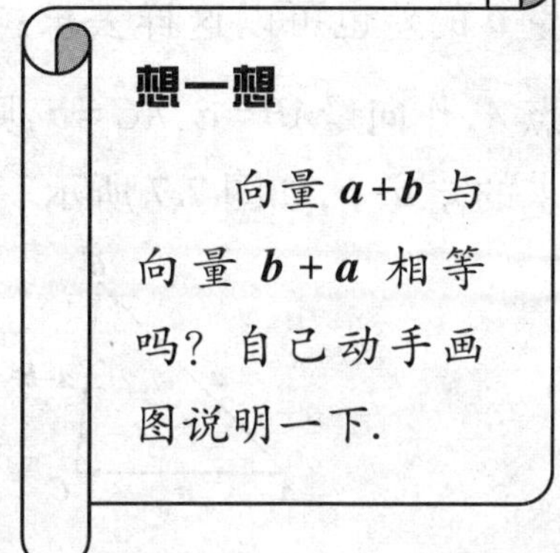

求向量的和的运算称为**向量的加法**.上述求向量和的方法称为向量加法的**三角形法则**.

当向量 $\boldsymbol{a}$ 与向量 $\boldsymbol{b}$ 共线时，首尾相接地作$\overrightarrow{AB}=\boldsymbol{a}$，$\overrightarrow{BC}=\boldsymbol{b}$，同样可以得到 $\boldsymbol{a}+\boldsymbol{b}=\overrightarrow{AC}$.如图7.5(a)所示，表示向量 $\boldsymbol{a}$ 与向量 $\boldsymbol{b}$ 方向相同时的情形；如图 7.5(b)所示，表示向量 $\boldsymbol{a}$ 与向量 $\boldsymbol{b}$ 方向相反时的情形.

在图 7.4 中，如果仍以 A 为起点，作向量$\overrightarrow{AD}=\boldsymbol{b}$，如图 7.6 所示.则由$\overrightarrow{AD}=\overrightarrow{BC}$可知，四边形 $ABCD$ 为平行四边形.再根据三角形法则得$\overrightarrow{AB}+\overrightarrow{AD}=\overrightarrow{AB}+\overrightarrow{BC}=\overrightarrow{AC}$.

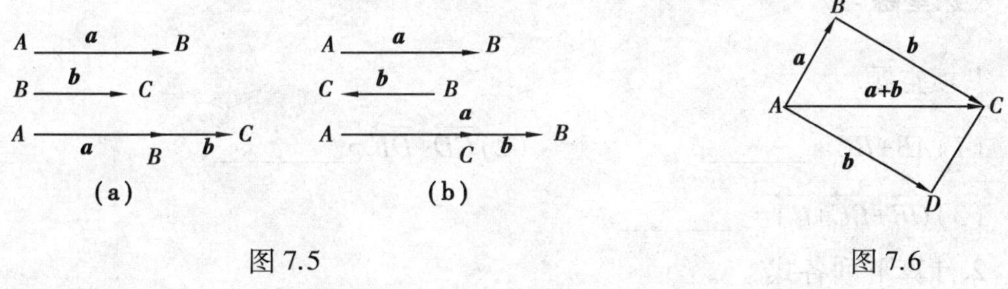

图 7.5　　图 7.6

这说明，在平行四边形 $ABCD$ 中，$\overrightarrow{AC}$表示的向量为$\overrightarrow{AB}$与$\overrightarrow{AD}$的和，这种求和的方法称为**向量加法的平行四边形法则**.

向量加法具有以下的性质：

(1)$\boldsymbol{a}+\boldsymbol{0}=\boldsymbol{0}+\boldsymbol{a}$，$\boldsymbol{a}+(-\boldsymbol{a})=\boldsymbol{0}$；

(2)$\boldsymbol{a}+\boldsymbol{b}=\boldsymbol{b}+\boldsymbol{a}$；

(3)$(\boldsymbol{a}+\boldsymbol{b})+\boldsymbol{c}=\boldsymbol{a}+(\boldsymbol{b}+\boldsymbol{c})$.

与数的运算类似，可以将向量 $\boldsymbol{a}$ 与向量 $\boldsymbol{b}$ 的负向量的和，定义为向量 $\boldsymbol{a}$ 与向量 $\boldsymbol{b}$ 的差，即

$$\boldsymbol{a}-\boldsymbol{b}=\boldsymbol{a}+(-\boldsymbol{b})$$

根据向量加法的三角形法则,向量 $\boldsymbol{a}$ 与向量 $\boldsymbol{b}$ 的差也可以这样去求:在平面上任选一点 A,作向量$\overrightarrow{AB}=\boldsymbol{a}$,$\overrightarrow{AC}=\boldsymbol{b}$,则向量$\overrightarrow{CB}$就是所求的差 $\boldsymbol{a}-\boldsymbol{b}$,如图 7.7 所示.

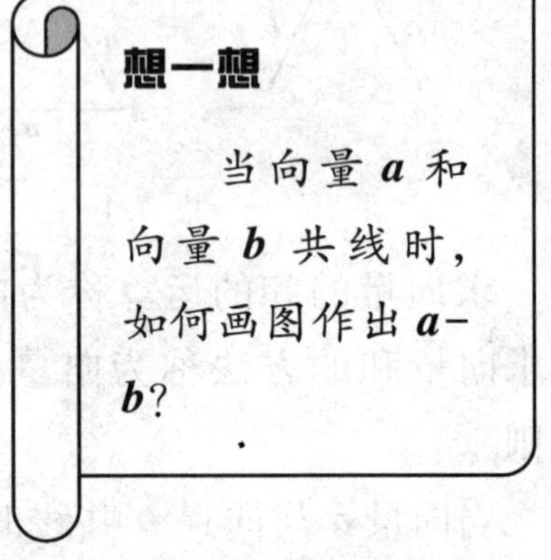

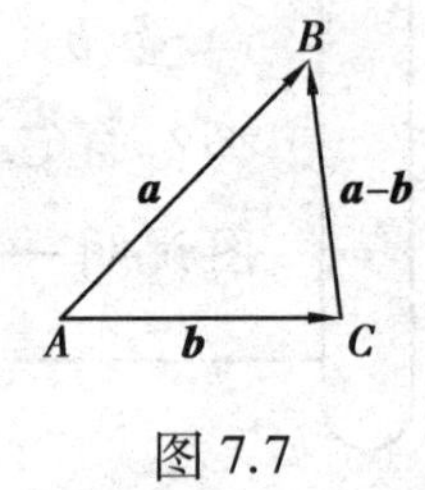

图 7.7

由图 7.6 可知,起点相同的两个向量 $\boldsymbol{a}$、$\boldsymbol{b}$,它们的差 $\boldsymbol{a}-\boldsymbol{b}$ 仍然是一个向量,称为向量 $\boldsymbol{a}$ 与 $\boldsymbol{b}$ 的差向量,其起点是减向量 $\boldsymbol{b}$ 的终点,终点是被减向量的终点,即

$$\overrightarrow{AB}-\overrightarrow{AC}=\overrightarrow{CB}$$

〈课堂练习〉

1.填空题.

(1)$\overrightarrow{AB}+\overrightarrow{BC}=$______;　　(2)$\overrightarrow{CD}+\overrightarrow{DF}=$________;

(3)$\overrightarrow{OB}+\overrightarrow{BC}+\overrightarrow{CA}=$________.

2.计算下列各式.

(1)$\overrightarrow{AB}+\overrightarrow{CA}$;　　(2)$\overrightarrow{CD}+\overrightarrow{BC}+\overrightarrow{AB}$;

(3)$(-\overrightarrow{AB})+\overrightarrow{AB}$;　　(4)$\overrightarrow{AB}+\overrightarrow{BC}+\overrightarrow{CA}$.

3.计算下列各式.

(1)$\overrightarrow{OM}-\overrightarrow{ON}$;　　(2)$\overrightarrow{AB}-\overrightarrow{AB}$;　　(3)$\boldsymbol{0}-\overrightarrow{AB}$.

4.在菱形 $ABCD$ 中,对角线的交点为 O,如果$\overrightarrow{OA}=\boldsymbol{a}$,$\overrightarrow{OB}=\boldsymbol{b}$,试用 $\boldsymbol{a}$,$\boldsymbol{b}$ 表示$\overrightarrow{AB}$,$\overrightarrow{BC}$,$\overrightarrow{CD}$,$\overrightarrow{DA}$.

7.2.2　平面向量的数乘运算

〈知识探究〉

实数 λ 与向量 $\boldsymbol{a}$ 的一个积是一个向量,称为**数乘向量**,记作 $\lambda\boldsymbol{a}$,它的模为

$$|\lambda\boldsymbol{a}|=|\lambda|\cdot|\boldsymbol{a}|.$$

一般地,有

(1) $0\cdot\boldsymbol{a}=\boldsymbol{0},\lambda\cdot\boldsymbol{0}=\boldsymbol{0}$;

(2)当 $|\lambda\boldsymbol{a}|\neq 0$ 时,若 $\lambda>0$,则 $\lambda\boldsymbol{a}$ 的方向与 $\boldsymbol{a}$ 的方向相同;若 $\lambda<0$,则 $\lambda\boldsymbol{a}$ 的方向与 $\boldsymbol{a}$ 的方向相反.

实数与向量的乘法运算称为**向量的数乘运算**.

和实数之间相乘一样,对于任意的向量 $\boldsymbol{a}$,$\boldsymbol{b}$ 及实数 λ,μ,向量的数乘运算满足下列运算律:

(1) $(\lambda\mu)\boldsymbol{a}=\lambda(\mu\boldsymbol{a})=\mu(\lambda\boldsymbol{a})$;

(2) $(\lambda+\mu)\boldsymbol{a}=\lambda\boldsymbol{a}+\mu\boldsymbol{a}$;

(3) $\lambda(\boldsymbol{a}+\boldsymbol{b})=\lambda\boldsymbol{a}+\lambda\boldsymbol{b}$.

向量的加法、减法以及数乘向量运算都称为**向量的线性运算**.

在7.1节中,学习了向量平行的概念,因此结合向量平行与数乘向量的含义,可以得到如下的结论:

设 $\boldsymbol{a}$、$\boldsymbol{b}$ 为两个非零向量,如果存在非零实数 λ,使得 $\boldsymbol{b}=\lambda\boldsymbol{a}$,那么 $\boldsymbol{a}/\!/\boldsymbol{b}$;反之,如果 $\boldsymbol{a}/\!/\boldsymbol{b}$,那么一定存在一个非零实数 λ,使得 $\boldsymbol{b}=\lambda\boldsymbol{a}$.

一般地,$\lambda\boldsymbol{a}+\mu\boldsymbol{b}$($\lambda$,$\mu$ 均为实数)称为 $\boldsymbol{a}$,$\boldsymbol{b}$ 的一个**线性组合**.如果 $l=\lambda\boldsymbol{a}+\mu\boldsymbol{b}$,则称 l 可以用 $\boldsymbol{a}$、$\boldsymbol{b}$ **线性表示**.

〈应用举例〉

例1　计算 $3\boldsymbol{a}+4(\boldsymbol{a}+3\boldsymbol{b})=3(2\boldsymbol{a}-4\boldsymbol{b})$.

解　根据向量的运算律,可得

原式 $=3\boldsymbol{a}+4\boldsymbol{a}+12\boldsymbol{b}-6\boldsymbol{a}+12\boldsymbol{b}$

$=(3+4-6)\boldsymbol{a}+(12+12)\boldsymbol{b}$

$=\boldsymbol{a}+24\boldsymbol{b}.$

例 2　如图 7.8 所示，点 D 是三角形 ABC 中 BC 边的中点，用向量$\overrightarrow{AB}$、$\overrightarrow{AC}$表示向量$\overrightarrow{AD}$.

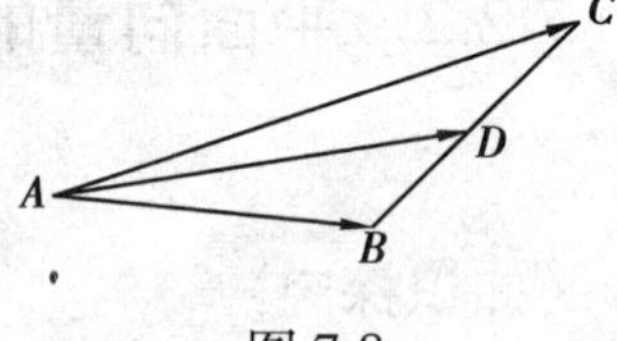

图 7.8

解　方法一：

$$\overrightarrow{AD}=\overrightarrow{AB}+\overrightarrow{BD}=\overrightarrow{AB}+\frac{1}{2}\overrightarrow{BC}$$

$$=\overrightarrow{AB}+\frac{1}{2}(\overrightarrow{AC}-\overrightarrow{AB})$$

$$=\overrightarrow{AB}+\frac{1}{2}\overrightarrow{AC}-\frac{1}{2}\overrightarrow{AB}$$

$$=\frac{1}{2}\overrightarrow{AB}+\frac{1}{2}\overrightarrow{AC}.$$

方法二：

$$\overrightarrow{AD}=\overrightarrow{AC}+\overrightarrow{CD}=\overrightarrow{AC}+\frac{1}{2}\overrightarrow{CB}$$

$$=\overrightarrow{AC}+\frac{1}{2}(\overrightarrow{AB}-\overrightarrow{AC})$$

$$=\overrightarrow{AC}+\frac{1}{2}\overrightarrow{AB}-\frac{1}{2}\overrightarrow{AB}$$

$$=\frac{1}{2}\overrightarrow{AC}+\frac{1}{2}\overrightarrow{AB}.$$

〈归纳指引〉

重点掌握平面向量运算中的“三角形法则”和向量的“数乘运算”及“线性表示”，有利于后面有关平面向量知识的学习.

〈课堂练习〉

1.计算下列各式：

(1)$2(4\boldsymbol{b}-3\boldsymbol{a})-3(2\boldsymbol{a}+\boldsymbol{b})$；

(2)$3\boldsymbol{a}+2(5\boldsymbol{a}-4\boldsymbol{b})-3(\boldsymbol{a}+\boldsymbol{b})$.

2.设 $\boldsymbol{a},\boldsymbol{b}$ 不共线,请作出有向线段$\overrightarrow{OA}$,使$\overrightarrow{OA}=\frac{1}{2}(\boldsymbol{a}+\boldsymbol{b})$.

〈课后习题〉

习题 A

1.求下列和向量.

(1)$\overrightarrow{AB}+(\overrightarrow{BC}+\overrightarrow{CD}+\overrightarrow{DE})$;

(2)$(\overrightarrow{OA}+\overrightarrow{AO})+\overrightarrow{AD}+\overrightarrow{DC}$.

2.求下列差向量.

(1)$\overrightarrow{AB}-\overrightarrow{AC}$;

(2)$\overrightarrow{AB}-\overrightarrow{AD}-\overrightarrow{DC}$.

习题 B

1.在平行四边形 $ABCD$ 中,$\overrightarrow{DC}=\boldsymbol{a}$,$\overrightarrow{BC}=\boldsymbol{b}$,点 O 为 AC 和 BD 的交点,用 $\boldsymbol{a}$、$\boldsymbol{b}$ 表示$\overrightarrow{OC}$.

2.$\boldsymbol{a}=2\boldsymbol{c}$,$\boldsymbol{b}=3\boldsymbol{c}$,化简 $2(3\boldsymbol{a}+\boldsymbol{b})-3(\boldsymbol{a}-2\boldsymbol{c})$.

3.计算下列各式.

(1)$-2(\boldsymbol{a}+\boldsymbol{b})+3(\boldsymbol{a}-\boldsymbol{b})+2\boldsymbol{a}$;

(2)$3(2\boldsymbol{a}-3\boldsymbol{b}+\boldsymbol{c})-2(\boldsymbol{a}+2\boldsymbol{b}-2\boldsymbol{c})$.

7.3　平面向量的坐标表示

〈知识探究〉

我们知道,在平面直角坐标系中,平面内的每一点都可以用一对有序实数来表示，这对实数就是这个点的坐标.同样，在平面直角坐标系中，每一个平面向量也可以用一对实数来表示.

设平面直角坐标系中，x 轴上的单位向量为 $\mathbf{i}$，y 轴上的单位向量为 $\mathbf{j}$.

1.以原点 O 为起点的向量的坐标表示

在平面直角坐标系内，以原点 O 为起点作$\overrightarrow{OA}=\boldsymbol{a}$，则点 A 的位置由 $\boldsymbol{a}$ 唯一确定.设$\boldsymbol{a}=x\mathbf{i}+y\mathbf{j}$，则向量$\overrightarrow{OA}$的坐标$(x,y)$就是点 A 的坐标；反过来，点 A 的坐标(x,y)也就是向量$\overrightarrow{OA}$的坐标.因此，在平面直角坐标内，每一个平面向量都可以用一个实数对唯一表示.

一般地，设 $\boldsymbol{a}=x\mathbf{i}+y\mathbf{j}$，我们把有序数对$(x,y)$称为向量 $\boldsymbol{a}$ 的直角坐标，记作 $\boldsymbol{a}=(x,y)$.

2.用向量的坐标进行向量的运算

在平面直角坐标系中，设 $\boldsymbol{a}=(x_1,y_1)$，$\boldsymbol{b}=(x_2,y_2)$，则

$$\begin{aligned}\boldsymbol{a}+\boldsymbol{b}&=(x_1\mathbf{i}+y_1\mathbf{j})+(x_2\mathbf{i}+y_2\mathbf{j})\\&=(x_1+x_2)\mathbf{i}+(y_1+y_2)\mathbf{j}\\&=(x_1+x_2,y_1+y_2)\end{aligned}$$

$$\begin{aligned}\boldsymbol{a}-\boldsymbol{b}&=(x_1\mathbf{i}+y_1\mathbf{j})-(x_2\boldsymbol{i}+y_2\mathbf{j})\\&=(x_1-x_2)\mathbf{i}+(y_1-y_2)\mathbf{j}\\&=(x_1-x_2,y_1-y_2)\end{aligned}$$

$$\lambda\boldsymbol{a}=(\lambda x_1,\lambda y_1).$$

由此可得：

两个向量和与差的坐标分别等于这两个向量相应坐标的和与差.实数与向量的积的坐标，等于用这个实数乘以原来向量的相应坐标.

3.任意向量的坐标表示

如图 7.9 所示，向量$\overrightarrow{AB}$的起点不在直角坐标系的原点 O.设点 A 的坐标为(x_1,y_1)，点 B 的坐标为(x_2,y_2)，则$\overrightarrow{OA}=(x_1,y_1)$，$\overrightarrow{OB}=(x_2,y_2)$.

根据向量减法的三角形法则，可知

$$\begin{aligned}\overrightarrow{AB}=\overrightarrow{OB}-\overrightarrow{OA}&=(x_2,y_2)-(x_1,y_1)\\&=(x_2-x_1,y_2-y_1)\end{aligned}$$

由此可得,任意向量$\overrightarrow{AB}$的坐标,等于终点 B 的坐标减去起点 A 的坐标.

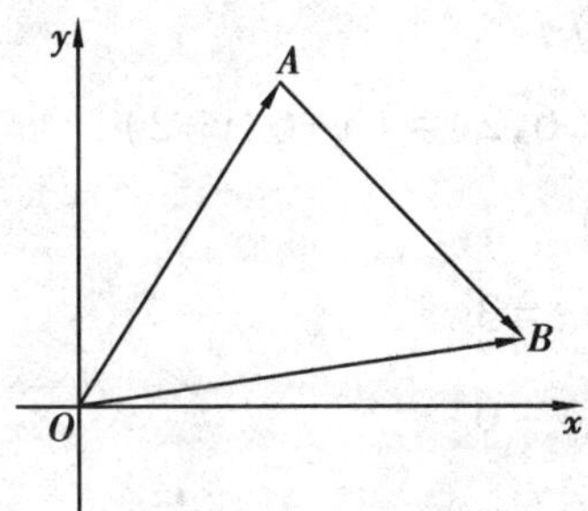

图 7.9

4.共线向量的坐标表示

$\boldsymbol{a}=(x_1,y_1)$,$\boldsymbol{b}=(x_2,y_2)$,由 $\boldsymbol{a}=\lambda\boldsymbol{b}$ 有 $x_1=\lambda x_2$, $y_1=\lambda y_2$,于是 $x_1\lambda y_2=\lambda x_2y_1$,即 $x_1y_2-x_2y_1=0$.

由此可得,对于非零向量 $\boldsymbol{a}$、$\boldsymbol{b}$,设 $\boldsymbol{a}=(x_1,y_1)$,$\boldsymbol{b}=(x_2,y_2)$,当 $\lambda\neq0$ 时,有 $\boldsymbol{a}/\!/\boldsymbol{b}\Leftrightarrow x_1y_2-x_2y_1=0$.

〈应用举例〉

例 1　已知 $\boldsymbol{a}=(3,5)$,$\boldsymbol{b}=(-1,3)$,$\boldsymbol{c}=(1,0)$,

求 $\boldsymbol{a}-2\boldsymbol{b}$,$2\boldsymbol{a}+\boldsymbol{b}$, $2\boldsymbol{a}-\boldsymbol{c}$,$\boldsymbol{a}+2\boldsymbol{b}+\boldsymbol{c}$ 的坐标.

解　$\boldsymbol{a}-2\boldsymbol{b}=(3,5)-2(-1,3)=(3,5)-(-2,6)=(5,-1)$,

$2\boldsymbol{a}+\boldsymbol{b}=2(3,5)+(-1,3)=(6,10)+(-1,3)=(5,13)$,

$2\boldsymbol{a}-\boldsymbol{c}=2(3,5)-(1,0)=(6,10)-(1,0)=(5,10)$,

$\boldsymbol{a}+2\boldsymbol{b}+\boldsymbol{c}=(3,5)+2(-1,3)+(1,0)=(3,5)+(-2,6)+(1,0)=(1,11)+(1,0)=(2,11)$.

例 2　已知在平面直角坐标系中,点 $A(-2,4)$,点 $B(3,9)$,求向量$\overrightarrow{AB}$和向量$\overrightarrow{BA}$.

解　因为$\overrightarrow{OA}=(-2,4)$,$\overrightarrow{OB}=(3,9)$,

所以$\overrightarrow{AB}=\overrightarrow{OB}-\overrightarrow{OA}=(3,9)-(-2,4)=(5,5)$,

$\overrightarrow{BA}=\overrightarrow{OA}-\overrightarrow{OB}=(-2,4)-(3,9)=(-5,5)$.

例 3　已知向量$\overrightarrow{MN}=(-3,4)$,点 M 的坐标为$(6,2)$,求点 N 的坐标.

解 设点 N 的坐标为 (x,y)，则

$\overrightarrow{OM}=(6,2)$，$\overrightarrow{ON}=(x,y)$，

$\overrightarrow{MN}=\overrightarrow{ON}-\overrightarrow{OM}=(x,y)-(6,2)=(x-6,y-2)$，

即 $(-3,4)=(x-6,y-2)$

所以有 $\begin{cases}x-6=-3\\y-2=4\end{cases}$，解得 $\begin{cases}x=3\\y=6\end{cases}$.

因此点 N 的坐标为 $(3,6)$.

例 4 设 $\boldsymbol{a}=(1,1)$，$\boldsymbol{b}=(2,2)$，试判断向量 $\boldsymbol{a}$，$\boldsymbol{b}$ 是否共线.

解 因为 $x_1=1$，$y_1=1$，$x_2=2$，$y_2=2$，所以 $x_1y_2-x_2y_1=1\times2-1\times2=0$，由 $x_1y_2-x_2y_1=0\Leftrightarrow\boldsymbol{a}/\!/\boldsymbol{b}$ 知 $\boldsymbol{a}/\!/\boldsymbol{b}$，即向量 $\boldsymbol{a}$，$\boldsymbol{b}$ 共线.

〈归纳指引〉

一定要熟练掌握平面向量的坐标表示，在研究平面向量有关问题时，会经常使用，可以方便快速地解决问题。

〈课堂练习〉

1.选择题.

(1)如果 $\boldsymbol{a}=(3,1)$，$\boldsymbol{b}=(-2,5)$，那么 $3\boldsymbol{a}-2\boldsymbol{b}=($　　$)$.

A.$(2,7)$　　B.$(13,-7)$　　C.$(2,-7)$　　D.$(13,13)$

(2)如果 $M(-2,3)$，$N(-1,5)$，那么向量 $\overrightarrow{MN}$ 的坐标是(　　).

A.$(1,2)$　　B.$(-1,-2)$　　C.$(0,3)$　　D.$(1,6)$

2.计算.

(1)已知 $\boldsymbol{a}=(-2,5)$，$\boldsymbol{b}=(-3,2)$，$\boldsymbol{c}=(4,0)$，求 $\boldsymbol{a}-\boldsymbol{b}+\boldsymbol{c}$；

(2)已知 $\boldsymbol{a}=(5,6)$，$\boldsymbol{b}=(-3,-2)$，求 $2\boldsymbol{a}+5\boldsymbol{b}$.

3.判断下列各组向量是否共线：

(1)$\boldsymbol{a}=(-1,2)$，$\boldsymbol{b}=(-2,4)$；

(2)$\boldsymbol{a}=(3,-4)$，$\boldsymbol{b}=(-4,3)$；

(3)$\boldsymbol{a}=\left(3,\dfrac{1}{2}\right)$，$\boldsymbol{b}=\left(-\dfrac{3}{2},-\dfrac{1}{4}\right)$.

4.设 $\boldsymbol{a}=(2,-1)$，$\boldsymbol{b}=(m,3)$，且 $\boldsymbol{a}/\!/\boldsymbol{b}$，求 m 的值.

〈课后习题〉

习题 A

1.已知 $\boldsymbol{a}=(2,1)$，$\boldsymbol{b}=(-3,-4)$，求 $\boldsymbol{a}-\boldsymbol{b}$，$2\boldsymbol{a}-3\boldsymbol{b}$.

2.已知 $\boldsymbol{a}=(-1,1)$，$\boldsymbol{b}=(2,0)$，求 $2\boldsymbol{a}-\frac{1}{2}\boldsymbol{b}$.

3.已知$\overrightarrow{AB}=(2,3)$，$\overrightarrow{AC}=(-2,4)$，求$\overrightarrow{BC}$.

4.$\boldsymbol{a}=(x+2,3)$，$\boldsymbol{b}=(6,y)$，若 $2\boldsymbol{a}-\boldsymbol{b}=0$，求 x、y.

5.已知 $\boldsymbol{a}=(-3,-1)$，$\boldsymbol{b}=(2,4)$，$\boldsymbol{c}=(0,3)$，求：

(1) $2\boldsymbol{a}-\boldsymbol{b}$；　(2) $\frac{1}{3}\boldsymbol{a}+2\boldsymbol{b}$；　(3) $\boldsymbol{a}-2\boldsymbol{b}+2\boldsymbol{c}$.

习题 B

1.已知点 A 坐标为 $(2,5)$，点 B 坐标为 $(-4,7)$，点 C 为 AB 的中点，求向量$\overrightarrow{AB}$和$\overrightarrow{BC}$.

2.已知平行四边形 $ABCD$ 的 3 个顶点 A、B、C 的坐标分别为 $(0,5)$、$(1,6)$、$(5,6)$，求点 D 的坐标.

3.已知 $\boldsymbol{a}=(3,-4)$，$\boldsymbol{b}=(m,2)$，$\boldsymbol{c}=(-3,n)$，向量 $\boldsymbol{a}+2\boldsymbol{b}$ 与 $\boldsymbol{b}-2\boldsymbol{c}$ 共线，且 $|\boldsymbol{a}+2\boldsymbol{b}|=\frac{1}{2}|\boldsymbol{b}-2\boldsymbol{c}|$，求 m、n 的值.

7.4 平面向量的内积(数量积)

7.4.1 平面向量的内积(数量积)

〈知识探究〉

如果 $\boldsymbol{a}$、$\boldsymbol{b}$ 为两个非零向量,作 $\overrightarrow{OA}=A,\overrightarrow{OB}=B$,则把射线 OA 与 OB 所形成的角称为向量 $\boldsymbol{a}$ 与向量 $\boldsymbol{b}$ 的夹角,记作 $<\boldsymbol{a},\boldsymbol{b}>$. 显然 $0°\leqslant<\boldsymbol{a},\boldsymbol{b}>\leqslant180°$,且 $<\boldsymbol{a},\boldsymbol{b}>=<\boldsymbol{b},\boldsymbol{a}>$.

两个向量 $\boldsymbol{a}$、$\boldsymbol{b}$ 的模与它们的夹角的余弦的积称为向量 $\boldsymbol{a}$ 与 $\boldsymbol{b}$ 的**内积(数量积)**,记作 $\boldsymbol{a}\cdot\boldsymbol{b}$,即

$$\boldsymbol{a}\cdot\boldsymbol{b}=|\boldsymbol{a}|\cdot|\boldsymbol{b}|\cos<\boldsymbol{a},\boldsymbol{b}>.$$

学习提示

两个向量的内积是一个实数,可能是正数,可能是负数,也可能是零.

由内积(数量积)的概念,可以得到以下几个重要的结果:

(1) $\boldsymbol{a}\cdot\boldsymbol{0}=0,\boldsymbol{0}\cdot\boldsymbol{a}=0$;

(2) $\cos<\boldsymbol{a},\boldsymbol{b}>=\dfrac{\boldsymbol{a}\cdot\boldsymbol{b}}{|\boldsymbol{a}|\cdot|\boldsymbol{b}|}$;

(3) $<\boldsymbol{a},\boldsymbol{b}>=0°$时,$\boldsymbol{a}\cdot\boldsymbol{b}=|\boldsymbol{a}|\cdot|\boldsymbol{b}|$,当 $<\boldsymbol{a},\boldsymbol{b}>=180°$时,$\boldsymbol{a}\cdot\boldsymbol{b}=-|\boldsymbol{a}|\cdot|\boldsymbol{b}|$;

(4) $\boldsymbol{b}=\boldsymbol{a}$ 时,$<\boldsymbol{a},\boldsymbol{a}>=0°$,所以 $\boldsymbol{a}\cdot\boldsymbol{a}=|\boldsymbol{a}|\cdot|\boldsymbol{a}|=|\boldsymbol{a}|^2$,即 $|\boldsymbol{a}|=\sqrt{\boldsymbol{a}\cdot\boldsymbol{a}}$.

(5) $<\boldsymbol{a},\boldsymbol{b}>=90°$时,$\boldsymbol{a}\perp\boldsymbol{b}$,则 $\boldsymbol{a}\cdot\boldsymbol{b}=|\boldsymbol{a}|\cdot|\boldsymbol{b}|\cos 90°=0$,因此对非零向量 $\boldsymbol{a}$、$\boldsymbol{b}$,有 $\boldsymbol{a}\cdot\boldsymbol{b}=0\Leftrightarrow\boldsymbol{a}\perp\boldsymbol{b}$.

我们也可以知道内积(数量积)满足下面的运算律：

(1) $\boldsymbol{a}\cdot\boldsymbol{b}=\boldsymbol{b}\cdot\boldsymbol{a}$;

(2) $(\lambda\boldsymbol{a})\cdot\boldsymbol{b}=\lambda(\boldsymbol{a}\cdot\boldsymbol{b})=\boldsymbol{a}\cdot(\lambda\boldsymbol{b})$;

(3) $(\boldsymbol{a}+\boldsymbol{b})\cdot\boldsymbol{c}=\boldsymbol{a}\cdot\boldsymbol{c}+\boldsymbol{b}\cdot\boldsymbol{c}$.

向量的内积(数量积)运算不满足结合律,即$\boldsymbol{a}\cdot\boldsymbol{b}\cdot\boldsymbol{c}\neq\boldsymbol{a}\cdot(\boldsymbol{b}\cdot\boldsymbol{c})$

〈应用举例〉

例1　已知$|\boldsymbol{a}|=4$,$|\boldsymbol{b}|=5$,$\cos<\boldsymbol{a},\boldsymbol{b}>=60°$,求$\boldsymbol{a}\cdot\boldsymbol{b}$.

解　$\boldsymbol{a}\cdot\boldsymbol{b}=|\boldsymbol{a}|\cdot|\boldsymbol{b}|\cos<\boldsymbol{a},\boldsymbol{b}>=4\times5\times\cos 60°=10$.

例2　$|\boldsymbol{a}|=|\boldsymbol{b}|=\sqrt{2}$,$\boldsymbol{a}\cdot\boldsymbol{b}=-\sqrt{2}$,求$<\boldsymbol{a},\boldsymbol{b}>$.

解　$\cos<\boldsymbol{a},\boldsymbol{b}>=\dfrac{\boldsymbol{a}\cdot\boldsymbol{b}}{|\boldsymbol{a}|\cdot|\boldsymbol{b}|}=\dfrac{-\sqrt{2}}{\sqrt{2}\times\sqrt{2}}=-\dfrac{\sqrt{2}}{2}$,

又因为$0°\leqslant<\boldsymbol{a},\boldsymbol{b}>\leqslant180°$,所以$<\boldsymbol{a},\boldsymbol{b}>=135°$.

〈课堂练习〉

1.已知$|\boldsymbol{a}|=8$,$|\boldsymbol{b}|=3$,$<\boldsymbol{a},\boldsymbol{b}>=60°$,求$\boldsymbol{a}\cdot\boldsymbol{b}$.

2.$\boldsymbol{a}\cdot\boldsymbol{a}=16$,求$|\boldsymbol{a}|$.

3.已知$|\boldsymbol{a}|=3$,$|\boldsymbol{b}|=2$,$<\boldsymbol{a},\boldsymbol{b}>=30°$,求$(3\boldsymbol{a}+\boldsymbol{b})\cdot\boldsymbol{b}$.

7.4.2　向量内积(数量积)的坐标表示

〈知识探究〉

在平面直角坐标系中,设向量$\boldsymbol{a}$的坐标为(x_1,y_1),向量$\boldsymbol{b}$的坐标为(x_2,y_2),$\mathbf{i}$、$\mathbf{j}$分别为x轴y轴上的单位向量,可以证明,两个向量的内积(数量积)等于它们对应坐标乘积的和,即两个非零向量$\boldsymbol{a}(x_1,y_1)$、$\boldsymbol{b}(x_2,y_2)$的内积(数量积)为$\boldsymbol{a}\cdot\boldsymbol{b}=x_1x_2+y_1y_2$.

由此可得三个重要结论：

(1)求向量模的公式：

$$|\boldsymbol{a}|=\sqrt{x_1^2+y_1^2}$$

(2)求两个向量夹角公式：

$$\cos<\boldsymbol{a},\boldsymbol{b}>=\frac{x_1x_2+y_1y_2}{\sqrt{x_1^2+y_1^2}\cdot\sqrt{x_2^2+y_2^2}}$$

(3)判断向量垂直的公式：

$$\boldsymbol{a}\perp\boldsymbol{b}\Leftrightarrow x_1x_2+y_1y_2=0$$

〈应用举例〉

例3 求下列向量的内积(数量积).

(1)$\boldsymbol{a}=(2,-3)$，$\boldsymbol{b}=(1,2)$；

(2)$\boldsymbol{a}=(4,2)$，$\boldsymbol{b}=(-3,-2)$.

解 (1)$\boldsymbol{a}\cdot\boldsymbol{b}=x_1y_2+x_1y_2=2\times1+(-3)\times2=-4$；

(2)$\boldsymbol{a}\cdot\boldsymbol{b}=x_1x_2+y_1y_2=4\times(-3)+2\times(-2)=-16$.

例4 已知$\boldsymbol{a}=(-1,2)$，$\boldsymbol{b}=(-3,1)$，求$\boldsymbol{a}\cdot\boldsymbol{b}$，$|\boldsymbol{a}|$，$|\boldsymbol{b}|$，$<\boldsymbol{a},\boldsymbol{b}>$.

解 $\boldsymbol{a}\cdot\boldsymbol{b}=x_1x_2+y_1y_2=(-1)\times(-3)+2\times1=5$

$$|\boldsymbol{a}|=\sqrt{x_1^2+y_1^2}$$
$$=\sqrt{(-1)^2+2^2}=\sqrt{5},$$

$$|\boldsymbol{b}|=\sqrt{x_2^2+y_2^2}$$
$$=\sqrt{(-3)^2+1^2}=\sqrt{10}.$$

因为$\cos<\boldsymbol{a},\boldsymbol{b}>=\dfrac{x_1x_2+y_1y_2}{\sqrt{x_1^2+y_1^2}\cdot\sqrt{x_2^2+y_2^2}}$

$$=\frac{5}{\sqrt{5}\times\sqrt{10}}=\frac{\sqrt{2}}{2},$$

又因为$0°\leqslant<\boldsymbol{a},\boldsymbol{b}>\leqslant180°$，

所以$<\boldsymbol{a},\boldsymbol{b}>=45°$.

例5　判断下列各组向量是否垂直.

(1) $\boldsymbol{a}=(2,-3)$, $\boldsymbol{b}=(-6,-4)$;

(2) $\boldsymbol{a}=(0,-1)$, $\boldsymbol{b}=(-1,2)$.

解　(1) $\boldsymbol{a}\cdot\boldsymbol{b}=2\times(-6)+(-3)\times(-4)=0$.

所以 $\boldsymbol{a}\perp\boldsymbol{b}$;

(2) $\boldsymbol{a}\cdot\boldsymbol{b}=0\times(-1)+(-1)\times2=-2\neq0$,

所以 $\boldsymbol{a}$ 与 $\boldsymbol{b}$ 不垂直.

〈归纳指引〉

运用平面向量的内积(数量积),求向量夹角,判断垂直或平行,很方便,可以解决许多综合问题.

〈课堂练习〉

1.已知 $\boldsymbol{a}=(1,\sqrt{3})$, $\boldsymbol{b}=(0,\sqrt{3})$,求 $\boldsymbol{a}\cdot\boldsymbol{b}$, $|\boldsymbol{a}|$, $|\boldsymbol{b}|$, $<\boldsymbol{a},\boldsymbol{b}>$.

2.已知 $\boldsymbol{a}=(2,-5)$, $\boldsymbol{b}=(-3,4)$, $\boldsymbol{c}=(1,3)$,求 $\boldsymbol{a}\cdot(\boldsymbol{b}+\boldsymbol{c})$.

3.判断下列各组向量是否垂直.

(1) $\boldsymbol{a}=(-2,4)$, $\boldsymbol{b}=(8,4)$;

(2) $\boldsymbol{a}=(-2,-3)$, $\boldsymbol{b}=(3,-2)$;

(3) $\boldsymbol{a}=(0,-1)$, $\boldsymbol{b}=(9,-2)$;

(4) $\boldsymbol{a}=(-2,1)$, $\boldsymbol{b}=(3,4)$.

〈课后习题〉

习题 A

1.已知 $|\boldsymbol{a}|=4$, $|\boldsymbol{b}|=6$, $<\boldsymbol{a},\boldsymbol{b}>=150°$,求 $\boldsymbol{a}\cdot\boldsymbol{b}$, $(\boldsymbol{a}+\boldsymbol{b})^2$.

2.已知 $\triangle ABC$ 中, $a=5$, $b=6$, $\angle C=60°$,求 $\overrightarrow{BC}\cdot\overrightarrow{AC}$.

3.已知 $\boldsymbol{m}=(2,3)$, $\boldsymbol{n}=(-1,2)$,求: $\boldsymbol{m}\cdot\boldsymbol{n}$, $(2\boldsymbol{m}-\boldsymbol{n})\cdot\boldsymbol{n}$.

4.已知点 A 的坐标为 $(2,4)$,点 B 的坐标为 $(-1,0)$,求 $|\overrightarrow{AB}|$.

5.已知点 A 的坐标为$(x,3)$,点 B 的坐标为$(2,6)$,$|\overrightarrow{AB}|=5$,求 x.

6.已知 $\boldsymbol{a}=(x,-3)$,$\boldsymbol{b}=(2,4)$,且 $\boldsymbol{a}\perp\boldsymbol{b}$,求 x.

7.已知 $\boldsymbol{a}=(-2,4)$,$\boldsymbol{b}=(1,-3)$,求:

(1)$(\boldsymbol{a}+3\boldsymbol{b})\cdot\boldsymbol{b}$;　　(2)$|\boldsymbol{a}-2\boldsymbol{b}|$.

8.已知向量 $\boldsymbol{a}=(1,-3)$,$\boldsymbol{b}=(2,-1)$,求向量 $\boldsymbol{a}$ 与 $\boldsymbol{b}$ 的夹角.

习题 B

1.已知向量 $\boldsymbol{a}=(3,-4)$,$\boldsymbol{b}=(1,2)$,若向量 $m\boldsymbol{a}+\boldsymbol{b}$ 与 $\boldsymbol{a}-\boldsymbol{b}$ 垂直,求实数 m 的值.

2.$|\boldsymbol{a}|=6$,$|\boldsymbol{b}|=8$,$(2\boldsymbol{a}-\boldsymbol{b})\cdot(\boldsymbol{a}+2\boldsymbol{b})=16$,求向量 $\boldsymbol{a}$ 与 $\boldsymbol{b}$ 的夹角.

3.已知 $\boldsymbol{a}$、$\boldsymbol{b}$ 都是非零向量,且 $\boldsymbol{a}+3\boldsymbol{b}$ 与 $7\boldsymbol{a}-5\boldsymbol{b}$ 垂直,$\boldsymbol{a}-4\boldsymbol{b}$ 与 $7\boldsymbol{a}-2\boldsymbol{b}$ 垂直,求 $\boldsymbol{a}$ 与 $\boldsymbol{b}$ 的夹角.

4.四边形 $ABCD$ 中,$\overrightarrow{AB}=\boldsymbol{a}$,$\overrightarrow{BC}=\boldsymbol{b}$,$\overrightarrow{CD}=\boldsymbol{c}$,$\overrightarrow{DA}=\boldsymbol{d}$,且 $\boldsymbol{a}\cdot\boldsymbol{b}=\boldsymbol{b}\cdot\boldsymbol{c}=\boldsymbol{c}\cdot\boldsymbol{d}=\boldsymbol{d}\cdot\boldsymbol{a}$,试问四边形 $ABCD$ 是什么图形?

5.已知向量 $\boldsymbol{a}=(m-2,m+3)$,$\boldsymbol{b}=(2m+1,m-2)$的夹角为钝角,求 m 的取值范围.

〈综合复习题 7〉

一、选择题

1.在平行四边形 $ABCD$ 中,$\overrightarrow{BC}+\overrightarrow{CD}-\overrightarrow{AD}$等于(　　).

A.$\overrightarrow{BD}$　　B.$\overrightarrow{AC}$　　C.$\overrightarrow{AB}$　　D.$\overrightarrow{BA}$

2.已知向量$\overrightarrow{AB}=\boldsymbol{a}-\boldsymbol{b}$,$\overrightarrow{BC}=\boldsymbol{b}-\boldsymbol{c}$,则$\overrightarrow{CA}=$(　　).

A.$\boldsymbol{a}-\boldsymbol{c}$　　B.$\boldsymbol{c}-\boldsymbol{a}$　　C.$\boldsymbol{a}+\boldsymbol{c}$　　D.$\boldsymbol{a}+\boldsymbol{c}-2\boldsymbol{b}$

3.两个向量相等的充要条件是(　　).

A.长度相等　　B.长度相等,方向相同

C.方向相同　　　　　　　　D.内积(数量积)相等

4.若 $\boldsymbol{a}=(5,-2)$,$\boldsymbol{b}=(-4,-3)$,$\boldsymbol{c}=(x,y)$,若 $\boldsymbol{a}-2\boldsymbol{b}+3\boldsymbol{c}=0$,则 $\boldsymbol{c}=$(　　).

A.$\left(1,\frac{8}{3}\right)$　　B.$\left(\frac{13}{3},\frac{8}{3}\right)$　　C.$\left(\frac{13}{3},\frac{4}{3}\right)$　　D.$\left(-\frac{13}{3},-\frac{4}{3}\right)$

5.已知向量 $\boldsymbol{a}=(3,4)$,$\boldsymbol{b}=(\sin\alpha,\cos\alpha)$,且 $\boldsymbol{a}/\!/\boldsymbol{b}$,则 $\tan\alpha=$(　　)

A.$\frac{3}{4}$　　B.$-\frac{3}{4}$　　C.$\frac{4}{3}$　　D.$-\frac{4}{3}$

6.点 O 是平行四边形 $ABCD$ 的对角线交点,EF 过 O 点交 AB 于 E,交 CD 于 F,且 $\overrightarrow{AE}=2\overrightarrow{EB}$,设 $\overrightarrow{AB}=\boldsymbol{a}$,$\overrightarrow{BC}=\boldsymbol{b}$,则 $\overrightarrow{OE}=$(　　).

A.$\frac{1}{3}\boldsymbol{a}-\frac{1}{2}\boldsymbol{b}$　　B.$\frac{1}{3}\boldsymbol{a}+\frac{1}{2}\boldsymbol{b}$　　C.$\frac{1}{6}\boldsymbol{a}-\frac{1}{2}\boldsymbol{b}$　　D.$\frac{1}{6}\boldsymbol{a}+\frac{1}{2}\boldsymbol{b}$

7.已知 $\boldsymbol{a}=\left(\frac{1}{2},1\right)$,$\boldsymbol{b}=\left(-\frac{\sqrt{3}}{2},\frac{\sqrt{2}}{2}\right)$,下列各式正确的是(　　).

A.$\boldsymbol{a}^2=\boldsymbol{b}^2$　　B.$\boldsymbol{a}\cdot\boldsymbol{b}=1$　　C.$\boldsymbol{a}=\boldsymbol{b}$　　D.$\boldsymbol{a}/\!/\boldsymbol{b}$

8.零向量的方向规定为(　　).

A.向左　　B.向右　　C.坐标轴方向　　D.不确定

二、填空题

1.$|\boldsymbol{a}|=1$,$|\boldsymbol{b}|=\sqrt{2}$,$(\boldsymbol{a}-\boldsymbol{b})\cdot\boldsymbol{a}=0$,则 $\boldsymbol{a}$ 与 $\boldsymbol{b}$ 的夹角为______.

2.$|\boldsymbol{a}|=2$,$|\boldsymbol{b}|=(-2\sqrt{3},2)$,若 $\boldsymbol{a}/\!/\boldsymbol{b}$,则 $\boldsymbol{a}=$______.

3.$\boldsymbol{a}=3\mathbf{i}-5\mathbf{j}$,$\boldsymbol{b}=-2\mathbf{i}+4\mathbf{j}$,求 $\boldsymbol{a}\cdot\boldsymbol{b}=$______.

4.$\frac{1}{3}(\boldsymbol{a}+3\boldsymbol{x})=4(\boldsymbol{a}-\boldsymbol{x})$,则 $\boldsymbol{x}=$______.

三、解答题

1.已知 $\boldsymbol{a}+\boldsymbol{b}=(2,-8)$,$\boldsymbol{a}-\boldsymbol{b}=(-8,16)$,求 $\boldsymbol{a}\cdot\boldsymbol{b}$ 和 $\cos\langle\boldsymbol{a},\boldsymbol{b}\rangle$.

2.已知 $\boldsymbol{a}=(1,2)$,$\boldsymbol{b}=(-3,2)$,求当 k 为何值时:

(1)$(k\boldsymbol{a}+\boldsymbol{b})\perp(\boldsymbol{a}-3\boldsymbol{b})$;　　　　(2)$(k\boldsymbol{a}+\boldsymbol{b})/\!/(\boldsymbol{a}-3\boldsymbol{b})$

3.已知:$\triangle ABC$ 的 3 个顶点的坐标分别为 $A(-2,3)$,$B(1,2)$,$C(5,4)$,求:(1)向量 $\overrightarrow{BA}$ 与向量 $\overrightarrow{BC}$ 的坐标;(2)角 B 的大小.

第 8 章

直线和圆的方程

8.1　两点间距离公式及中点公式

8.1.1　两点间的距离公式

〈问题导入〉

在初中数学知识中，我们学习了怎么求数轴上的两点间的距离。即 x 轴上的两点间的距离是这两点坐标差的绝对值.同样，y 轴上的两点间的距离，也是两点坐标差的绝对值.

下面讨论已知平面直角坐标系中任意两点间的坐标.

〈知识探究〉

设 $A(x_1,y_1)$、$B(x_2,y_2)$ 是平面直角坐标系内的任意两点，从 A、B 两点出发分别向 x 轴、y 轴作垂线，垂足分别为 A_1、A_2、B_1、B_2，再过 A 作 BB_1 的垂线，垂足为 C，如图 8.1 所示. 在直角三角形 ABC 中，根据勾股定理有

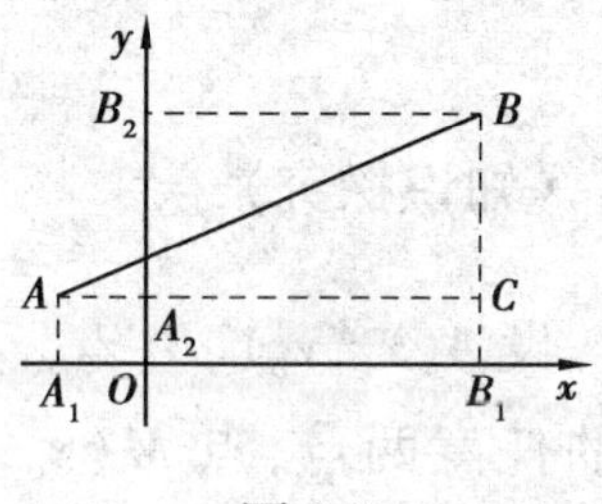

图 8.1

$$|AB| = \sqrt{|AC|^2 + |CB|^2}$$
$$= \sqrt{|A_1B_1|^2 + |A_2B_2|^2}$$
$$= \sqrt{(x_2 - x_1)^2 + (y_2 - y_1)^2}.$$

由此得到坐标平面上任意两点 $A(x_1,y_1)$、$B(x_2,y_2)$ 间的距离为

$$|AB| = \sqrt{(x_2 - x_1)^2 + (y_2 - y_1)^2}.$$

特别地，原点 O 与任意一点 $A(x,y)$ 间的距离为

$$|OA| = \sqrt{x^2 + y^2}.$$

〈应用举例〉

例 1　计算 $A(3,2)$、$B(4,-6)$ 两点间的距离.

解　A、B 两点间的距离为

$$|AB| = \sqrt{(4-3)^2 + (-6-2)^2} = 65$$

〈课堂练习〉

计算两点间的距离.

(1) $A(-3,4)$，$B(5,7)$；　　　　(2) $A(-1,1)$，$B(5,-7)$.

8.1.2　线段中点坐标公式

〈知识探究〉

设 $A(x_1,y_1)$、$B(x_2,y_2)$ 是平面直角坐标系内的任意两点，点 $M(x_0,y_0)$ 是线段 AB 的中点.过点 A、B、M 分别向 x 轴、y 轴作垂线，垂足分别为 A_1、A_2、B_1、B_2、M_1、M_2，如图 8.2 所示.

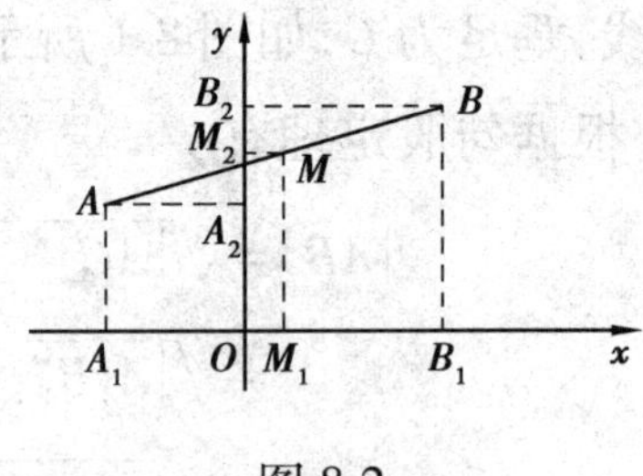

图 8.2

因为点 M 为线段 AB 的中点，根据平行线的性质，点 M_1 和点 M_2 分别是线段 A_1B_1 和 A_2B_2 的中点，即

$A_1M_1=M_1B_1$，$A_2M_2=M_2B_2$，

所以 $x_0-x_1=x_2-x_0$，$y_0-y_1=y_2-y_0$，即

$$x_0=\frac{x_1+x_2}{2},\ y_0=\frac{y_1+y_2}{2}.$$

这就是线段中点坐标的计算公式，简称**中点公式**.

〈应用举例〉

例 2　求连接下列两点的线段的中点坐标.

(1) $A(-1,4)$，$B(5,-7)$；

(2) $A(a,0)$，$B(0,b)$.

解　(1)设线段 AB 的中点坐标为 (x_0,y_0)，则根据中点坐标公式可得

$$x_0=\frac{-1+5}{2}=2,y_0=\frac{4-7}{2}=-\frac{3}{2}.$$

所以线段 AB 的中点坐标为 $\left(2,-\frac{3}{2}\right)$.

(2)设线段 AB 的中点坐标为 (x_0,y_0)，则根据中点坐标公式可得

$$x_0=\frac{a+0}{2}=\frac{a}{2},y_0=\frac{0+b}{2}=\frac{b}{2}.$$

所以线段 AB 的中点坐标为$\left(\frac{a}{2},\frac{b}{2}\right)$.

例3　已知三角形 ABC 的3个顶点坐标分别为 $A(1,0)$, $B(-2,1)$, $C(0,3)$, 求 BC 边上的中线 AD 的长度.

解　设 BC 边上的中点坐标为 $D(x_0,y_0)$, 则由点 $B(-2,1)$, $C(0,3)$ 得

$$x_0=\frac{-2+0}{2}=-1,\ y_0=\frac{1+3}{2}=2.$$

所以 BC 边上的中点 D 的坐标为$(-1,2)$.

根据两点间的距离公式可得 AD 的长度为

$$|AD|=\sqrt{(-1-1)^2+(2-0)^2}=2\sqrt{2}.$$

〈课堂练习〉

1.求连接下列两点的线段的中点坐标.

(1) $A(-7,1)$, $B(3,8)$;

(2) $A(3,4)$, $B(2,7)$.

2.已知三角形 ABC 的3个顶点坐标分别为 $A(3,-2)$, $B(0,-1)$, $C(-3,5)$, 求 BC 边上的中线 AD 的长度.

〈课后习题〉

习题 A

1.求连接下列两点的线段的长度及中点坐标.

(1) $A(-4,3)$, $B(-1,5)$;

(2) $A(0,-2)$, $B(-3,4)$.

2.已知点 $A(-4,-5)$, 线段 AB 的中点 M 的坐标为$(1,-2)$, 求线段端点 B 的坐标.

习题 B

1.已知三角形 ABC 的3个顶点坐标分别为 $A(2,2)$, $B(-4,6)$, $C(-2,-3)$, 求

AB 边上的中线 CD 的长度.

2.已知点 $M(4,n)$ 是点 $A(m,2)$ 和 $B(3,8)$ 连线的中点,求 m,n 的值.

8.2 直线的方程

8.2.1 直线的倾斜角与斜率

〈知识探究〉

一般情况下,一条直线在平面直角坐标系中与两个坐标轴有不同的夹角,我们把这条直线向上的方向与 x 轴的正方向所形成的最小正角,称为直线的**倾斜角**,如图 8.3 所示的角 α.

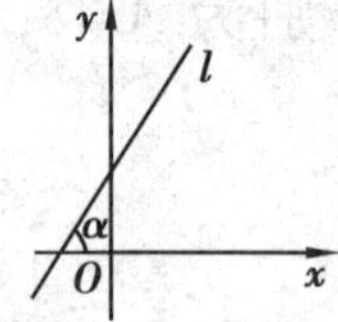

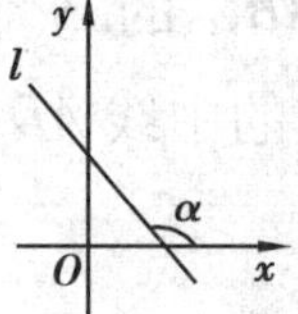

图 8.3

规定:当一条直线与 x 轴平行或重合时,这条直线的倾斜角为零度角.

这样,对任意的一条直线,它的倾斜角 α 的取值范围是:

$$0° \leqslant \alpha < 180°.$$

若一条直线的倾斜角为 $\alpha(\alpha \neq 90°)$,则的正切值称为这条直线的**斜率**,通常用小写字母 k 表示,即

$$k = \tan \alpha.$$

当 $\alpha = 90°$时,直线不存在斜率,当 $\alpha \neq 90°$时,每条直线都有确定的斜率.

根据直线倾斜角的取值范围,直线的斜率可以分为以下四种情况:

(1)当 $\alpha = 0°$时(直线平行或重合于 x 轴),$k=0$;

(2)当 α 为锐角时,$k>0$;

(3)当 $\alpha=90°$时(直线平行或重合于 y 轴),k 不存在;

(4)当 α 为钝角时,$k<0$.

设点 $A(x_1,y_1)$、$B(x_2,y_2)$为一条直线上的任意两点,可以证明过这两点的直线的斜率公式为

$$k=\frac{y_2-y_1}{x_2-x_1}(x_1\neq x_2)$$

〈**应用举例**〉

例1　根据下面各直线满足的条件,分别求出直线的斜率.

(1)倾斜角为45°;

(2)直线经过点 $A(-2,5)$,$B(3,-1)$.

解　(1)由于倾斜角 α 为45°,故直线的斜率为

$$k=\tan\alpha=\tan 45°=1$$

(2)由于直线经过点 $A(-2,5)$,$B(3,-1)$,$x_1\neq x_2$,所以直线的斜率为

$$k=\frac{y_2-y_1}{x_2-x_1}=\frac{-1-5}{3-(-2)}=-\frac{6}{5}$$

〈**课堂练习**〉

1.判断满足下列条件的直线的斜率是否存在,若存在,求出斜率的值.

(1)直线的倾斜角为60°;

(2)直线过点 $A(4,-1)$,$B(2,5)$;

(3)点 $A(5,-2)$,$B(5,1)$在直线上.

2.设点 $A(-3,4)$,$B(-5,2)$在直线 l 上,求直线 l 的斜率和倾斜角.

8.2.2 直线的点斜式和斜截式方程

〈知识探究〉

已知一条直线的斜率为 k，并且经过点 $P_0(x_0,y_0)$，如图 8.4 所示，求这条直线的方程.

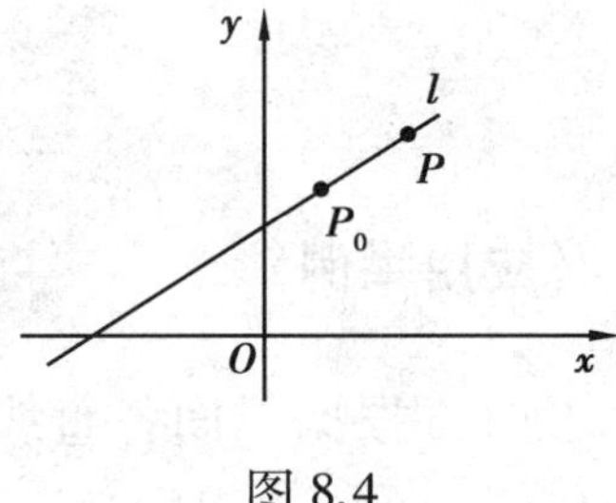

图 8.4

设点 $P(x,y)$ 是直线上不同于点 P_0 的任意一点，因为直线的斜率为 k，则根据过两点的直线的斜率公式，得

$$k=\frac{y-y_0}{x-x_0}(x\neq x_0),$$

即

$$y-y_0=k(x-x_0).$$

这样我们得到，经过点 $P_0(x_0,y_0)$ 且斜率为 k 的直线方程为

$$y-y_0=k(x-x_0).$$

由于这个方程是由直线上的一点和直线的斜率所确定的，所以称为直线的**点斜式方程**.

〈应用举例〉

例 2 直线经过点 $P(2,-3)$，倾斜角为 45°，求直线的方程.

解 由于倾斜角 α 为 45°，故直线的斜率为

$$k=\tan\alpha=\tan 45°=1,$$

又因为直线经过点 $P(2,-3)$，则根据点斜式方程，得直线方程为

$$y+3=1\times(x-2),$$

即

$$x-y-5=0.$$

例 3 直线经过点 $M_1(1,2)$、$M_2(-1,-3)$，求直线的方程.

解 因为直线经过点 $M_1(1,2)$、$M_2(-1,-3)$，由两点直线斜率公式得直线的斜率为

$$k=\frac{-3-2}{-1-1}=\frac{5}{2},$$

根据点斜式方程得直线的方程为

$$y-2=\frac{5}{2}(x-1),$$

即$5x-2y-1=0$.

学习提示

直线在 x 轴,y 轴上的截距可能是正数、负数或 0.

〈知识探究〉

如图 8.5 所示,直线 l 与 x 轴交于点 $A(a,0)$,与 y 轴交于点 $B(0,b)$,则 a 称为直线 l 在 x 轴上的**截距**(或**横截距**),b 称为直线在 y 轴上的**截距**(或**纵截距**).

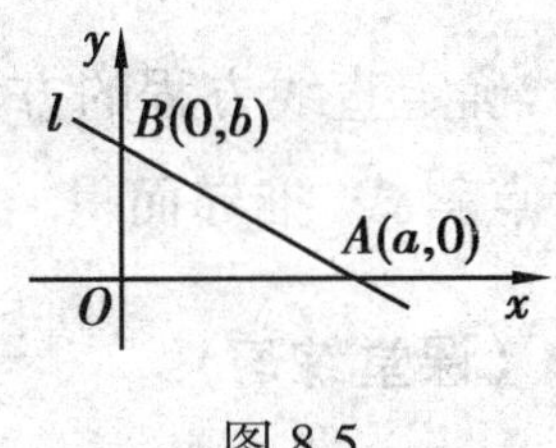

图 8.5

设直线 l 的斜率为 k,并且在 y 轴上的截距为 b,即直线经过点$(0,b)$,则直线 l 的方程为

$$y-b=k(x-0),$$

即

$$y=kx+b.$$

这样,得到斜率为 k,在 y 轴上的截距为 b 的直线的方程为

$$y=kx+b.$$

这个方程称为直线的**斜截式方程**.

当直线 l 经过 $P(x_0,y_0)$,且平行于 x 轴时,直线 l 的方程为 $y=y_0$.

特别地,当直线 l 与 x 轴重合时,直线 l 的方程为:$y=0$.

当直线 l 经过 $P(x_0,y_0)$,且平行于 y 轴时,直线 l 的方程为 $x=x_0$.

特别地,当直线 l 与 y 轴重合时,直线 l 的方程为 $x=0$.

〈应用举例〉

例 4　直线 l 的倾斜角为 150°,且在 y 轴上的截距为−7,求直线 l 的方程.

解　因为直线的倾斜角为 150°,所以直线的斜率为

$$k = \tan 150° = -\frac{\sqrt{3}}{3}.$$

又因为直线在 y 轴上的截距为-7,所以根据直线的斜截式方程得直线的方程为

$$y = -\frac{\sqrt{3}}{3}x - 7.$$

想一想

在实际应用时,应如何对方程的点斜式方程和斜截式方程进行选择?

〈归纳指引〉

确定直线方程的方法有多种,但最基本的是“点斜式”,其他方法都可以由“点斜式”推导而得.

〈课堂练习〉

1.已知直线经过下列两点,求出它们的方程.

(1)$P_1(2,3)$,$P_2(0,-3)$;

(2)$P_1(-1,5)$,$P_2(2,4)$.

2.写出符合条件的直线的斜截式方程.

(1)$k=\frac{1}{3}$,$b=-5$;

(2)$\alpha=135°$,$b=4$.

8.2.3 直线的一般式方程

〈知识探究〉

直线的点斜式方程 $y-y_0=k(x-x_0)$ 可以化为

$$kx - y + y_0 - kx_0 = 0;$$

直线的斜截式方程 $y=kx+b$ 可以化为

$$kx - y + b = 0.$$

由此可以知道，直线的点斜式和斜截式方程，都可以转化为二元一次方程的一般形式

$$Ax + By + C = 0$$

(1)当 $A\neq 0, B\neq 0$ 时，二元一次方程 $Ax+By+C=0$ 可化为 $y=-\frac{A}{B}x-\frac{C}{B}$，它表示斜率为 $k=-\frac{A}{B}$，在 y 轴上的截距 $b=-\frac{C}{B}$ 的直线.

(2)当 $A=0, B\neq 0$ 时，方程可化为 $y=-\frac{C}{B}$，它表示经过点 $P\left(0,-\frac{C}{B}\right)$ 且平行于 x 轴的直线.

(3)当 $A\neq 0, B=0$ 时，方程可化为 $x=-\frac{C}{A}$，它表示经过点 $P\left(-\frac{C}{A},0\right)$ 且平行于 y 轴的直线.

因此，二元一次方程 $Ax+By+C=0$（其中 A, B 不全为零）表示一条直线.

方程

$$Ax + By + C = 0 \text{（其中 } A, B \text{ 不全为零）}$$

称为直线的**一般式方程**.

〈应用举例〉

例5　将方程 $y+3=\frac{3}{2}(x-1)$ 化为直线的一般式方程，并求出该直线在 x 轴和 y 轴上的截距.

解　由 $y+3=\frac{3}{2}(x-1)$ 得

$$3x - 2y - 9 = 0$$

这就是直线的一般式方程.

令 $x=0$，则 $y=-\frac{9}{2}$，故直线在 y 轴上的截距为 $-\frac{9}{2}$；令 $y=0$，则 $x=3$，故直线在 x 轴上的截距为 3.

〈归纳指引〉

准确地确定直线的斜率是建立直线方程和判断直线位置关系的关键。斜率的确定常用的有三种方法：

(1)定义法：$k=\tan\alpha(\alpha\neq 90^\circ)$；

(2)两点法：$k=\dfrac{y_2-y_1}{x_2-x_1}(x_1\neq x_2)$；

(3)方程法：若一般式方程为 $Ax+By+C=0$，则 $k=-\dfrac{A}{B}(B\neq 0)$.

〈课堂练习〉

1.根据下列条件写出直线方程，并化为一般式：

(1)经过点 $P(-3,5)$，斜率为$-\dfrac{1}{3}$；

(2)倾斜角为 120°，在 y 轴上的截距为 4.

2.将下列直线的方程化为一般式方程：

(1)$y=\dfrac{1}{2}x+4$；

(2)$y-2=\dfrac{3}{4}(x-3)$.

〈课后习题〉

习题 A

1.选择题.

(1)已知点 $M(1,-4)$，$N(-4,1)$，则直线 MN 的倾斜角为(　　).

A.45°　　B.135°　　C.60°　　D. 120°

(2)直线 $x-5y+10=0$ 在 x 轴和 y 轴上的截距分别为(　　).

A.−10 和 2　　B.2 和−10　　C.1 和−5　　D.−5 和 1

(3)垂直于 x 轴，且过点(1,4)的直线方程为(　　).

A. $x=1$　　B. $y=4$　　C. $y=4x$　　D. $x=4y$

(4)平行于 x 轴,且过点(2,5)的直线方程为(　　).

A. $x=2$　　B. $y=5$　　C. $\frac{5}{2}x$　　D. $y=\frac{2}{5}x$

2.已知直线的倾斜角 $\alpha=30°$,且经过点 $A(4,3)$,求该直线的方程.

3.求过点 $M(-2,1)$,$N(4,3)$的直线的方程.

习题 B

1.根据下列条件写出直线的方程,并化成一般式.

(1) $k=-\frac{1}{2}$,经过点 $A(8,-2)$;

(2)经过点 $B(4,2)$,平行于 x 轴.

2.已知直线 $Ax+By+C=0$.

(1)当 $B\neq0$ 时,斜率是多少?当 $B=0$ 时呢?

(2)系数取什么值时,方程表示通过原点的直线.

3. $\triangle ABC$ 的顶点是 $A(0,5)$,$B(1,-2)$,$C(-6,4)$,求 BC 边上的中线所在直线的方程.

4.求过点 $P(2,3)$,并且在 x 轴,y 轴上的截距相等的直线方程.

8.3　两条直线的位置关系

8.3.1　两条直线平行的条件

〈问题导入〉

在平面内,可以根据直线没有交点判断它们平行;那么,如何根据直线的方程来判断两条直线平行呢?

〈知识探究〉

如图 8.6 所示的两条平行直线 l_1,l_2,它们都不垂直于 x 轴,显然有

$$\alpha_1=\alpha_2,b_1\neq b_2$$

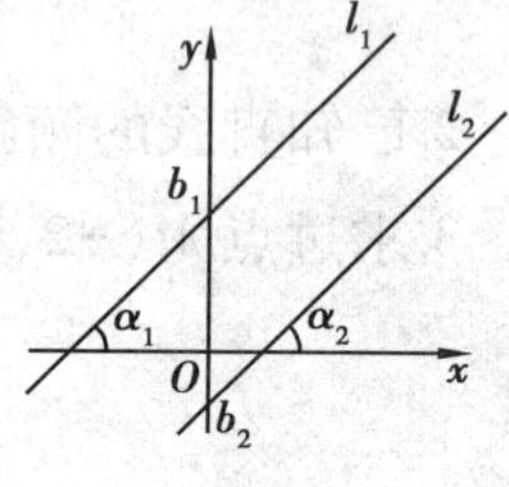

图 8.6

不重合的两条平行直线必然有 $b_1\neq b_2$,能不能通过斜率来判断两条直线的平行关系呢?

设两条直线的方程分别为 $l_1:y=k_1x+b_1$,倾斜角为 α_1;$l_2:y=k_2x+b_2$,倾斜角为 α_2.

若 $l_1/\!/l_2$,必有 $\alpha_1=\alpha_2$,则

$$\tan\alpha_1=\tan\alpha_2$$

即

$$k_1=k_2$$

因此,若 $l_1/\!/l_2$,则 $k_1=k_2$.

反过来,若 $k_1=k_2$,即,$\tan\alpha_1=\tan\alpha_2$

因为

$$0°\leqslant\alpha_1<180°,\quad 0°\leqslant\alpha_2<180°$$

所以

$$\alpha_1=\alpha_2$$

$$l_1/\!/l_2$$

因此,若 $k_1=k_2$,则 $l_1/\!/l_2$.

上述分析表明,**两条不重合的直线平行的充要条件**是

$$l_1/\!/l_2\Leftrightarrow k_1=k_2\text{ 且 }b_1\neq b_2.$$

对照图 8.7 讨论.当两条直线(不重合)的倾斜角都是 90°时,它们斜率不存在,这样的两条直线显然是平行的.

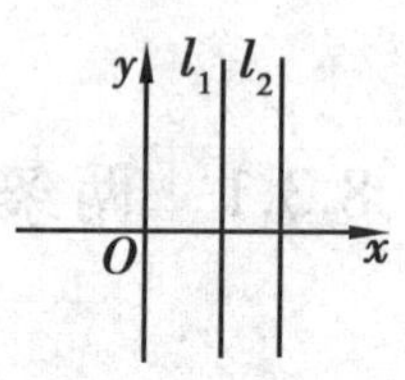

图 8.7

一般地,**两条直线重合的充要条件**是

$$l_1\text{ 与 }l_2\text{ 重合}\Leftrightarrow k_1=k_2\text{ 且 }b_1=b_2.$$

当两条直线的方程用一般式 $l_1:A_1x+B_1y+C_1=0$,$l_2:A_2x+B_2y+C_2=0$表示

时,平行、重合的充要条件分别为

$$l_1 \text{ 与 } l_2 \text{ 平行} \Leftrightarrow \frac{A_1}{A_2}=\frac{B_1}{B_2}\neq\frac{C_1}{C_2}$$

$$l_1 \text{ 与 } l_2 \text{ 重合} \Leftrightarrow \frac{A_1}{A_2}=\frac{B_1}{B_2}=\frac{C_1}{C_2}$$

〈应用举例〉

例1　判断直线 $l_1: 2x-y+2=0$, $l_2: -4x+2y-3=0$ 是否平行.

解　把 l_1, l_2 的方程化为斜截式,

$$l_1: y = 2x + 2$$

$$l_2: y = 2x + \frac{3}{2}$$

显然, l_1 的纵截距 $b_1=2$, l_2 的纵截距 $b_2=\frac{3}{2}$,即 $b_1 \neq b_2$,

因为 l_1 的斜率与 l_2 的斜率相等,即 $k_1=k_2=2$,

所以 $l_1 /\!/ l_2$.

例2　求过点 $P(-2,3)$ 且与直线 $3x+4y+5=0$ 平行的直线方程.

解　将直线 $3x+4y+5=0$ 化为斜截式为 $y=-\frac{3}{4}x-\frac{5}{4}$,可以看出直线的斜率是 $-\frac{3}{4}$,因为所求直线与已知直线平行,因此所求直线的斜率也是 $-\frac{3}{4}$.

根据点斜式,所求直线方程为

$$y-3=-\frac{3}{4}(x+2),$$

即

$$3x+4y-6=0.$$

〈课堂练习〉

1.判断下列各对直线是否平行.

(1)直线 $8x+4y+5=0$ 与直线 $2x-y+1=0$;

(2)直线 $y=2x-2$ 与直线 $6x-3y-10=0$;

(3)直线 $4x+3y-7=0$ 与直线 $8x+6y+1=0$;

(4)直线 $y=3x-2$ 与直线 $6x-2y-4=0$.

2.求过点(2,3)且与直线 $x+2y=0$ 平行的直线方程.

8.3.2 两条直线垂直的条件

〈问题导入〉

在相交的位置关系中,可以根据两条直线所形成的角为直角,来判断它们垂直;那么,如何根据直线的方程来判断两条直线垂直呢?

〈知识探究〉

如图 8.8 所示,如果 $l_1 \perp l_2$,显然 $\alpha_1 \neq \alpha_2$,设 $\alpha_1 > \alpha_2$,由三角形外角定理知

$$\alpha_1 = 90° + \alpha_2$$

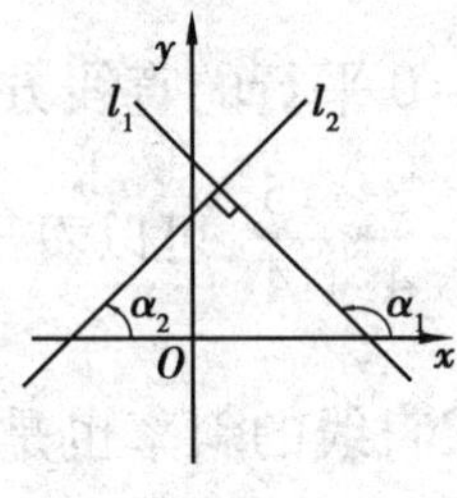

图 8.8

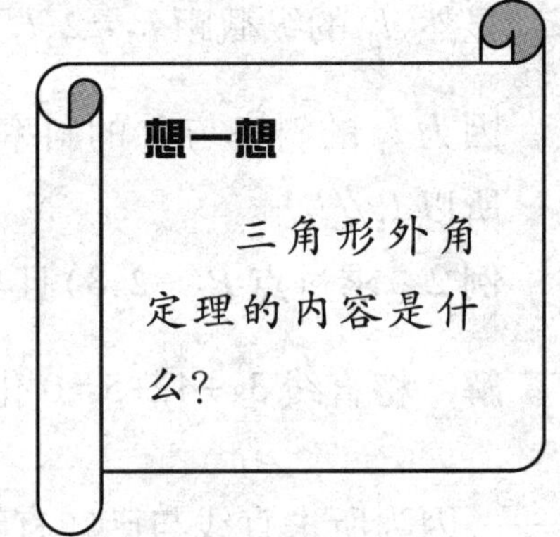

因为已知 l_1 与 l_2 都有斜率,且分别为 k_1,k_2,所以 l_1,l_2 都不平行于 y 轴,必有

$$\alpha_1 \neq 90°, \alpha_2 \neq 0°$$

所以

$$\tan \alpha_1 = \tan(90° + \alpha_2) = -\frac{1}{\tan \alpha_2}$$

即
$$k_1 = -\frac{1}{k_2} \text{或} k_1 \cdot k_2 = -1$$

反过来,如果 $k_1=-\frac{1}{k_2}$,则有

$$\tan\alpha_1=-\frac{1}{\tan\alpha_2}=\tan(90°+\alpha_2)$$

$$0°\leqslant\alpha_1<180°,0°\leqslant\alpha_2<180°$$

所以

$$\alpha_1=90°+\alpha_2$$

得　$$l_1\perp l_2$$

由上可知,**两条直线都有斜率时,如果它们互相垂直,那么它们的斜率互为负倒数;反之,如果它们的斜率互为负倒数,那么两条直线互相垂直.**

即当 l_1 与 l_2 的斜率都存在时,有

$$l_1\perp l_2\Leftrightarrow k_1=-\frac{1}{k_2},$$

或　$$l_1\perp l_2\Leftrightarrow k_1\cdot k_2=-1.$$

当 l_1 或 l_2 的斜率不存在(l_1 或 l_2 的斜率为 0)时,由图 8.9 可知,很容易判断 l_1 与 l_2 是否垂直.

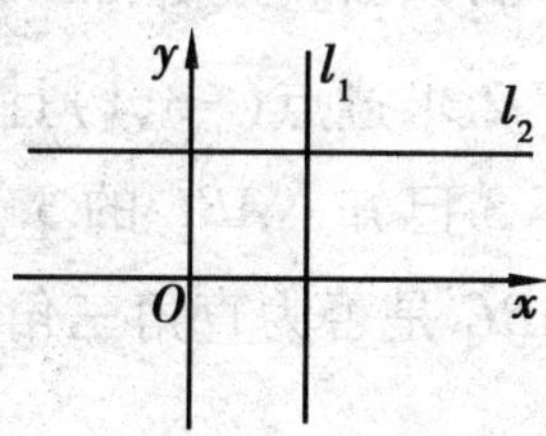

图 8.9

〈应用举例〉

例 3　判断直线 $l_1:y=2x-1,l_2:x+2y+5=0$ 是否垂直.

解　直线 l_1 的斜率 $k_1=2$,将直线 l_2 的方程化为斜截式

$$y=-\frac{1}{2}x-\frac{2}{5},$$

因此,直线 l_2 的斜率 $k_2=-\frac{1}{2}$,

因为

$$k_1\cdot k_2=2\times\left(-\frac{1}{2}\right)=-1$$

所以　$$l_1\perp l_2$$

例 4　已知$\triangle ABC$的3个顶点的坐标分别为$A(-1,1)$,$B(4,0)$,$C(5,5)$,判断$\triangle ABC$是否为直角三角形.

解　AB所在直线的斜率为

$$k_{AB}=\frac{0-1}{4-(-1)}=-\frac{1}{5}$$

BC所在直线的斜率为

$$k_{BC}=\frac{5-0}{5-4}=5$$

显然　$k_{AB}\cdot k_{BC}=-1$

所以$AB\perp BC$,即$\angle ABC=90°$.

所以$\triangle ABC$是直角三角形.

〈课堂练习〉

1.判断直线$l_1:3x+5y=7$,$l_2:12x-6y=11$是否垂直.

2.求过点$(-3,1)$且与直线$x+2y=0$垂直的直线方程.

3.已知$\triangle ABC$的3个顶点的坐标分别为$A(0,0)$,$B(3,4)$,$C(4,3)$,判断$\triangle ABC$是否为直角三角形.

8.3.3　两条相交直线的交点

〈问题导入〉

在研究两条直线位置关系时,我们经常会遇到两条直线相交的情形。在许多有关直线的问题中,需要首先确定两条直线相交的交点坐标,那么如何根据两条相交直线的方程求出这两条直线的交点呢?

〈知识探究〉

设两条直线的方程为

$$l_1:A_1x+B_1y+C_1=0$$

$$l_2: A_2x + B_2y + C_2 = 0$$

如果这两条直线相交，由于交点同时在这两条直线上，交点的坐标一定是这两个方程的唯一公共解；反过来，如果这两个二元一次方程只有一个公共解，那么以这个解为坐标的点必是直线 l_1 与 l_2 的交点.因此，两条直线是否有交点，就要看这两条直线的方程所组成的方程组

$$\begin{cases} A_1x + B_1y + C_1 = 0 \\ A_2x + B_2y + C_2 = 0 \end{cases}$$

是否有唯一解。若有唯一解，则两条直线相交；若有无数解，则两条直线重合；若无解，则两条直线平行。

〈**应用举例**〉

例5　求下列两条直线的交点.

$$l_1: x - 2y + 2 = 0$$

$$l_2: 2x - y - 2 = 0$$

解　由题意可得，方程组

$$\begin{cases} x - 2y + 2 = 0 \\ 2x - y + 2 = 0 \end{cases}$$

解得

$$\begin{cases} x = 2 \\ y = 2 \end{cases}$$

即，此方程组有唯一解.

所以 l_1 与 l_2 的交点是(2,2).

〈**课堂练习**〉

求下列直线的交点.

(1) $3x+4y=1$ 与 $4x+5y=2$；

(2) $x-y+1=0$ 与 $x+y-1=0$.

〈课后习题〉

习题 A

1.已知下列几组直线方程,判断它们是否平行或垂直.

(1) $l_1:3x+6y+10=0$ 与 $l_2:x+2y=5$;

(2) $l_1:y=3x+4$ 与 $l_2:2y=6x+1$;

(3) $l_1:y=x$ 与 $l_2:3x+3y-10=0$.

2.求过点 $A(2,3)$ 且分别适合下列条件的直线的方程.

(1)平行于直线 $2x+y-5=0$;

(2)垂直于直线 $x-y-2=0$.

习题 B

1.求下列满足已知条件的 a 的值.

(1)直线 $l_1:2x+(a+1)y+4=0$ 与直线 $l_2:ax+3y-2=0$ 平行;

(2)直线 $l_1:(a+2)x+(1-a)y-1=0$ 与直线 $l_2:(a-1)x+(2a+3)y+2=0$ 垂直;

(3)直线 $l_1:x+2ay-2=0$ 与直线 $l_2:(3a-1)x-ay+1=0$ 重合.

2.求满足已知条件的直线方程.

(1)过点$(-1,3)$与直线 $y=x+5$ 平行的直线方程;

(2)与直线 $x+3y+1=0$ 垂直,且在 x 轴上的截距为 2 的方程.

3.求过两条直线 $l_1:x+y-4=0$ 与 $l_2:x-y=2$ 的交点,且平行于直线 l_3:$3x-y+2=0$的直线方程.

8.4　点到直线的距离

〈知识探究〉

我们知道,在平面直角坐标系中,直线外一点和直线上的点连接所组成的线段中,垂直线段最短,称为**点到直线的距离**,常用 d 表示. 如图 8.10 所示, P_0Q 的长度为点 P_0 到直线 l 的距离.

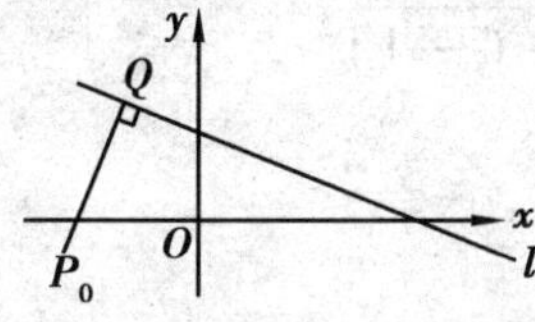

图 8.10

设点 $P_0(x_0,y_0)$ 为直线 $Ax+By+C=0$ 外一点,则点到直线的距离为

$$d=\frac{|Ax_0+By_0+C|}{\sqrt{A^2+B^2}}.$$

证明略.

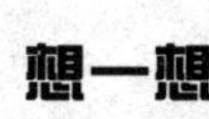

如果 $A=0$ 或者 $B=0$,这个公式是否仍然成立?

〈应用举例〉

学习提示

使用直线外一点到直线的距离公式时,直线方程应为一般式方程.

例　根据条件,求下列点到直线的距离.

(1) $P_0(1,2)$, $l:3x+y+6=0$;

(2) $P_0(-2,-3)$, $l:y=2x+4$.

解　(1)由点到直线的距离公式得

$$d=\frac{|Ax_0+By_0+C|}{\sqrt{A^2+B^2}}$$

$$= \frac{|3 \times 1 + 1 \times 2 + 6|}{\sqrt{3^2 + 1^2}}$$

$$= \frac{\sqrt{11}}{10}.$$

(2)将直线的方程化为一般式方程,得

$$2x - y - 4 = 0.$$

由点到直线的距离公式得

$$d = \frac{|Ax_0 + By_0 + C|}{\sqrt{A^2 + B^2}}$$

$$= \frac{|2 \times (-2) - 1 \times (-3) - 4|}{\sqrt{2^2 + (-1)^2}}$$

$$= \sqrt{5}.$$

〈课后习题〉

习题 A

根据下列条件,求点到直线的距离.

(1)$P_0(3,-1)$,$l:3x+4y-1=0$;

(2)$P_0(4,2)$,$l:3x-5y+6=0$;

(3)$P_0(-3,5)$,$l:x-6y+5=0$.

习题 B

已知点 $P_0(m,2)$ 到直线 $l:x-8y-3=0$ 的距离为 2,求 m 的值.

8.5　圆的方程

8.5.1　圆的标准方程

〈知识探究〉

在平面几何中,我们已经知道圆的定义,即平面内到一个定点的距离等于定长的点的轨迹,其中定点称为**圆心**,定长称为**半径**.下面,我们在平面直角坐标系中研究圆的方程.

如图 8.11 所示,设圆心的坐标为 $C(a,b)$,圆的半径为 r,点 $M(x,y)$ 为圆上任意一点,则

$$|MC|=r$$

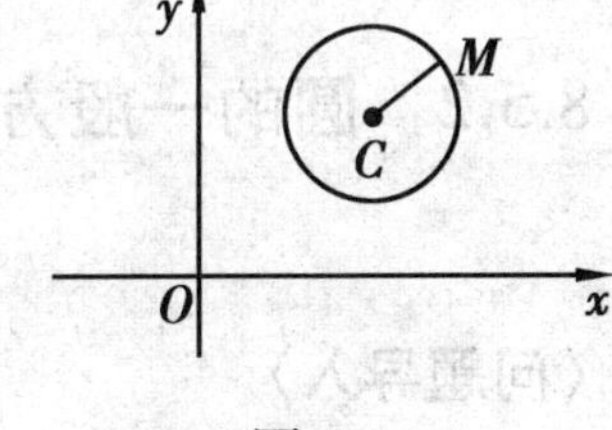

图 8.11

根据两点间的距离公式,得

$$\sqrt{(x-a)^2+(y-b)^2}=r$$

两边平方得

$$(x-a)^2+(y-b)^2=r^2.$$

这个方程就是圆心为 $C(a,b)$,半径为 r 的圆的方程,我们把它称为**圆的标准方程**.

特别地,当圆心为坐标原点 $O(0,0)$ 时,圆的标准方程为

$$x^2+y^2=r^2$$

〈应用举例〉

例 1　求以点 $C(3,-4)$ 为圆心,$r=6$ 为半径的圆的标准方程.

解　由题意可知 $a=3,b=-4,r=5$,故圆的标准方程为

$$(x-3)^2+(y+4)^2=36$$

例 2 写出圆$(x-2)^2+(y+3)^2=25$的圆心坐标及半径.

解 将方程$(x-2)^2+(y+3)^2=25$化为

$$(x-2)^2+[y-(-3)]^2=5^2,$$

所以 $$a=2,b=-3,r=5.$$

故圆心坐标为$C(2,-3)$,半径$r=5$.

〈课堂练习〉

1.写出下列各圆的圆心坐标和半径,并画出图形.

(1)$x^2+(y+2)^2=9$;

(2)$(x-1)^2+(y-3)^2=5$.

2.求圆$x^2+(y-1)^2=4$的圆心坐标和半径.

3.求圆心为$(-2,0)$,半径为1的圆的标准方程,并画图.

8.5.2 圆的一般方程

〈问题导入〉

把圆的标准方程$(x-2)^2+(y-3)^2=9$展开整理成等号一边为0的形式.

通过展开整理,得出结果为$x^2+y^2-4x-6y+4=0$.这是一个缺少xy项的二元二次方程.

那么任何一个缺少xy项的二元二次方程

$$x^2+y^2+Dx+Ey+F=0 \tag{1}$$

都表示一个圆吗?

〈知识探究〉

现在将式(1)的左边配方,可得

$$\left(x+\frac{D}{2}\right)^2+\left(y+\frac{E}{2}\right)^2=\frac{D^2+E^2-4F}{4} \tag{2}$$

(1)当 $D^2+E^2-4F>0$ 时,比较方程式(2)和圆的标准方程,可以看出方程式(1)表示以 $\left(-\frac{D}{2},-\frac{E}{2}\right)$ 为圆心,$\frac{1}{2}\sqrt{D^2+E^2-4F}$ 为半径的圆.

(2)当 $D^2+E^2-4F=0$ 时,方程(1)只有实数解 $x=-\frac{D}{2},y=-\frac{E}{2}$,所以表示一个点 $\left(-\frac{D}{2},-\frac{E}{2}\right)$.

(3)当 $D^2+E^2-4F<0$ 时,方程(1)没有实数解,因而它不表示任何图形.因此,$x^2+y^2+Dx+Ey+F=0$ 表示圆的条件为

$$D^2+E^2-4F>0$$

一般地,形如

$$x^2+y^2+Dx+Ey+F=0(D^2+E^2-4F>0)$$

的方程能够表示一个圆,则称其为圆的一般方程.

〈应用举例〉

例3　判断下列方程表示的曲线是否为圆,如果是,求出圆心坐标和半径.

(1) $x^2+y^2+6x-8y-11=0$;

(2) $x^2+y^2+2x-4y+5=0$;

(3) $x^2+y^2+4x+6y+14=0$.

解　(1)将 $x^2+y^2+6x-8y-11=0$ 配方,得

$$(x^2+6x+9)+(y^2-8y+16)=36,$$

即

$$(x+3)^2+(y-4)^2=36.$$

所以方程表示的是圆心坐标为(−3,4),半径为6的圆.

(2)将 $x^2+y^2+2x-4y+5=0$ 配方,得

$$(x^2+2x+1)+(y^2-4y+4)=0$$

即

$$(x+1)^2+(y-2)^2=0$$

显然,方程只有唯一一对实数解 $x=-1,y=2$,因此原方程表示的图形是一个点,其坐标为(−1,2).

(3)将 $x^2+y^2+4x+6y+14=0$ 配方,得

$$(x^2+4x+4)+(y^2+6y+9)=-1,$$

即

$$(x+2)^2+(y+3)^2=-1.$$

显然,这个方程没有任何实数解,因此原方程不表示任何图形.

〈课堂练习〉

1.求下列各圆的圆心和半径.

(1) $x^2+y^2+20x=0$;

(2) $x^2+y^2+4x-6y=0$;

(3) $x^2+y^2+4x-8y-3=0$.

2.求经过点 $O(0,0)$,$M(2,0)$,$N(1,-1)$的圆的方程.

〈课后习题〉

习题 A

1.写出下列各圆的方程.

(1)圆心在原点,半径为 3;

(2)圆心在 $C(3,4)$,半径为$\sqrt{5}$;

(3)经过点 $P(5,1)$,圆心为点 $C(8,-3)$.

2.下列方程各表示什么图形?

(1)$x^2+y^2=0$;

(2)$x^2+y^2-2x+4y-6=0$.

习题 B

1.求下列条件所确定的圆的方程.

(1)已知圆过点 $A(3,1)$,$B(-1,3)$,且它的圆心在直线 $3x-y-2=0$ 上;

(2)经过点 $A(1,-1)$,$B(1,4)$,$C(4,-2)$.

2. $\triangle ABC$ 的三个顶点坐标分别为 $A(-1,5)$,$B(-2,-2)$,$C(5,5)$,求其外接圆的方程.

8.6　直线与圆的位置关系

〈问题导入〉

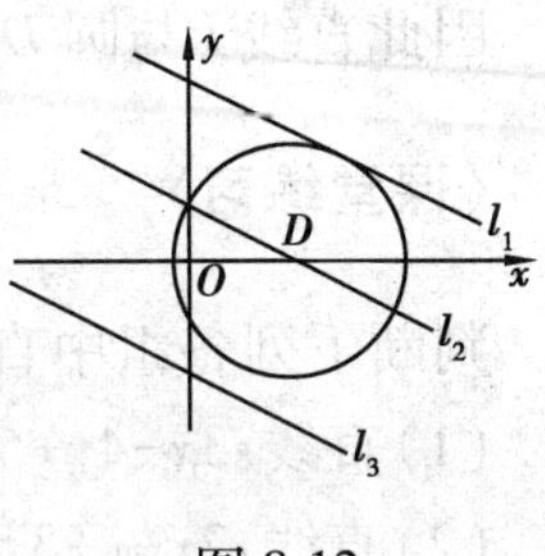

图 8.12

在初中几何中已经知道,直线与圆有三种位置关系,如图 8.12所示.那么,如何判别这三种位置关系呢?

〈知识探究〉

设圆 D 的圆心为 $D(a,b)$,半径为 r,记圆心 D 到直线的距离为 d,则圆心 D 到直线 l_1,l_2,l_3 的距离是不相同的.显然,由图 8.12所示可以得出以下结论:

当 $d>r$ 时,直线 l_3 与圆没有交点,这时直线与圆相离;

当 $d=r$ 时,直线 l_1 与圆只有一个交点,这时直线与圆相切;

当 $d<r$ 时,直线 l_2 与圆有两个不同的交点,这时直线与圆相交;

因此,直线与圆的位置关系只有三种:相离、相切、相交.我们可以通过比较圆心到直线的距离 d 与圆的半径 r 的大小来判断它们的位置关系.

〈应用举例〉

例　判断下列各组直线 l 与圆 D 的位置关系.

(1)$l:2x-y+3=0$,圆 $D:(x-5)^2+(y+2)^2=36$;

(2)$l:x-3y+2=0$,圆 $D:(x+2)^2+(y-5)^2=140$.

解　(1)圆心到直线的距离为

$$d=\frac{|2\times 5-(-2)+3|}{\sqrt{2^2+(-1)^2}}=\frac{15}{\sqrt{5}}=3\sqrt{5}$$

而 $r=6$,即 $d>r$.

因此,直线 l 与圆 D 相离.

(2)圆心到直线的距离为

$$d=\frac{|-2-3\times 5+2|}{\sqrt{1+(-3)^2}}=\frac{15}{\sqrt{10}}=\frac{3}{2}\sqrt{10}$$

而 $r=\sqrt{140}=2\sqrt{35}$,即 $d<r$.

因此直线 l 与圆 D 相交.

〈课堂练习〉

判断下列各组中直线与圆的位置关系.

(1)直线:$3x-4y+5=0$;圆:$x^2+y^2=1$.

(2)直线:$2x-y+3=0$;圆:$(x-5)^2+(y+2)^2=36$.

(3)直线:$2x-3y+1=0$;圆:$(x+2)^2+(y-5)^2=40$.

〈课后习题〉

习题 A

求下列各组中直线与圆的位置关系.

(1)直线:$x+y-3=0$;圆:$x^2+y^2-2x+4y-11=0$.

(2)直线:$3x-y+4=0$;圆:$x^2+y^2-10x+2y-14=0$.

(3)直线:$x+y-13=0$;圆:$x^2+y^2-6x-4y+5=0$.

习题 B

试讨论当 k 为何值时,圆 $x^2+y^2=1$ 与直线 $y=kx+2$.

(1)相交;　　(2)相切;　　(3)相离.

8.7 直线的方程与圆的方程应用举例

例 一艘货船在沿着直航线到达港口的过程中,接到气象台台风预报:台风中心在位于轮船正东 70 km 处，受影响的海域范围为半径 30 km 的圆形区域.已知货船要达到的港口在台风中心正北 40 km 处.为了避免受到台风的影响，货船是否需要改变航线?

解　要解决这个问题，首先就是需要建立适当的平面直角坐标系，如图 8.13 所示，以台风中心为平面直角坐标系的原点 O，正北方向为 y 轴正方向，由西向东方向为 x 轴正方向，单位长度为10 km，建立平面直角坐标系.

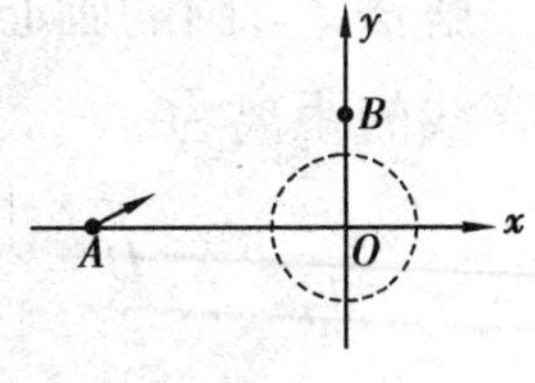

图 8.13

在该平面直角坐标系中，当前船的位置为 $A(-7,0)$，港口位置为 $B(0,4)$.这样，轮船的航线为平面直角坐标系中经过 A，B 两点的直线 L_{AB}，由截距式得方程为

$$L_{AB}:\frac{x}{-7}+\frac{y}{4}=1.$$

化简得 $4x-7y+28=0$.

而台风影响范围为圆心在原点 $O(0,0)$、半径为 3 的圆形区域，则圆的标准方程为

$$x^2+y^2=9.$$

这样，问题转换为求直线 AB 与圆 O 的交点问题，如果有交点，则表示按照原来的航线会经过台风区域，所以船要改变航向；如果没有交点，则台风不会对船产生影响，则可以按照原航线行使.下面采用两种方法进行判断.

解法 1　由直线的方程和圆的方程联立方程组为

$$\begin{cases} 4x-7y+28=0 & (1) \\ x^2+y^2=9 & (2) \end{cases}$$

由(1)式得

$$x=\frac{7}{4}y-7$$

代入(2)得

$$\frac{65}{16}y^2-\frac{49}{2}y+40=0$$

因为　$\Delta = b^2 - 4ac = \left(-\frac{49}{2}\right)^2 - 4 \times \frac{65}{16} \times 40 = -\frac{199}{4} < 0$

所以直线和圆没有交点,即货船可以按照原航线顺利达到港口.

解法2　圆的圆心为$O(0,0)$,半径为3,利用点到直线的距离公式,圆心到直线的距离为

$$D = \frac{|4 \times 0 - 7 \times 0 + 28|}{\sqrt{4^2 + (-7)^2}} = \frac{28}{65} \approx 3.47 > 3$$

所以直线和圆没有交点,即货船可以按照原航线顺利达到港口.

〈课后习题〉

1.我国古代名桥赵州桥的圆拱跨度为37.4 m,拱高为7.2 m,求这座圆拱桥的拱圆的方程.

2.一辆卡车宽2.7 m,要经过一个半径为4.5 m的半圆形隧道(双车道,不得违章),则这辆卡车平顶车篷篷顶距离地面的高度不得超过多少米(精确到0.01 m)?

〈综合复习题8〉

一、选择题

1.已知直线l经过原点和点$(-1,-1)$,则它的倾斜角是(　　).

A.$\frac{\pi}{4}$　　B.$\frac{5\pi}{4}$　　C.$\frac{\pi}{4}$或$\frac{5\pi}{4}$　　D.$-\frac{\pi}{4}$

2.已知直线经过点$A(0,4)$和点$B(1,2)$,则直线AB的斜率为(　　).

A.3　　B.−2　　C.2　　D.不存在

3.如果直线$ax+2y+2=0$与直线$3x-y-2=0$平行,则a的值等于(　　).

A.−3　　B.−6　　C.$-\frac{3}{2}$　　D.$\frac{2}{3}$

4.如果直线$ax+2y+1=0$与直线$x+y-2=0$互相垂直,则a的值等

于(　　).

A. 1　　B. $-\frac{1}{3}$　　C. $-\frac{2}{3}$　　D. -2

5. 直线 $x+3y+2=0$ 与直线 $3x+9y-4=0$ 的位置关系是(　　).

A. 两条重合的直线　　B. 两条互相平行的直线

C. 两条斜交的直线　　D. 两条互相垂直的直线

6. 过点$(-1,1)$和$(3,9)$的直线在 x 轴上的截距是(　　).

A. $-\frac{3}{2}$　　B. $-\frac{2}{3}$　　C. $\frac{2}{5}$　　D. 2

7. 点 $P(-1,2)$ 到直线 $8x-6y+15=0$ 的距离为(　　).

A. 2　　B. $\frac{1}{2}$　　C. 1　　D. $\frac{7}{2}$

二、填空题

1. 若直线过点$(1,2)$和$(4,2+\sqrt{3})$,则此直线的倾斜角是________.

2. 圆 $(x-1)^2+y^2=1$ 的圆心到直线 $y=\frac{\sqrt{3}}{3}x$ 的距离是________.

3. 经过点$(3,12)$和$(9,4)$的直线在两坐标轴上的截距的和是________.

4. 若直线 $x+ay+2=0$ 和 $2x+3y+1=0$ 互相垂直,则 $a=$________.

5. 直线 AB 的中点为$(1,2)$,端点 A 为$(3,1)$,则端点 B 的坐标为________.

6. 圆 $x^2+y^2+2y=0$ 的圆心坐标是________.

三、解答题

1. 已知三角形 ABC 的顶点坐标为 $A(-1,5)$、$B(-2,-1)$、$C(4,3)$,M 是 BC 边上的中点.

(1)求 AB 边所在的直线方程;

(2)求中线 AM 的长;

(3)求 AB 边的高所在直线方程.

2. 已知直线 l 满足下列两个条件:

(1)过直线 $y=-x+1$ 和 $y=2x+4$ 的交点;

(2)与直线 $x-3y+2=0$ 垂直.

求直线 l 的方程.

3.已知两条直线 $l_1: x+m^2y+6=0$,

$$l_2: (m-2)x+3my+2m=0.$$

当实数 m 为何值时,直线 l_1 与 l_2:

(1)相交；　　(2)平行；　　(3)重合.

第 9 章 立体几何

9.1 平面的基本性质

〈**知识探究**〉

平常所见到的平静的湖面,校园内的操场,教室内的黑板,等等,都给我们以平面的直观形象,但实际上这些只是平面的一部分,几何中所说的平面是这些平面现象的无限延展,是没有边界的.

我们无法将其在纸上表示出来.通常用一个平行四边形来表示平面,并用希腊字母 α、β、γ、…写在平行四边形的一个角上来表示不同的平面,如图 9.1(a)、(b)所示的平面 α、平面 β;也可用平行四边形四个顶点的字母或者对角线的字母来表示,如图 9.1(c)所示的平面 $ABCD$ 或平面 AC.

水平的平面可以画成一个平行四边形,锐角画成 45°,钝角画成 135°,横边是邻边的 2 倍;竖直的平面常画成矩形,如图 9.2 所示,具体可根据实际需要来画,便于分析研究即可.

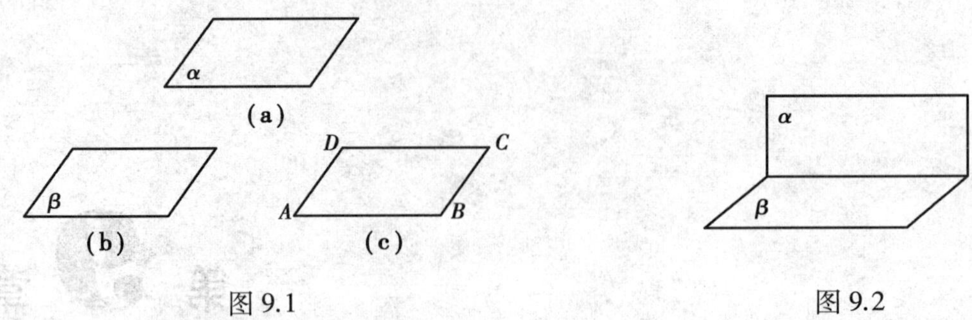

图 9.1　　　　图 9.2

人们在长期的观察和社会的实践中,总结出了关于平面的三条基本性质.我们称它们为公理.

公理 1　如果一条直线上的两个点在一个平面内,那么这条直线上的所有点都在这个平面内.

这时我们说"**直线在平面内或平面经过直线**",如图 9.3 所示.

利用平面的这一性质可以判断直线是否在平面内,也可以检验一个面是否是"平的",因为弯曲的面不具备这种性质.

公理 2　如果两个不重合的平面有一个公共点,那么它们有且只有一条过这个点的公共直线,如图 9.4 所示.

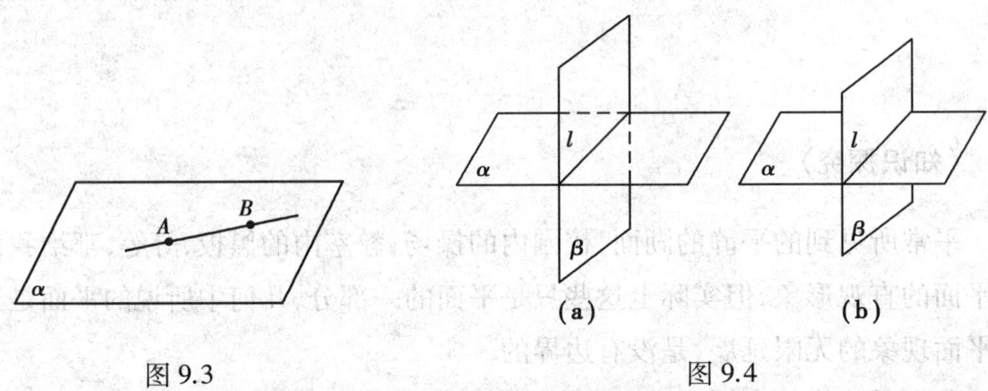

图 9.3　　　　图 9.4

平面的这一性质也说明了,如果两个平面有一条公共直线,则称这**两个平面相交**.这条公共直线称为**两个平面的交线**.图 9.4 所示为平面 α 与平面 β 相交,交线为 l,记作 $\alpha\cap\beta=l$.

在画两个平面相交时,一定要画出它们的交线,图形中被遮住的部分可画成虚线,如图9.4(a)所示;或者不画,如图 9.4(b)所示.

公理 3　经过不在同一条直线上的三点,有且只有一个平面.

这也可以简单地说成“**不共线的三点确定一个平面**”.

过不共线的三点 A、B、C 的平面常可记作平面 ABC,如图 9.5 所示.

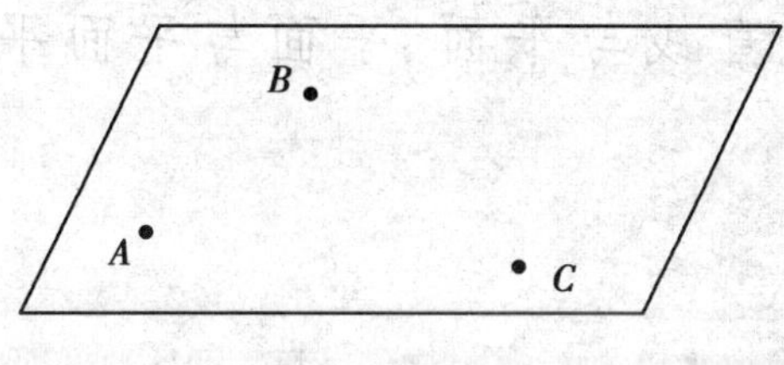

图 9.5

根据平面的基本性质,可以得出以下三个推论:

推论 1　经过一条直线和这条直线外一点,有且只有一个平面,如图 9.6(a)所示.

推论 2　经过两条相交直线,有且只有一个平面,也可以简单地说成“**两条相交直线确定一个平面**”,如图 9.6(b)所示.

推论 3　经过两条平行直线,有且只有一个平面,还可以简单地说成“**两条平行直线确定一个平面**”,如图 9.6(c)所示.

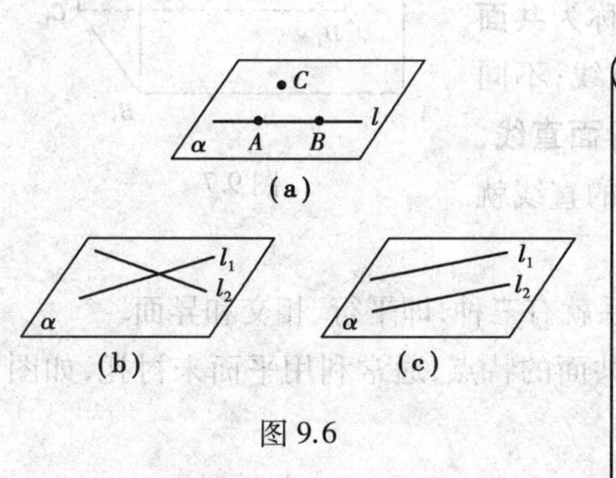

图 9.6

学习提示

直线上的一个点可以将直线分成两部分;平面上的一条直线可以将平面分成两部分;空间中的一个平面可以将空间分成两部分.

〈**课后习题**〉

下列说法正确吗? 为什么?

(1)每个平面都有确定的面积;

(2)三点可以确定一个平面;

(3)一条直线和一个点可以确定一个平面.

9.2 直线与直线、直线与平面、平面与平面平行的判定与性质

9.2.1 直线与直线平行

〈知识探究〉

1.空间中两条直线的位置关系

观察图9.7所示的长方体,可以看出,长方体的棱 AA_1 所在的直线与棱 CD 所在的直线既不相交也不平行,而且也不同在一个平面内.

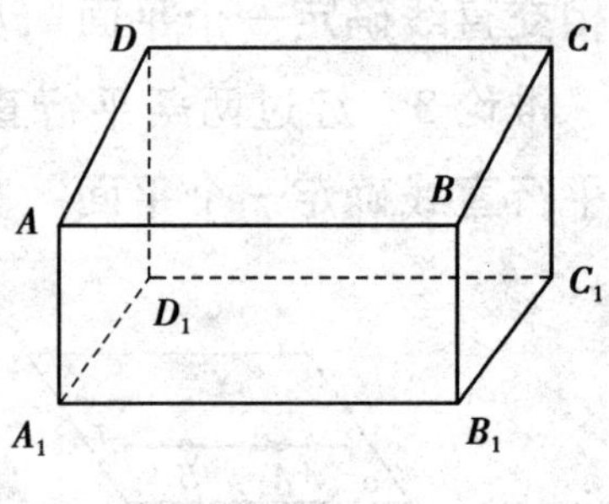

图9.7

在空间中,同在一平面内的直线称为**共面直线**,平行或相交的直线都是共面直线;不同在任何一个平面内的两条直线称为**异面直线**,图9.7中,AA_1 所在的直线与 CD 所在的直线就是两条异面直线.

这样,空间中两条直线的位置关系就有三种,即平行、相交和异面.

在画异面直线时,为了突出其不共面的特点,通常利用平面来衬托,如图9.8所示.

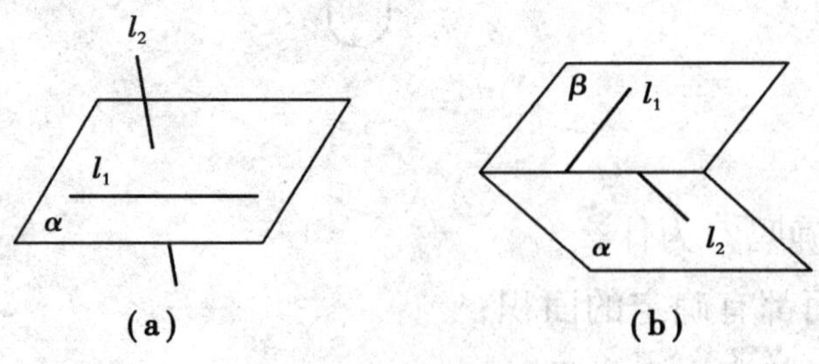

图9.8

2. 直线与直线平行的判断与性质

在初中所学的平面几何中，我们知道，在同一平面内，如果两条直线都和第三条直线平行，那么这两条直线也相互平行. 这一直线平行的性质在空间几何中也同样适用，即

定理　**平行于同一条直线的两条直线互相平行.**

这个性质称为空间平行线的传递性，常将其作为判断空间两条直线平行的依据.

〈应用举例〉

例1　已知图9.9所示的空间四边形 $ABCD$ 中，点 M、N、P、Q 分别是边 BC、CD、DA、AB 的中点. 试判断四边形 $MNPQ$ 是否为平行四边形.

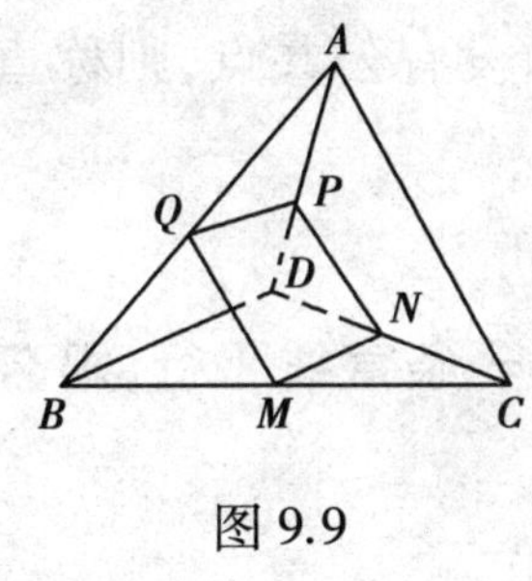

图9.9

顺次连接空间中不共面的四个点所构成的图形，称为空间四边形.

解　连接 AC、BD.

在 $\triangle ABC$ 中，因为 M、Q 分别是 BC、AB 的中点，所以 MQ 是 $\triangle ABC$ 的中位线，则

$$MQ \parallel AC\text{，且 } MQ = \frac{1}{2}AC.$$

同理可得，在 $\triangle ADC$ 中，

$$PN \parallel AC\text{，且 } PN = \frac{1}{2}AC,$$

所以

$$PN \parallel MQ\text{，且 } PN = MQ,$$

因此，四边形 $MNPQ$ 是平行四边形.

9.2.2 直线与平面平行

〈知识探究〉

1.空间中直线与平面的位置关系

通过9.1节的学习，我们知道，如果一条直线和一个平面有两个公共点，那么这条直线就在这个平面内，如图9.10(a)所示，可记作$l\subseteq\alpha$.

在空间中，直线和平面的位置关系还有另外两种情况，即直线与平面相交及直线与平面平行.如果一条直线和一个平面只有一个公共点，则称**直线与平面相交**，这个公共点称为**直线与平面的交点**，如图9.10(b)所示，图中直线l与平面α相交于A点，可记作$l\cap\alpha=A$.如果直线和平面没有公共点，则称**直线与平面平行**，如图9.10(c)所示，可记作$l/\!/\alpha$.

2.直线与平面平行的判定与性质

判定定理　如果平面外的一条直线和平面内的一条直线平行，那么这条直线和这个平面平行.

也可以简单地说，由"线线平行"判定"线面平行"。

在画一条直线与已知平面平行时，通常把表示直线的线段画在表示平面的平行四边形的外面，并且使其与平行四边形的一边平行或与平行四边形内的一条线段平行，如图9.11所示.

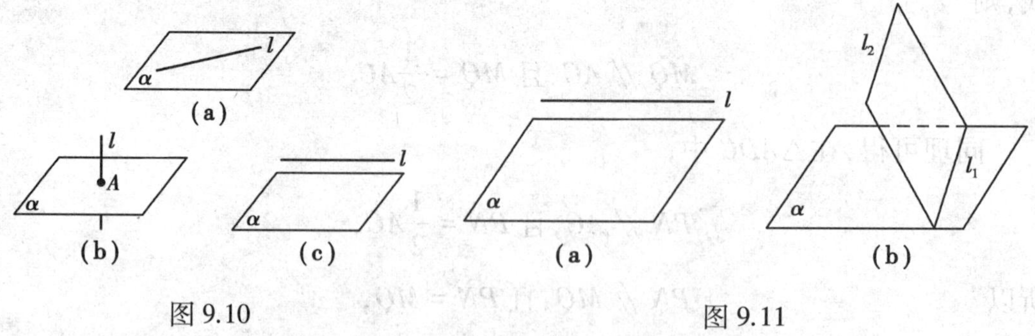

图9.10　　图9.11

性质定理　如果一条直线和一个平面平行，且经过这条直线的平面和这个平面相交，那么这条直线就和两个平面的交线平行.

空间几何中经常应用这条定理,也可以简单地说,由"线面平行"判定"线线平行".如图9.12所示,已知平面α和β相交于直线m,直线$l /\!/ \beta$且直线l在平面α内,则$l /\!/ m$.

〈应用举例〉

例2　如图9.13所示,已知点P为平行四边形$ABCD$外的一点,点M是PD的中点,平行四边形$ABCD$的对角线AC、BD相交于O点.

求证:直线$PB /\!/$平面MAC.

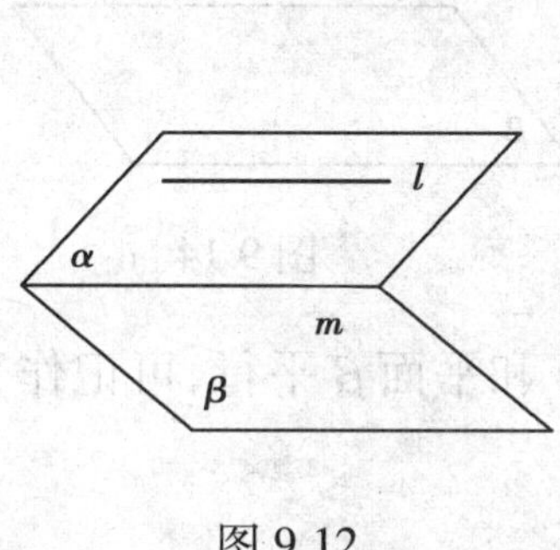

图9.12

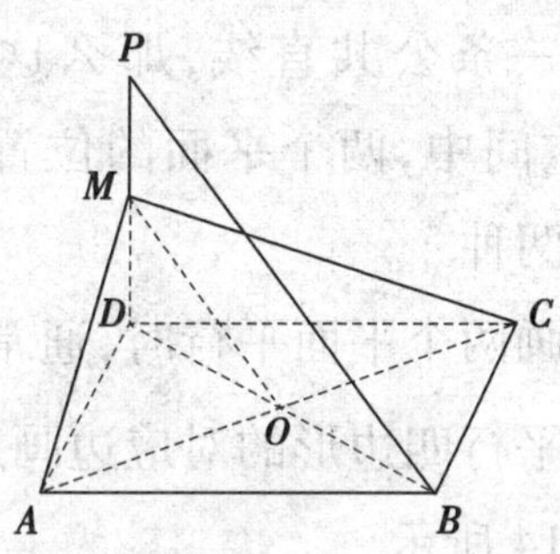

图9.13

(说明:为了叙述的简便,这里将线段PB所在直线直接写成直线PB,将平面$\triangle MAC$所在的平面直接写成平面MAC,本书在以后的叙述中,都采用这种表达方法).

分析　根据直线与平面平行的性质,要想证得直线PB与平面MAC平行,首先要证得直线PB与平面MAC内的一条直线平行,观察图9.13,需要作出辅助线,即连接MO,然后可进行求证.

证明　连接MO.

在$\triangle PBD$中,因为M是PD的中点,O是BD的中点,所以MO是$\triangle PBD$的中位线,则

$$MO /\!/ PB.$$

又因为直线MO在平面MAC内,所以

$$\text{直线} PB /\!/ \text{平面} MAC.$$

9.2.3 平面与平面平行

〈知识探究〉

1. 空间中平面与平面的位置关系

一般地，如果两个平面没有公共点，那么称**这两个平面互相平行**；如果两个平面有且只有一条公共直线，那么这两个平面相交，即空间中，两个平面的位置关系有平行和相交两种.

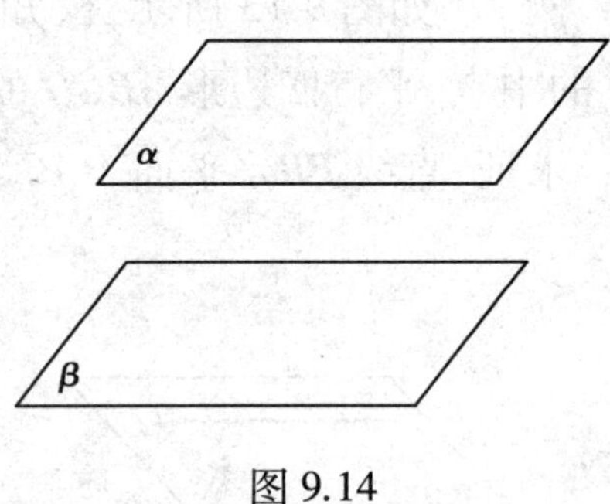

图 9.14

在画两个平面平行时，通常把表示平面的两个平行四边形的对应边画成平行线. 平面 α 和平面 β 平行，可记作 $\alpha /\!/ \beta$，如图 9.14 所示.

2. 平面与平面平行的判定与性质

判定定理　如果一个平面内有两条相交直线平行于另一个平面，那么这两个平面平行.

由这个定理可知，可以根据直线与平面平行，来判定平面与平面平行. 可以简单地说，由“线面平行”判定“面面平行”。

〈应用举例〉

例 3　已知平面 α 内的两条相交直线 l_1 和 l_2，m、n 是平面 β 内的两条直线，其中$l_1 /\!/ m$，$l_2 /\!/ n$.

求证：$\alpha /\!/ \beta$.

证明　因为 $l_1 /\!/ m$，且 m 在平面 β 内，l_1 在平面 β 外，

所以

$$l_1 /\!/ \beta.$$

同理

$$l_2 /\!/ \beta.$$

又因为 l_1 和 l_2 为平面 α 内的两条相交直线，所以由两个平面平行的判定定理得

$$\alpha /\!/ \beta.$$

〈知识探究〉

性质定理　如果两个平行平面同时与第三个平面相交，那么它们的交线互相平行.

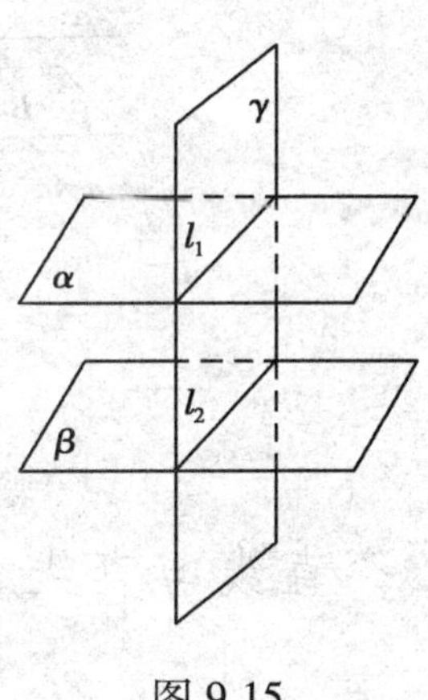

图 9.15

也可以简单地说，由“面面平行”判定“线线平行”。

如图 9.15 所示，平面 $\alpha /\!/$ 平面 β，α、β 与平面 γ 分别相交于直线 l_1 和 l_2. 因为直线 l_1 和 l_2 分别在平面 α 和 β 内，所以它们不相交；但它们又同在平面 γ 内，则根据平行线的定义可知它们是平行的.

〈课后习题〉

1. 判断题.

(1) 如果直线 l_1 平行于直线 l_2，那么直线 l_1 平行于经过直线 l_2 的任何平面.（　）

(2) 如果一条直线与一个平面平行，那么它与平面内的任何直线都平行.（　）

(3) 空间中，四条边都相等的四边形是菱形.（　）

(4) 分别在两个平行平面内的两条直线互相平行.（　）

(5) 如果一个平面内的任何一条直线都平行于另一个平面，那么这两个平面互相平行.（　）

(6) 过不在平面内的一条直线有且只有一个平面与这个平面平行.（　）

2. 如图 1 所示，已知平面 $\alpha /\!/ \beta$，点 P 是平面 α、β 外的一点，直线 PB 与平面 α、β 分别相交于点 A、B，直线 PD 与平面 α、β 分别交于点 C、D.

(1) 求证：直线 AC 平行于平面 β；

(2) 已知 $PA=4$ cm，$AB=2$ cm，$PC=2$ cm，求 PD 的长.

3.如图 2 所示,点 P 是平行四边形 $ABCD$ 外的一点,E、F 分别是 PC、PD 的中点,试判断 EF 与平面 PAB 是否平行?

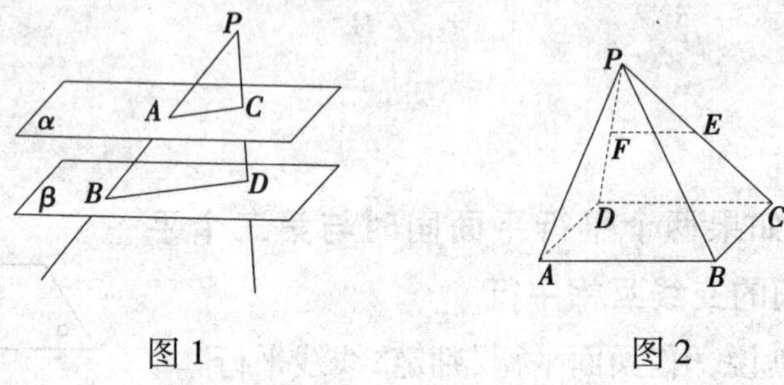

图 1　　图 2

9.3　直线与直线、直线与平面、平面与平面垂直的判定与性质

9.3.1　直线与直线垂直的判定与性质

〈知识探究〉

1.空间中两条直线所成的角

观察图 9.16 中的长方体 $ABCD—A_1B_1C_1D_1$,我们知道,AB_1 与 CD 是两条异面直线,那么它们所成的角是什么样的呢?

过空间任意一点分别作与两条异面直线平行的直线,则这两条相交直线所成的最小夹角即为**两条异面直线所成的角**.

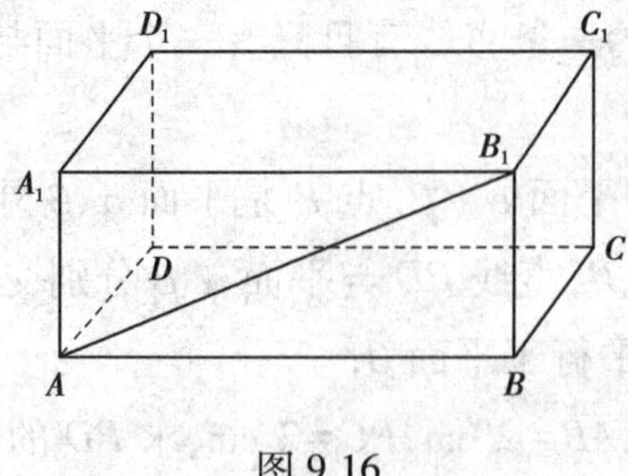

图 9.16

如图 9.17(a)所示，直线 m 与 n 是两条异面直线，在求 m 与 n 所成的角时，可通过空间任意一点 O 分别作 m、n 的平行线 m'、n'，则 m' 与 n' 的夹角 θ 即为异面直线 m、n 所成的角. 如图 9.17(b)所示. 为了方便起见，常将点 O 取在两条异面直线中的一条上，如图 9.17(c)所示，只需作出直线 m 的平行线 m'，则直线 m' 与直线 n 交于 O 点，角 θ 即为异面直线 m、n 所成的角.

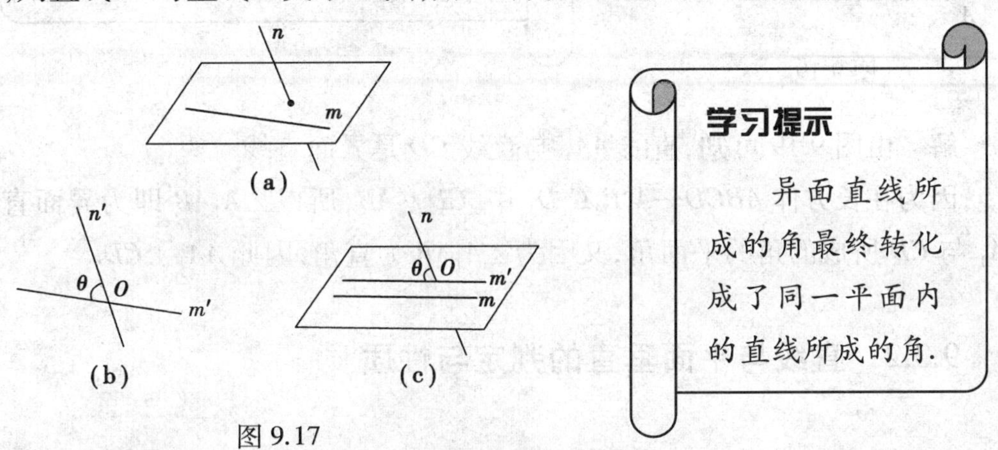

图 9.17

〈应用举例〉

例 1　如图 9.18 所示，在正方体 $ABCD—A_1B_1C_1D_1$ 中，求异面直线 A_1B 与 B_1C 所成的角.

解　因为在正方体 $ABCD—A_1B_1C_1D_1$ 中，$A_1B /\!/ D_1C$，所以 $\angle B_1CD_1$ 即为异面直线 $A_1B /\!/ B_1C$ 所成的角.

又因为 $B_1C = CD_1 = D_1B_1$，所以 $\triangle B_1CD_1$ 为等边三角形，则 $\angle B_1CD_1 = 60°$，即异面直线 A_1B 与 B_1C 所成的角为 60°

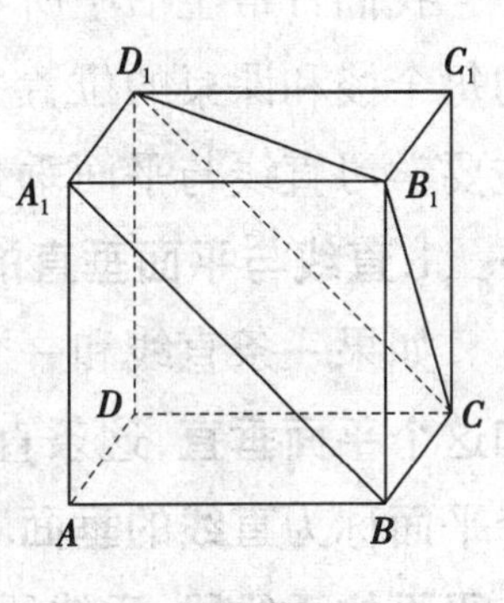

图 9.18

2. 直线与直线垂直的判定与性质

当空间中两条异面直线 m、n 所成的角为 90°时，则称这**两条异面直线互相垂直**，记作 $m \perp n$.

当两条异面直线所成的角为 0°时，则这**两条直线互相平行或重合**.

例 2　如图 9.19 所示，在长方体 $ABCD—A_1B_1C_1D_1$ 中，直线 AA_1 与直线 CD 是否垂直？

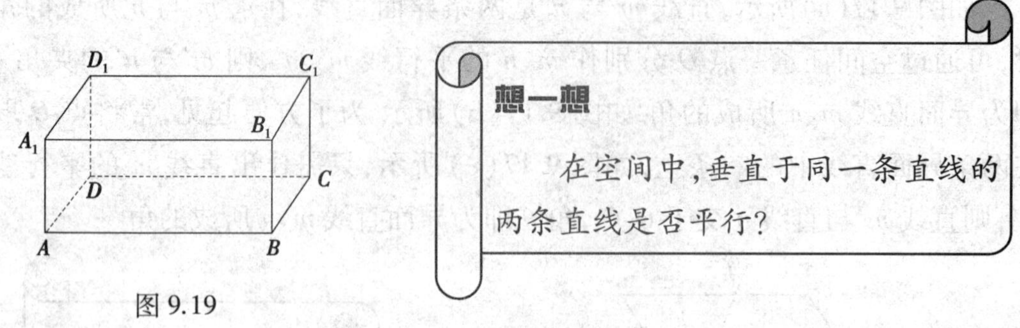

图 9.19

解 由图 9.19 可知,直线 AA_1 与直线 CD 是异面直线.

因为在长方体 $ABCD—A_1B_1C_1D_1$ 中,$CD // AB$,所以 $\angle A_1AB$ 即为异面直线 AA_1 与 CD 所成的角的平面角,又因为 $\angle A_1AB$ 为直角,因此 $AA_1 \perp CD$.

9.3.2 直线与平面垂直的判定与性质

〈知识探究〉

我们日常生活中所看到的旗杆与地面的位置关系,放在讲台上的粉笔盒的每个棱和课桌的位置关系,等等,这些都是直线与平面垂直的形象.本节将主要学习直线与平面垂直的判定及性质.

1.直线与平面垂直的判定与性质

如果一条直线和一个平面内的任何一条直线都垂直,那么就说**这条直线和这个平面垂直**,这条直线称为**平面的垂线**,直线与平面的交点称为**垂足**,这个平面称为**直线的垂面**.垂线上任意一点到垂足之间的线段称为**这个点到这个平面的垂线段**,垂线段的长度称为**这个点到这个平面的距离**.

画直线和平面垂直时,通常把直线画成与表示平面的平行四边形的一边垂直,如图 9.20 所示.图 9.20 中,直线 l 与平面 α 互相垂直,记作 $l \perp \alpha$,垂足为 O.

由空间中直线与平面垂直的定义可知:

性质定理 如果两条直线都垂直于同一平面,那么这两条直线互相平行.

判定定理 如果一条直线与一个平面内的两条相交直线都垂直,那么这条直线垂直于这个平面.

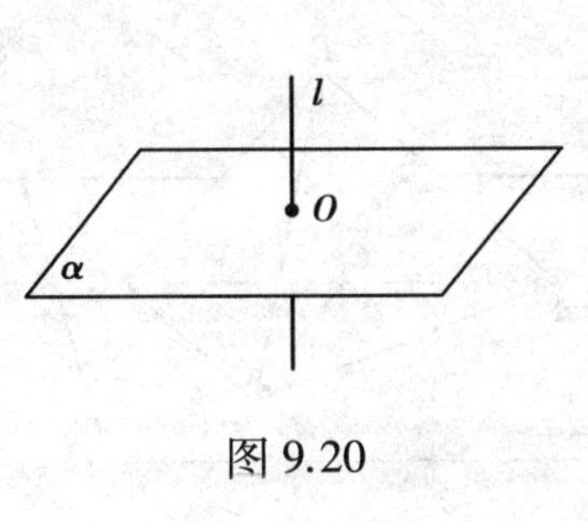

图 9.20

思考与讨论

过平面外一点有几条直线与该平面垂直？过直线上的一点有几个平面与该直线垂直呢？

由一条直线与一个平面互相垂直，可得出如下的结论：

(1)如果一条直线垂直于一个平面，那么它与平面内的任意一条直线都互相垂直.

(2)如果两条平行直线中有一条垂直于一个平面，那么另一条也垂直于这个平面.

2.直线与平面所成的角

当直线与平面相交，但不互相垂直时，那么这条直线就称为这个平面的**斜线**，斜线与平面的交点称为**斜足**.过斜线上除斜足外的一点向平面引垂线，那么垂线与平面的交点称为**垂足**.过垂足与斜足的直线称为斜线在这个平面上的**射影**.

如图 9.21 所示，图中直线 PB 是平面 α 的斜线，斜足为 B，直线 PA 为平面 α 的垂线，垂足为 A，直线 AB 即为斜线 PB 在平面 α 内射影.

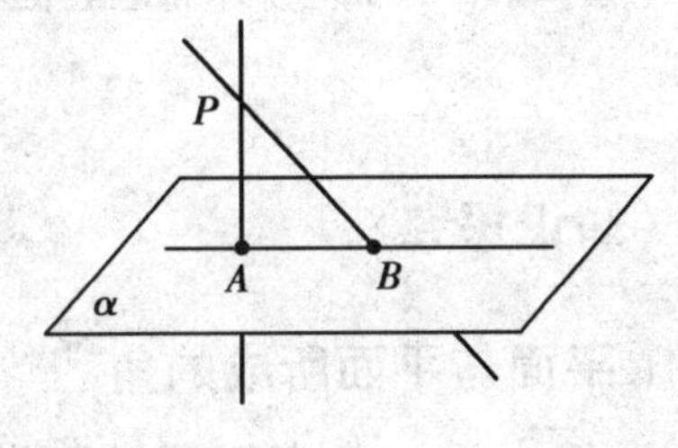

图 9.21

平面的一条斜线与它的平面上的射影所成的角称为**这条斜线与这个平面所成的角**.图9.21中，$\angle PBA$ 即为斜线 PB 与平面 α 所成的角.

我们知道，当直线与平面垂直时，直线与平面所成的角就为直角；当直线与平面平行或直线在平面内时，直线与平面所成的角为 $0°$角.显然，直线与平面所成角的范围是$[0°,90°]$.

〈应用举例〉

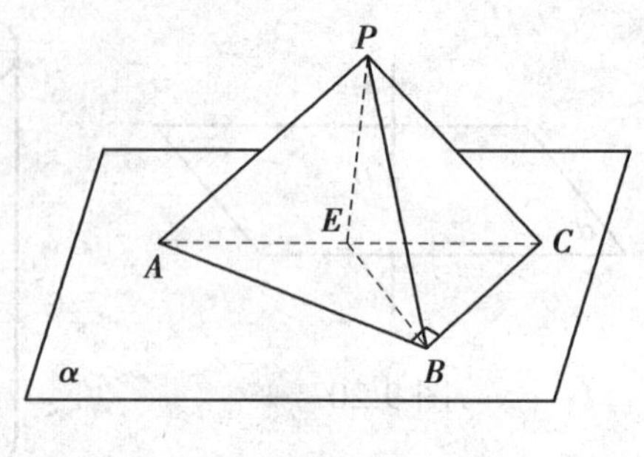

图 9.22

例 3 如图 9.22 所示,已知在平面 α 内的直角△ABC 中,点 E 是其斜边 AC 的中点,点 P 为平面 α 外的一点,且 $PA=PB=PC$.

求证:$PE\perp\alpha$.

证明 连接 EB.

因为 $PA=PC$,点 E 为直角△ABC 的斜边 AC 的中点,所以

$$PE\perp AC, EB=\frac{1}{2}AC=EC.$$

又因为 $PB=PC$,所以△$PEB\cong$△PEC,则

$$\angle PEB=\angle PEC=90^\circ,$$

即

$$PE\perp EB.$$

因为 $EB\subseteq\alpha$,$EC\subseteq\alpha$,EB 与 EC 相交于 E 点,所以

$$PE\perp\alpha.$$

9.3.3 平面与平面垂直的判定与性质

〈知识探究〉

1.平面与平面所成的角

平面内的一条直线把平面分成两个部分,其中的每一部分称为**半平面**.

从一条直线出发的两个半平面所组成的图形称为**二面角**,这条直线称为**二面角的棱**,这两个半平面称为**二面角的面**.

如图 9.23(a)所示,以直线 l 为棱,两个半平面分别为 α、β 的二面角,可记作"二面角 $\alpha\text{-}l\text{-}\beta$".有时为了方便,也可在两个半平面内分别取两个点,如图 9.23(b)中的 E、N 点,可将该二面角记作"二面角 $E\text{-}AB\text{-}N$".

过棱上一点,分别在二面角的两个半平面内作垂直于棱的射线,由这两条

射线所构成的角称为**二面角的平面角**.如图9.24所示,在二面角α-l-β的棱上取一点O,在半平面α内作$AO\perp l$,在半平面β内作$BO\perp l$,则$\angle AOB$即为二面角α-l-β的平面角.

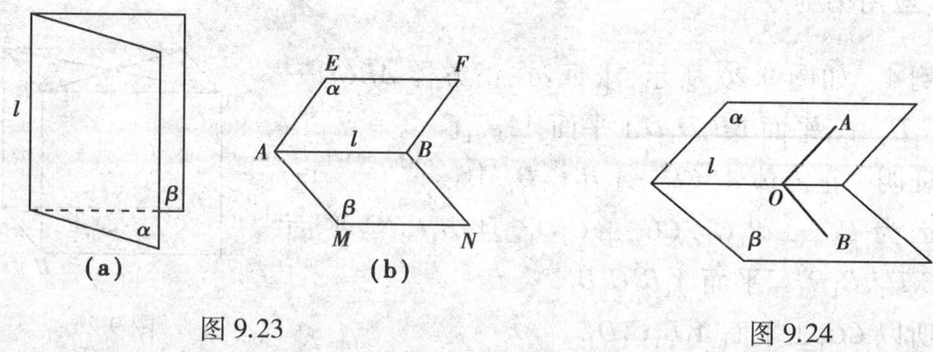

图9.23　　图9.24

二面角的大小可以用它的平面角来度量,当二面角的两个半平面重合时,二面角为0°角;当二面角的两个半平面在一个水平面上时,二面角为平角,即为180°角.显然,二面角的取值范围为[0°,180°].

当二面角的平面角为90°时,则二面角就可称为**直二面角**,即表示二面角的两个半平面互相垂直.

2.平面与平面垂直的判定与性质

一般地,当两个平面相交时,如果它们所成的二面角是直二面角,那么称**两个平面互相垂直**.平面α与平面β互相垂直,记作$\alpha\perp\beta$.

如图9.25所示,在画两个互相垂直的平面时,常把直立平面的竖边画成与水平平面的横边垂直.

判定定理　如果一个平面经过另一个平面的一条垂线,那么这两个平面互相垂直.

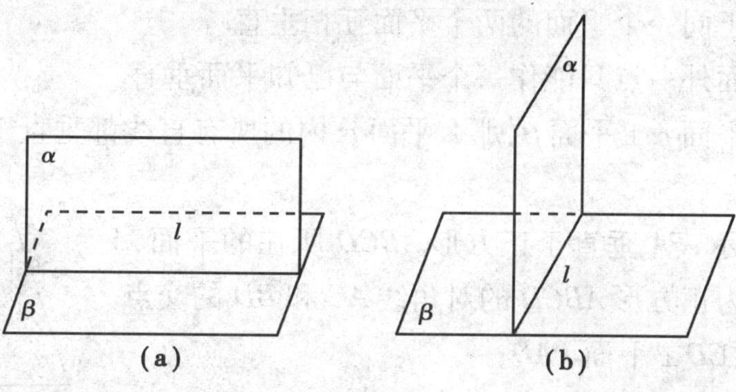

图9.25

性质定理　**如果两个平面互相垂直,则在一个平面内垂直于它们交线的直线垂直于另一个平面.**

〈应用举例〉

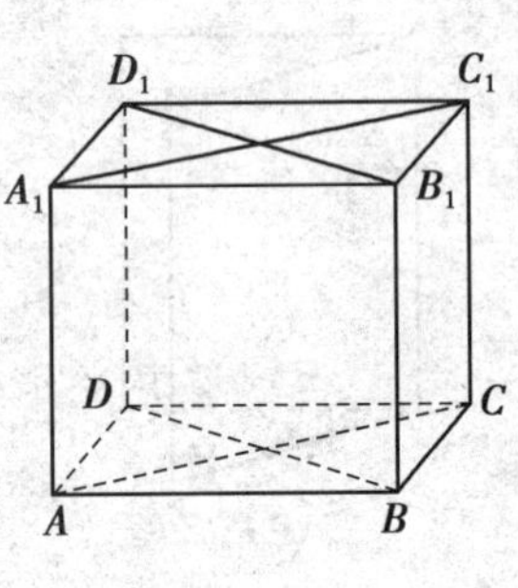

图 9.26

例 4　如图 9.26 所示,求证:在正方体 $ABCD—A_1B_1C_1D_1$ 中,平面 $BB_1D_1D \perp$ 平面 AA_1C_1C.

证明　正方体 $ABCD—A_1B_1C_1D_1$ 中,

因为 $CC_1 \perp B_1C_1$, $CC_1 \perp C_1D_1$,且 $B_1C_1 \subseteq$ 平面 $A_1B_1C_1D_1$, $C_1D_1 \subseteq$ 平面 $A_1B_1C_1D_1$,

所以 $CC_1 \perp$ 平面 $A_1B_1C_1D_1$.

所以 $CC_1 \perp B_1D_1$.

又因为 $B_1D_1 \perp A_1C_1$,

所以 $B_1D_1 \perp$ 平面 AA_1C_1C.

因为 $B_1D_1 \subseteq$ 平面 BB_1D_1D,

所以平面 $BB_1D_1D \perp$ 平面 AA_1C_1C.

〈课后习题〉

1.判断题.

(1)如果一条直线垂直于一个平面,那么这条直线与这个平面内的任何直线都垂直.　(　　)

(2)垂直于同一条直线的两直线平行.　(　　)

(3)二面角的平面角就是二面角.　(　　)

(4)垂直于同一个平面的两个平面互相垂直.　(　　)

(5)过平面外一点只能作一个平面与已知平面垂直.　(　　)

(6)如果平面 $\alpha \perp$ 平面 β,那么平面 α 内的所有直线都垂直于平面 β.　(　　)

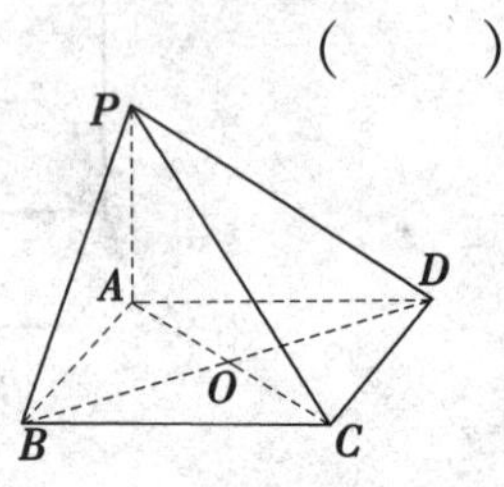

2.如图所示,PA 垂直于正方形 $ABCD$ 所在的平面,A 为垂足,点 O 为正方形 $ABCD$ 的对角线 AC 和 BD 的交点.

(1)求证:$CD \perp$ 平面 PAD;

(2)试判断平面 PCD 是否垂直于平面 PAD.

9.4　空间几何体

在实际生活中,我们可以看到各种各样的物体,如衣柜、粉笔盒、水桶、篮球等,这些物体都占据着一定的空间,如果我们只考虑这些物体的大小和形状,而不考虑其他因素,那么由这些物体抽象出来的空间图形就称为**空间几何体**.

本节主要讲述空间几何体中的多面体——**棱柱**、**棱锥**、**棱台**,以及旋转体——**圆柱**、**圆锥**、**球**的基本概念及其结构特征.

9.4.1　棱柱、棱锥与棱台

〈知识探究〉

1.多面体的结构特征

如图9.27(a)、(b)所示那样,由若干个平面多边形围成的封闭的几何体称为**多面体**,围成多面体的各个多边形称为**多面体的面**,两个面之间的公共边称为**多面体的棱**,棱与棱的公共点称为**多面体的顶点**,不在同一平面上的两个顶点之间的连线称为**多面体的对角线**.

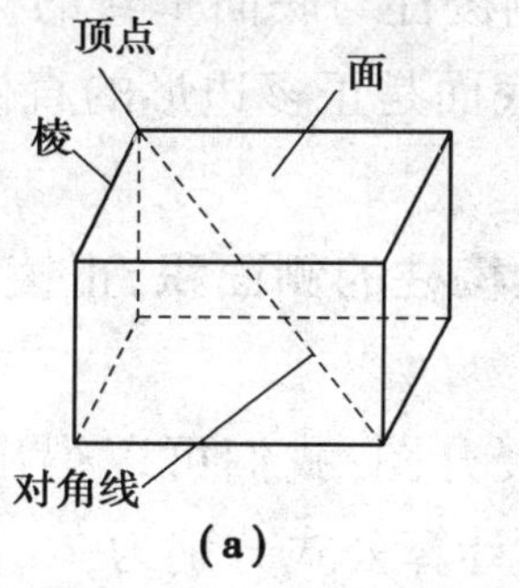

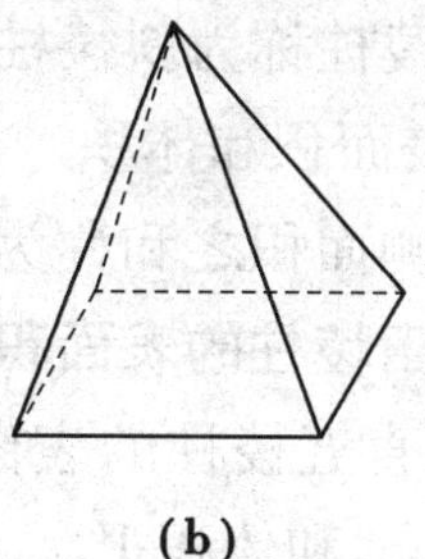

图9.27

在实际生活中,棱柱、棱锥和棱台是我们比较常见且比较简单的多面体.

2. 棱柱

(1)棱柱的结构特征

观察图 9.28 中的多面体图形:

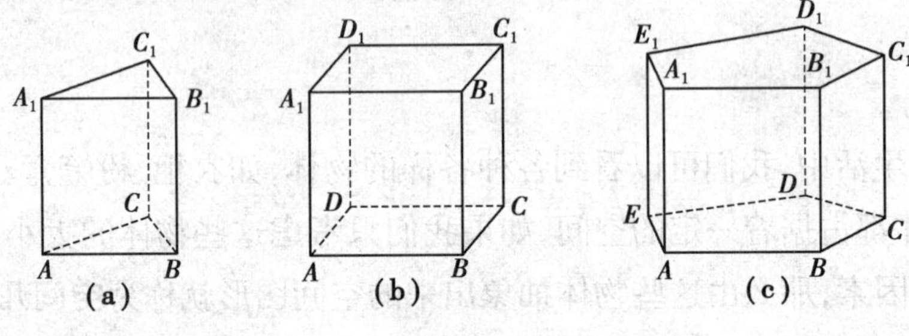

图 9.28

可以看出,图 9.28 所示的三个多面体图形都有如下的公共特征:

①有两个互相平行的面,且其余各个面都是四边形;

②每两个相邻四边形的公共边互相平行.

像上述那样,有两个面互相平行,其余相邻两个面的交线都相互平行的多面体称为**棱柱**.其中,互相平行的两个面称为**棱柱的底面**,其余各面称为**棱柱的侧面**,两侧面的公共边称为**棱柱的侧棱**.棱柱两个底面之间的距离称为**棱柱的高**.

棱柱按底面是三角形、四边形、五边形…分别称为三棱柱、四棱柱、五棱柱…,如图 9.28(a)所示为三棱柱,如图 9.28(b)所示为四棱柱,如图 9.28(c)所示为五棱柱.

棱柱用表示两底面的对应顶点的字母或用一条对角线端点的两个字母来表示,如图 9.28(b)所示的四棱柱可表示为"棱柱 $ABCD—A_1B_1C_1D_1$"或"棱柱 AC_1".

棱柱又可分为直棱柱和斜棱柱.侧棱柱与底面垂直的棱柱称为**直棱柱**,侧棱与底面不垂直的棱柱称为**斜棱柱**,底面是正多边形的直棱柱称为**正棱柱**.

(2)正棱柱的表面积和体积

正棱柱的所有侧面积之和称为**正棱柱的侧面积**,正棱柱的侧面积和两个底面面积之和称为**正棱柱的表面积**.

图 9.29 所示为直五棱柱的表面展开图:我们可以得出,直棱柱的侧面积 $S_{直棱柱侧}$、表面积 $S_{直棱柱表}$ 和体积 $V_{直棱柱}$ 的计算公式分别为

$$S_{直棱柱侧} = ch,$$

$$S_{直棱柱表} = S_{直棱柱侧} + 2S_{底} = ch + 2S_{底}.$$

$$V_{直棱柱} = S_{底}h.$$

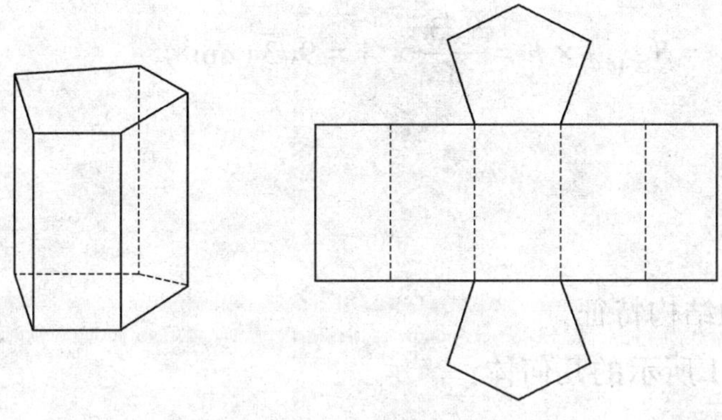

图 9.29

以上三个公式中的 c 为直棱柱底面的周长，h 为直棱柱的高，$S_{底}$ 为直棱柱的底面积.

〈应用举例〉

例 1　如图 9.30 所示.已知正三棱柱 $ABC—A_1B_1C_1$ 的棱长 $AB=3$ cm，$AA_1=4$ cm.计算：

(1)正三棱柱的表面积；

(2)正三棱柱的体积.

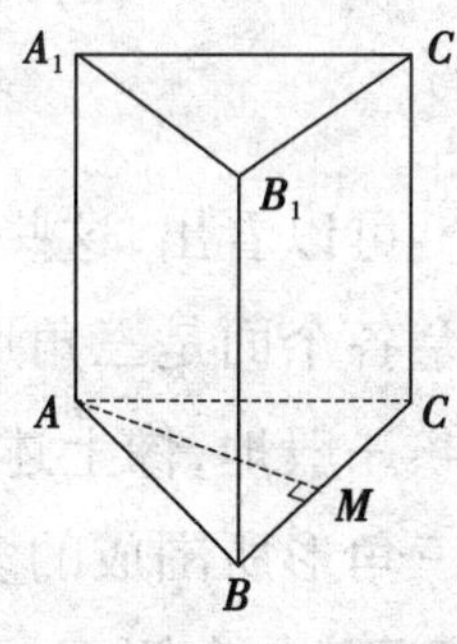

图 9.30

解　(1)作 $AM\perp BC$，则在正三角形 ABC 中

$$\sin\angle ABC=\frac{AM}{AB},$$

即

$$\sin 60°=\frac{AM}{3},$$

因此

$$AM=\sin 60°\times 3=\frac{3\sqrt{3}}{2}(\text{cm}).$$

所以

$$S_{\triangle ABC}=\frac{1}{2}\times BC\times AM=\frac{1}{2}\times 3\times\frac{3\sqrt{3}}{2}=\frac{9\sqrt{3}}{4}(\text{cm}^2),$$

则

$$\begin{aligned}S_{正三棱柱表}&=ch+2S_{\triangle ABC}\\&=(3+3+3)\times 4+2\times\frac{9\sqrt{3}}{4}\\&=\left(36+\frac{9\sqrt{3}}{2}\right)(\text{cm}^2).\end{aligned}$$

(2) $V_{正三棱柱}=S_{\triangle ABC}\times h=\frac{9\sqrt{3}}{4}\times 4=9\sqrt{3}(\mathrm{cm}^3)$.

3.棱锥

〈知识探究〉

(1)棱锥的结构特征

观察图 9.31 所示的几何体:

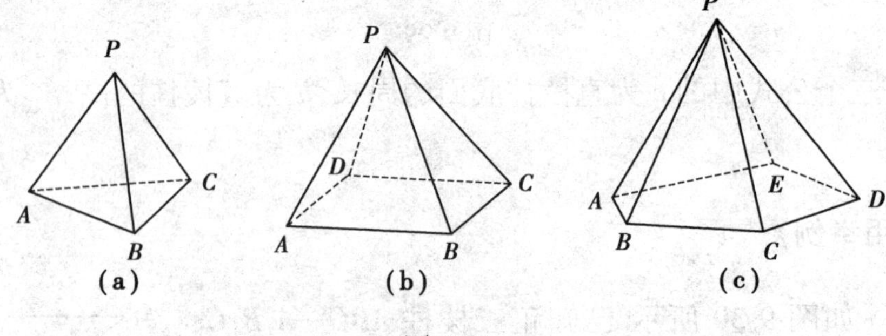

图 9.31

可以看出,这些几何体都是由平面图形围成的,其中有一个面是多边形,其余各个面是三角形,且这些三角形有一个公共顶点.

一般地,像上述那样,有一个面是多边形,其余各个面是有一个公共顶点的三角形所围成的多面体称为**棱锥**.棱锥中有公共顶点的各三角形称为**棱锥的侧面**,各个侧面的公共顶点称为**棱锥的顶点**,相邻两侧面的公共边称为**棱锥的侧棱**,棱锥中的多边形称为**棱锥的底面**,顶点到棱锥的底面的距离称为**棱锥的高**.

棱锥也可按照底面多边形的形状来分类,按底面是三角形、四边形、五边形…可分别称为三棱锥、四棱锥、五棱锥…,如图 9.31(a)所示为三棱锥,如图 9.31(b)所示为四棱锥,如图 9.31(c)所示为五棱锥.

如果一个棱锥的底面是正多边形,且它的顶点在底面的射影是底面正多边形的中心,则这个棱锥称为**正棱锥**.

棱锥也可以用表示顶点和底面各顶点的字母来表示,如图 9.31(a)可表示为"三棱锥 $P—ABC$".

(2)正棱锥的表面积

正棱锥的侧面展开图是一些全等的等腰三角形,如图 9.32 所示的正四棱锥的侧面展开图,这些等腰三角形底边上的高都相等,称为**棱锥的斜高**.

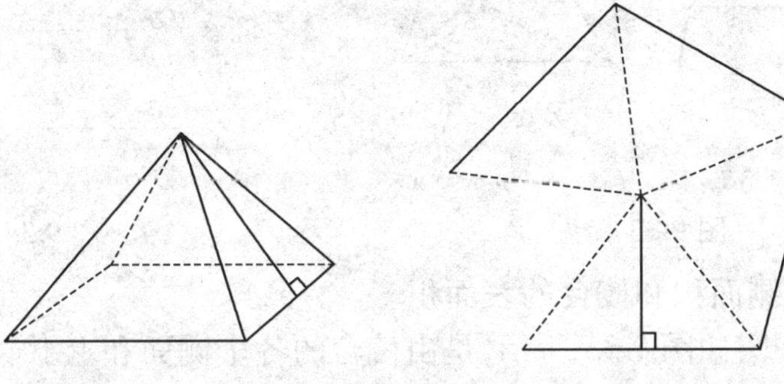

图 9.32

正棱锥的侧面积 $S_{正棱锥侧}$ 及表面积 $S_{正棱锥表}$ 的计算公式分别为

$$S_{正棱锥侧}=\frac{1}{2}ch',$$

$$S_{正棱锥表}=S_{正棱锥侧}+S_{底}.$$

其中,c 为正棱锥底面正多边形的周长,h' 为斜高,$S_{底}$ 为正棱锥的底面积.

(3)棱锥的体积

实验表明,对于同底等高的棱锥与棱柱,棱锥的体积是棱柱体积的1/3,即

$$V_{棱锥}=\frac{1}{3}S_{底}h,$$

其中,$S_{底}$ 为棱锥的底面积,h 为棱锥的高.

4.棱台

(1)棱台的结构特征

如图 9.33 所示,棱锥被平行于底面的平面所截,截面和底面之间的部分称为**棱台**.截面和原棱锥的底面分别称为**棱台的上底面和下底面**,其他各面称为**棱台的侧面**,相邻两侧面的公共边称为**棱台的侧棱**,两底面之间的距离称为**棱台的高**.

由正棱锥截得的棱台称为**正棱台**.正棱台的侧面都为全等的等腰梯形,这些等腰梯形的高称为**棱台的斜高**.

棱台可以用表示上下底面的字母来命名,如图 9.34 所示的棱台,可记作"棱台 $ABCD—A_1B_1C_1D_1$"或"棱台 AC_1".棱台的上底面为 $A_1B_1C_1D_1$,下底面为 $ABCD$,高为 OO_1,斜高为 MN.

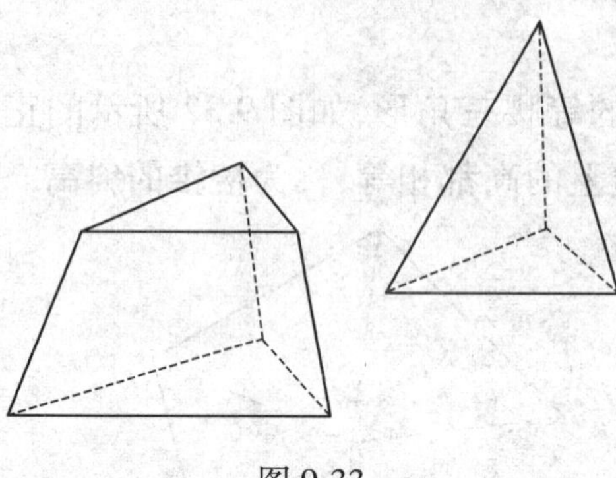

图 9.33

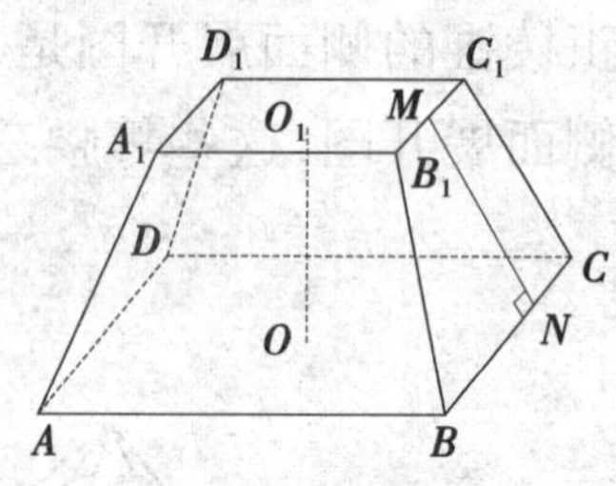

图 9.34

(2)正棱台侧面积和棱台的表面积

棱台的展开图如图 9.35 所示,是由棱台的各个侧面和上下底面组成的.

正棱台的侧面展开图是一些全等的等腰梯形. 正 n 棱台的侧面积 $S_{正棱台侧}$ 为

$$S_{正棱台侧}=\frac{1}{2}n(a+a')h'=\frac{1}{2}(c+c')h',$$

其中,a、a'分别为正棱台上下两个底面的边长,c,c'分别为正棱台上下两个底面正 n 边形的周长,h'为正棱台的斜高.

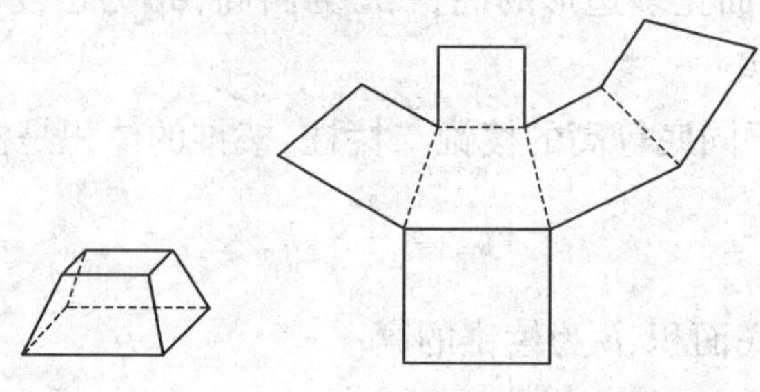

图 9.35

棱台的表面积 $S_{棱台表}$ 为

$$S_{棱台表}=S_{正棱台侧}+S_{上底面}+S_{下底面},$$

其中,$S_{上底面}$ 为棱台上底面的面积,$S_{下底面}$ 为棱台下底面的面积.

(3)棱台的体积

棱台的体积 $V_{棱台}$ 的计算公式为

$$V_{棱台}=\frac{1}{3}h(S_{上底面}+\sqrt{S_{上底面}\cdot S_{下底面}}+S_{下底面}),$$

学习提示

棱台是棱锥用平行于底面的平面截去一个锥体得到的,因此棱台的体积是根据两个棱锥的体积差计算出来的,这里不再详述计算过程.

其中,h 为棱台的高,$S_{上底面}$为棱台上底面的面积,$S_{下底面}$为棱台下底面的面积.

9.4.2　圆柱、圆锥与球

〈知识探究〉

1.旋转体的概念

一条平面曲线绕着它所在的平面内的一条定直线旋转所形成的曲面称为**旋转面**,封闭的旋转面围成的几何体称为**旋转体**,该定直线称为**旋转体的轴**.

2.圆柱

(1)圆柱的结构特征

以矩形的一边所在的直线为旋转轴,其余各边旋转一周形成的面积所围成的旋转体称为**圆柱**,旋转轴称为**圆柱的轴**,垂直于轴的边旋转形成的圆面称为**圆柱的底面**.平行于轴的边旋转形成的曲面称为**圆柱的侧面**,无论旋转到什么位置,这条平行于轴的边都称为**圆柱的母线**.如图 9.36 所示,直线是圆柱的轴,线段 OO_1 是圆柱的高,AA_1 是圆柱的母线.

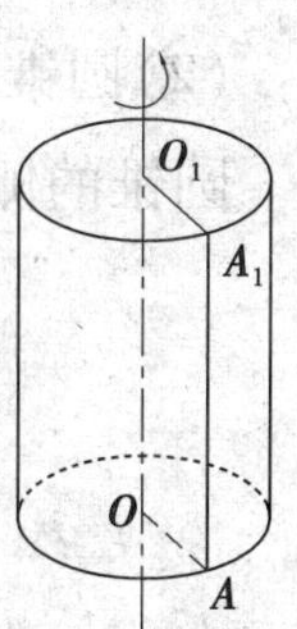

图 9.36

圆柱可以用表示它的轴的字母来表示,如图 9.36 所示的圆柱可表示为“圆柱 OO_1”.

圆柱的上、下两个底面是互相平行且半径相等的圆,圆柱的母线互相平行且与圆柱的高相等.

(2)圆柱的表面积和体积

圆柱的侧面积 $S_{圆柱侧}$、表面积 $S_{圆柱表}$和体积 $V_{圆柱}$ 的计算公式分别为

$$S_{圆柱侧} = 2\pi rh,$$

$$S_{圆柱表} = 2\pi r(h + r),$$

$$V_{圆柱} = \pi r^2 h.$$

其中,r 为圆柱的底面半径,h 为圆柱的高.

3. **圆锥**

(1)圆锥的结构特征

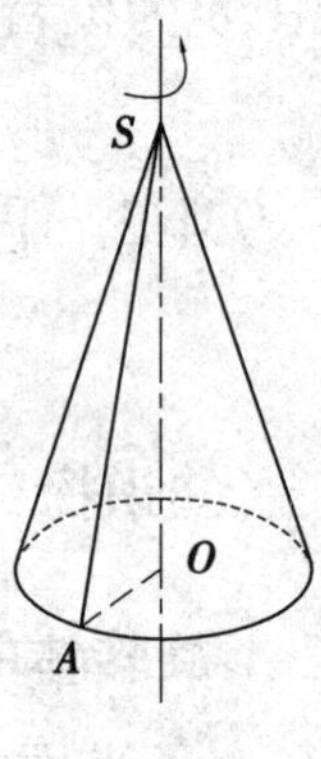

图 9.37

以直角三角形的一条直角边所在的直线为旋转轴,由其余两边绕轴旋转一周所形成的面所围成的旋转体称为**圆锥**,如图 9.37 所示,旋转轴称为**圆锥的轴**,垂直于轴的边旋转而成的圆面称为**圆锥的底面**,不垂直于轴的边旋转而成的曲面称为**圆锥的侧面**,不垂直于轴的边称为**圆锥的母线**.圆锥的母线与轴的交点称为**圆锥的顶点**,顶点到底面的距离称为**圆锥的高**.

圆锥可用表示轴的字母来表示,如图 9.37 所示的圆锥可表示为"圆锥 SO".圆锥的顶点与底面圆周上任意一点的距离都相等,都等于圆锥的母线长.

(2)圆锥的表面积和体积

圆锥的侧面积 $S_{圆锥侧}$、表面积 $S_{圆锥表}$ 和体积 $V_{圆锥}$ 的计算公式分别为

$$S_{圆锥侧} = \pi rl,$$

$$S_{圆锥表} = \pi r(l + r),$$

$$V_{圆锥} = \frac{1}{3}\pi r^2 l.$$

其中,r 为圆锥的底面半径,l 为圆锥的母线长,h 为圆锥的高.

4. **球**

我们平常所见的乒乓球、篮球、排球等都属于球形的物体,下面主要学习球的基本结构特征及一些相关的计算.

(1)球的结构特征

如图 9.38 所示,以半圆的直径所在的直线为旋转轴,半圆面旋转一周所形成的旋转体称为**球体**,简称**球**.半圆的圆心称为**球心**,半圆的半径称为**球的半径**,半圆的直径称为**球的直径**.

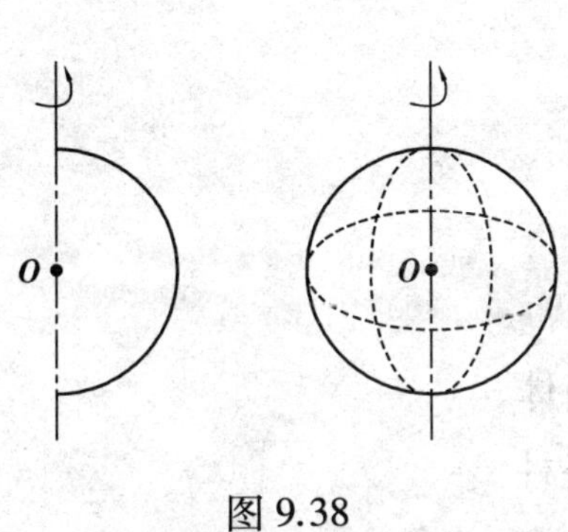

图 9.38

球面可以看成是到顶点(球心)的距离等于定长(半径)的所有点的集合;球可以看成是到定点(球心)的距离小于等于定长(半径)的所有点的集合.

球常用表示球心的字母来表示,如图 9.38 所示的球可表示为“球 O”.

球面被经过球心的平面截得的圆称为**球的大圆**,被不经过球心的平面截得的圆称为**球的小圆**.

(2)球的表面积和体积

球的表面积和体积计算公式分别为

$$S_{球} = 4\pi R^2,$$

$$V_{球} = \frac{4}{3}\pi R^3.$$

其中,R 为球的半径.

例 2　球的大圆周长为 c,求球的表面积和周长.

解　设球的半径为 R,则

$$c = 2\pi R,$$

所以

$$R = \frac{c}{2\pi},$$

故

$$S_{球} = 4\pi R^2 = 4\pi \times \left(\frac{c}{2\pi}\right)^2 = \frac{c^2}{\pi},$$

$$V_{球} = \frac{4}{3}\pi r^3 = \frac{4}{3}\pi \times \left(\frac{c}{2\pi}\right)^3 = \frac{c^3}{6\pi^2}.$$

〈课后习题〉

1.选择题

(1)下面各项中,正确的是(　　).

A.底面是正方形的棱柱是正方体

B.底面是正方形的棱柱是长方体

C.底面是正方形的棱柱是平行六面体

D.底面是正方形的棱柱一定是四棱柱

(2)下列说法中错误的是(　　).

A.球的体积是球的表面积与球半径乘积的$\frac{1}{3}$

B.过球面上的两个不同的点只能作一个大圆

C.球面上的 3 个不同的点不可能在一条直线上

D.在空间内,与定点的距离等于定长的点的集合是球面

(3)球的半径变为原来的两倍,则球的体积变为原来的(　　).

A.2 倍　　B.4 倍　　C.6 倍　　D.8 倍

(4)一个圆锥的高为 4 cm,底面半径为 3 cm,那么它的母线长为(　　).

A.5 cm　　B.6 cm　　C.7 cm　　D.$\sqrt{7}$ cm

2.已知正四棱柱的侧面积为 32 cm^2,表面积为 40 cm^2,求它的高和体积.

3.已知一个球的体积是 36π cm^3,计算它的表面积.

〈综合复习题 9〉

一、选择题

1.如果空间中的两条直线 l_1 和 l_2 没有公共点,则这两条直线的位置关系是(　　).

A.平行　　B.共面　　C.异面　　D.既可能平行也可能是异面

2.分别在两个相交平面内的两条直线,其位置关系可能是(　　).

A.平行　B.相交　　C.异面　　D.以上3种都有可能

3.若一条直线与两条平行直线都相交,则这三条直线确定的平面个数是(　　).

A.1个　　B.2个　　C.3个　　D.4个

4.下列说法正确的是(　　).

A.若直线l在平面α内,且平面α∥平面β,则直线l∥平面β

B.若直线l_1∥平面α,直线l_2∥平面β,则直线l_1∥直线l_2

C.若直线l_1、l_2都在平面α内,且都平行于平面β,则平面α∥平面β

D.若直线l_1、l_2都在平面α内,且若直线l_3与直线l_1、l_2都垂直,则直线$l_3\perp$平面α

5.直线l与平面α垂直的一个充分条件是(　　).

A.直线l垂直于平面α内的一条直线

B.直线l垂直于平面α内的两条直线

C.直线l垂直于平面α内的任意一条直线

D.直线l垂直于平面α内的无数条直线

6.下述说法中正确的是(　　).

A.棱台的侧棱的延长线交于一点

B.有一个面是多边形,其余各面都是三角形的几何体称为棱锥

C.有两个面平行,其余各面都是平行四边形的几何体称为棱柱

D.有两个面平行,其余各面都是四边形的几何体称为棱柱

7.若一个四棱柱的四个侧面都是正方形,则这个四棱柱是(　　).

A.正方体　　B.长方体　　C.直平行六面体　　D.正四棱柱

8.已知正四棱锥的高为2 cm,其底面边长为$\sqrt{3}$ cm,则该四棱锥的体积为(　　).

A.2 cm^3　　B.$\sqrt{3}$ cm^3　　C.4 cm^3　　D.6 cm^3

9.已知圆锥的母线长为2 cm,底面半径为1 cm,则此圆锥的侧面积为(　　).

A.π cm^2　　B.2π cm^2　　C.3π cm^2　　D.4π cm^2

二、填空题

1.如果空间四个点不共面,那么过其中任意三个点的平面共有________个.

2.经过空间任意一点作与已知平面垂直的直线,能作________条垂线.

3.如果两条直线 l_1、l_2 都不在平面 α 内,且 $l_1 /\!/ \alpha$,那么直线 l_2 与平面 α 的位置关系是________.

4.若一个正方体的表面积为 54 cm^2,则它的体积为________.

5.若一个球的直径为 8 cm,则它的表面积为________,体积为________.

三、解答题

1.如图 1 所示,已知四面体 $PABC$ 中,点 E、G 分别是 PA、BC 的中点,过 E、G 且平行于 PC 的平面分别交 PB、AC 于点 F、H.

求证:$AB /\!/$ 平面 $EFGH$.

2.如图 2 所示,已知平面 $ABCD$ 为矩形,$PD \perp$ 平面 $ABCD$,平面 PBC 与平面 $ABCD$ 所成的角为 45°,点 M 为 PC 的中点.

求证:$DM \perp$ 平面 PBC.

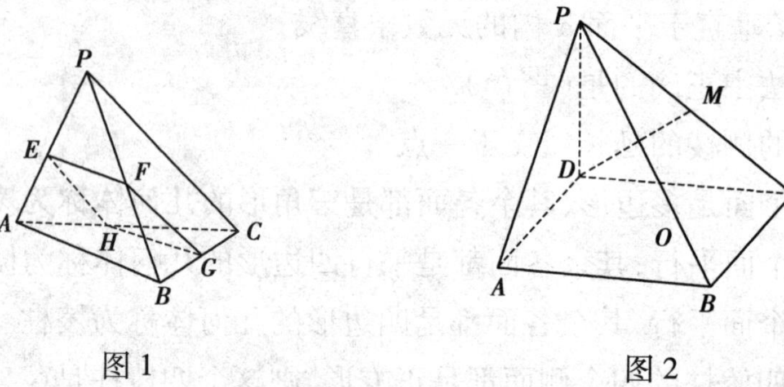

图 1 图 2

3.已知圆柱的底面半径为 2 cm,侧面积为 16π cm^2,求圆柱的高与体积.

4.已知圆锥的底面面积为 4π cm^2,母线与底面所成的角为 60°,求它的体积.

第 10 章 概率与统计初步

10.1 分类、分步计数原理

〈问题导入〉

王华家门口的车站有 26 路、63 路公交车可以直达学校,学校校门口的车站有 36 路、34 路、67 路公交车可以直达良友书店.问:

(1)王华从家乘公交车到学校有几种方法?

(2)从学校乘公交车到良友书店有几种方法?

(3)先从家到学校,再从学校到良友书店有几种方法?

〈知识探究〉

问题 1 从甲地到乙地,可以乘火车,也可以乘汽车,一天中,火车有 3 班,汽车有 2 班,那么一天中,乘坐这些交通工具从甲地到乙地共有多少种不同的走法?

因为一天中乘火车有 3 种走法，乘汽车有两种走法，每一种走法都可以从甲地到乙地，所以共有

$$3 + 2 = 5$$

种不同的走法，如图 10.1 所示.

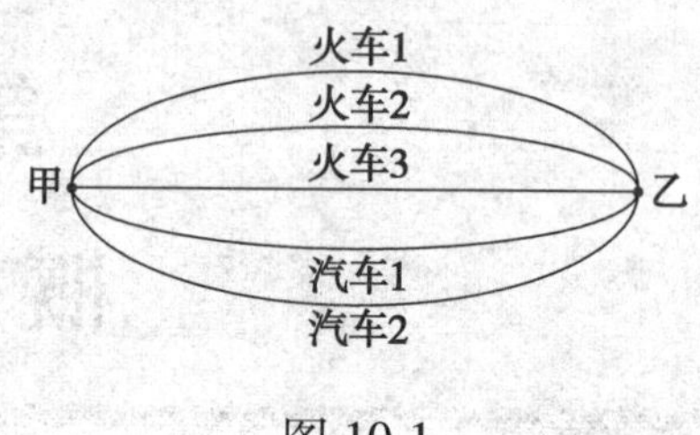

图 10.1

一般地，有下述原理：

分类计数原理 完成一件事，完成它有 n 类办法：在第 1 类办法中有 m_1 种不同的方法；在第 2 类办法中有 m_2 种不同的方法……在第 n 类办法中有 m_n 种不同的方法。那么完成这件事共有

$$N = m_1 + m_2 + \cdots + m_n$$

种不同的方法.

问题 2 从甲地到乙地，要从甲地先乘火车到丙地，再于次日从丙地乘汽车到乙地.一天中，火车有 3 班，汽车有两班，那么两天中，从甲地到乙地共有多少种不同的走法？

与问题 1 不同的是：在问题 1 中，采用乘火车或乘汽车中的任何一种方法都可以从甲地到乙地.而在问题 2 中，必须经过先乘火车、后乘汽车两个步骤，才能从甲地到达乙地.

因为乘火车有 3 种走法，乘汽车有两种走法，所以乘一次火车再乘一次汽车从甲地到乙地，共有

$$3 \times 2 = 6$$

种不同的走法，如图 10.2 所示.

一般地，有下述原理：

分步计数原理 完成一件事，完成它有 n 个步骤：做第 1 步有 m_1 种不同的方法；做第 2 步有 m_2 种不同的方法……做第 n 步有 m_n 种不同的方法.那么完成这件事共有

$$N = m_1 \times m_2 \times \cdots \times m_n$$

种不同的方法.

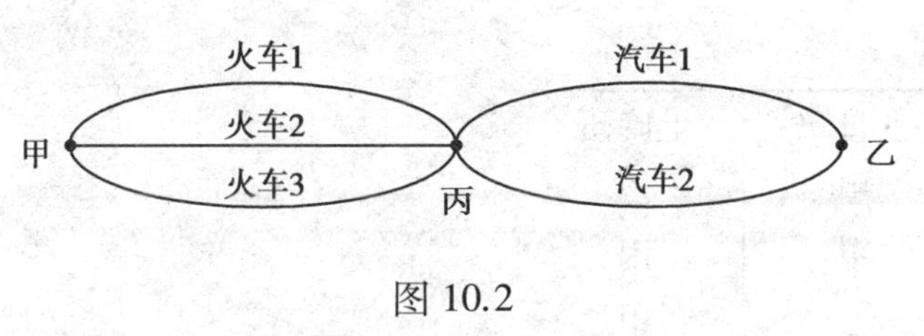

图 10.2

所有走法

火车 1——汽车 1

火车 1——汽车 2

火车 2——汽车 1

火车 2——汽车 2

火车 3——汽车 1

火车 3——汽车 2

〈应用举例〉

例 1　书架的第 1 层放有 4 本不同的数学书,第 2 层放有 3 本不同的文艺书,第 3 层放有两本不同的体育书.求:

(1)从书架上任取 1 本书,有多少种不同的取法?

(2)从书架的第 1,2,3 层各取 1 本书,有多少种不同的取法?

解　(1)从书架上任取 1 本书,有 3 类办法:第 1 类办法是从第 1 层取 1 本数学书,有 4 种方法;第 2 类办法是从第 2 层取 1 本文艺书,有 3 种办法;第 3 类办法是从第 3 层取 1 本体育书,有两种办法.根据分类计数原理,从书架上任取 1 本书,不同取法的种数是

$$N = m_1 + m_2 + m_3 = 4 + 3 + 2 = 9$$

答:　从书架上任取 1 本书,有 9 种不同的取法.

(2)从书架上的第 1,2,3 层各取 1 本书,需要分 3 步,无论先取哪种书,取法种数为:取数学书有 4 种方法,取文艺书有 3 种方法,取体育书有两种方法.根据分步计数原理,从书架的第 1,2,3 层各取 1 本书,共有以下不同取法:

$$N = m_1 \times m_2 \times m_3 = 4 \times 3 \times 2 = 24.$$

答:　从书架的第 1,2,3 层各取 1 本书,有 24 种不同的取法.

例 2　要从甲、乙、丙 3 名员工中选出两名员工分别上日班和晚班,有多少种不同的选法?

解　从 3 名员工中选 1 名上日班,1 名上晚班,可以看成是先选 1 名上日班,再选 1 名上晚班,这两个步骤完成.先选 1 名上日班,共有 3 种选法.上日班

的员工选完后,上晚班的员工有两种选法.根据分步计数原理,所求的不同选法种数有

$$N = 3 \times 2 = 6.$$

如图 10.3 所示.

上日班	上晚班
甲	乙
甲	丙
乙	甲
乙	丙
丙	甲
丙	乙

图 10.3

答: 从 3 名员工中选出两名员工分别上日班和晚班,有 6 种不同的选法.

〈归纳指引〉

分类计数时,每类可独立完成一件事,关键字是“或”字;分步计数时每步都要走完,才能完成一件事,关键字是“且”字.

〈课堂练习〉

1.一个超市销售某种型号的电视机,其中本地的产品有 4 种,外地的产品有 7 种,要买 1 台这种型号的电视机,有多少种不同的选法?

2.现有中职一年级的学生 3 名,中职二年级的学生 5 名,中职三年级的学生 4 名,求:

(1)从中任选 1 人参加接待外宾的活动,有多少种不同的选法?

(2)从 3 个年级的学生中各选 1 人参加接待外宾的活动,有多少种不同的选法?

〈课后习题〉

1.从 7 位同学中产生 1 名组长,1 名副组长,有多少种不同的选法?

2.用1,5,9,13中任意一个数作分子,4,8,12,16中任意一个数作分母,可构成多少个不同的分数？可构成多少个不同的真分数？

3.在平面直角坐标系内,求：

(1)横坐标与纵坐标都在$A=\{0,1,2,3,4,5\}$内取值的不同点共有多少个？

(2)直线方程的斜率在集合$A=\{1,3,5,7\}$内取值,与y轴交点的纵坐标即截距在集合$B=\{2,4,6,8\}$内取值的不同直线共有多少条？

10.2　随机事件和概率

10.2.1　随机事件及其概率

〈问题导入〉

2009年10月8日,河南一位彩民在双色球第2009118期,获得3.599亿元大奖.如果你买了一张双色球彩票,你会中奖吗？

〈知识探究〉

为了研究随机现象,就要对客观事物进行观察,观察的过程称为**试验**.概率论里所研究的试验具有以下特点：

(1)在相同的条件下试验可以重复进行.

(2)每次试验的结果具有多种可能性,而且在试验之前可以明确试验的所有可能结果.

(3)在每次试验之前不能确定该次试验出现哪一种结果.

在概率论中,将试验的结果称为**事件**.下面我们来看一些事件：

(1)导体导电时,发热；

(2)抛一石块，下落；

(3)在标准大气压下且温度低于0°时，冰融化；

(4)在常温下，焊锡熔化；

(5)某人射击一次，中靶；

(6)掷一枚硬币，出现正面.

上面各事件的发生与否分别有什么特点？

可以看到，事件(1)和事件(2)是必然要发生的，事件(3)和事件(4)是不可能发生的，而事件(5)和事件(6)是可能发生也可能不发生的.

在一定的条件下，必然要发生的事件，称为**必然事件**，记作 Ω.

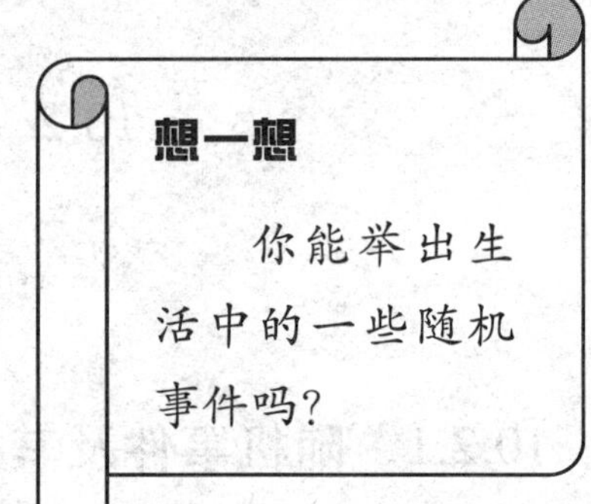

在一定的条件下，不可能发生的事件，称为**不可能事件**，记作$\varnothing$.

在一定的条件下随机试验的结果，称为**随机事件**.

上面的事件(1)、事件(2)是必然事件，事件(3)、事件(4)是不可能事件，事件(5)、事件(6)是随机事件.

随机事件在一次试验中是否发生，虽然不能事先确定，但是在大量重复试验的情况下，事件的发生呈现出一定的规律性.

例如，曾有人做过抛掷硬币的大量重复试验，结果见表10.1.

表10.1

抛掷次数(n)	正面向上次数（频数 m）	频率 $\left(\frac{m}{n}\right)$
2 048	1 061	0.518 1
4 040	2 048	0.506 9
12 000	6 019	0.501 6
24 000	12 012	0.500 5
30 000	14 984	0.499 5
72 088	36 124	0.501 1

学习提示

设在 n 次重复试验中，事件 A 发生了 m 次($0\leqslant m\leqslant n$)，m 叫做事件 A 发生的**频数**. 事件 A 的频数在试验的总次数中所占的比例$\frac{m}{n}$，叫做事件 A 发生的**频率**.

我们可以看到，当抛掷硬币的次数很多时，出现正面的频率值是稳定的，接近于0.5，并在它附近摆动.

定义　一般地，在大量重复进行同一试验时，事件A发生的频率$\frac{m}{n}$总是接近于某个常数，并在它附近摆动，这时就把这个常数称为事件A的**概率**，记做$P(A)$.

概率从数量上反映了一个事件发生的可能性的大小.抛掷一枚硬币出现“正面向上”的概率是0.5，指出现“正面向上”的可能性是50%；任取一个乒乓球得到的优等品的概率是0.95，指得到优等品的可能性是95%；任取一批油菜子在相同条件下发芽的概率是0.9，指油菜子发芽的可能性是90%.

〈应用举例〉

例1　指出下列事件是必然事件，不可能事件，还是随机事件.

(1)某地11月11日刮北风；

(2)当x是实数时，$x^2\geqslant 0$；

(3)手机的电池没电一样可以打电话、上网；

(4)一个影剧院某天的上座率超过50%.

解　由题意知，(2)是必然事件，(3)是不可能事件，(1)(4)是随机事件.

〈课堂练习〉

1.指出下列事件是必然事件，不可能事件，还是随机事件.

(1)如果x,y都是实数，那么$x+y=y+x$；

(2)从分别标有号数1,2,3,4,5,6,7,8,9的9张号签中任取1张，得到5号标签；

(3)没有阳光，种子发芽；

(4)在标准大气压下，水的温度达到100 ℃时沸腾.

10.2.2 概率的古典定义

〈问题导入〉

前面我们给出了概率的统计定义,但要按定义来求得事件的概率,往往是十分困难的,甚至是不可能的,其实,在某些特殊类型的问题中,并不需要进行大量的重复试验,可根据所讨论事件的特点直接得出它的概率.

〈知识探究〉

在投掷硬币的试验中,只有两个基本事件:“正面向上”和“反面向上”,由于硬币是均匀的,故这两个基本事件发生的可能性是相同的,即事件 H_1 = {正面向上} 和 H_2 = {反面向上} 发生的概率都是 $\frac{1}{2}$,于是有

$$P(H_1)=P(H_2)=\frac{1}{2}$$

在掷骰子的试验中,一共有 6 个基本事件:e_i = 出现 i 点($i=1,2,\cdots,6$),由于骰子是均匀的,故这 6 个基本事件发生的可能性是相同的,即有

$$P(e_i)=\frac{1}{6}(i=1,2,\cdots,6)$$

从以上两个例子,可得到一种既简单又直观的概率计算方法,但应用这个方法时,随机试验必须满足下列两个条件.

①基本事件的总数是有限的;

②每一个基本事件发生的可能性是相等的.

满足这两个条件的随机试验模型称为**古典概率**.由此,得出古典概率的定义.

定义 若基本事件的总数为 n,事件 A 包含的基本事件数为 m,则事件 A 的概率为

$$P(A)=\frac{m}{n}$$

由定义可知，在古典概率中，只要求出基本事件的总数以及事件 A 所包含的基本事件的个数，就可以确定事件 A 的概率，于是，弄清随机试验的基本事件是什么，事件 A 包含了哪些基本事件就显得十分重要.

由古典概率的定义，我们可以得到概率的一些简单性质：

$$0 < P(A) < 1 \quad (A\text{ 是随机事件});$$

$$P(\Omega)=1 \quad (\Omega\text{ 是必然事件});$$

$$P(\varnothing)=0 \quad (\varnothing\text{ 是不可能事件}).$$

〈应用举例〉

例 2　一个口袋中装有大小相同的 10 只红球和 4 只白球，现从中任意摸出 1 只，求摸出的是白球的概率.

解　基本事件总数，就是从 14 只球中任意摸出 1 只的所有不同的取法种数，即 $n=14$.

设 A 表示"摸出的是白球"，则事件 A 中包含的基本事件个数为 4，即 $m=4$.

于是

$$P(A)=\frac{m}{n}=\frac{4}{14}=\frac{2}{7}.$$

〈课堂练习〉

一批产品共 200 个，有 6 个废品，求：(1) 这批产品的废品率；(2) 任取 1 个是废品的概率；(3) 任取 1 个是正品的概率.

〈课后习题〉

1. 一个地区从某年起，几年之内的新生婴儿数及其中的男婴数见下表：

时间范围	1 年内	2 年内	3 年内	4 年内
新生婴儿数	5 554	9 607	13 520	17 190
男婴数	2 883	4 970	6 994	8 892
男婴出生频率				

(1)填写上表中的男婴出生频率(结果保留到小数点后2位).

(2)这一地区男婴出生的概率约是多少?

2.从装有编号为0,2,3,…,9的10只球的口袋中,有返回地抽取两次,每次取1只球,求下列各事件的概率(精确到0.01).

(1)A_1={2个编号均不相同};

(2)A_2={0与9均不出现}.

3.从一副52张扑克牌中任意抽取两张,求下列各事件的概率(精确到0.01).

(1)A_1={2张牌均是红桃};

(2)A_2={1张是A,另1张是J,Q,K中某一张}.

10.3 直方图与频率分布

〈问题导入〉

为了了解总体的情况,我们从总体中抽取容量为n的一个样本,对n个数据进行处理.画出频率直方图和累积频率分布图,可以更直观地反映总体分布情况.

〈知识探究〉

例 为了了解中职学生的身体发育情况,对某中职学校同年龄的60名女学生的身高进行测量,结果如下(单位为cm):

167,154,159,166,169,159,156,166,162,158
159,156,166,160,164,160,157,156,157,161
158,158,153,158,164,158,163,158,153,157
162,162,159,154,165,166,157,151,146,151
158,160,165,158,163,163,162,161,154,165
162,162,159,157,159,149,164,168,159,153

现对这组数据进行适当地整理，具体步骤如下：

(1)计算极差.在上面的数据中，最大值是169，最小值是146，它们的差就是极差，即

$$169-146=23.$$

算出了极差，就知道这组数据变动的范围有多大.

(2)决定组距与组数.将一批数据分组，一般数据越多，分的组数也越多.当数据在100个以内时，按照数据的多少，常分成5~12组.组距是指一个小组的两个端点之间的距离.在本例中，如果取组距都为3 cm，那么由于在这批数据中，有

$$\frac{\text{极差}}{\text{组距}}=\frac{23}{3}=7\frac{2}{3}.$$

要将数据分成8组；如果取组距为2 cm，那么由于$\frac{23}{2}=11\frac{1}{2}$，要将数据分成12组，分成8组更合适些，于是取定组距为3 cm，组数为8.

(3)决定分点.将数据按照3 cm的组距分组，可以分成以下8组.

145.5~148.5，148.5~151.5，151.5~154.5，154.5~157.5，

157.5~160.5，160.5~163.5，163.5~166.5，166.5~169.5.

(4)计算出频率、频率作频率分布表.见表10.2的第1列和第2列，用选举时唱票的方法，对落在各个小组内的数据的个数进行累计，我们就可以得到落在各个小组内的数据的个数，这个个数为各个小组的频数.然后，将频数填入表的第3列.每一小组的频数与数据总数的比值为这一小组的频率.例如，第一小组的频率是

$$\frac{1}{60}\approx 0.017.$$

算出各个小组的频率，填入表的第4列，就得到了频率分布表，见表10.2.

表10.2

分　组	个数累计	频数(m)	频率$\left(\frac{m}{n}\right)$	累积频率
145.5~148.5	一	1	0.017	0.017
148.5~151.5	下	3	0.050	0.067

续表

分　组	个数累计	频数(m)	频率$\left(\frac{m}{n}\right)$	累积频率
151.5~154.5	正一	6	0.100	0.167
154.5~157.5	正下	8	0.133	0.300
157.5~160.5	正正正下	18	0.300	0.600
160.5~163.5	正正一	11	0.183	0.783
163.5~166.5	正正	10	0.167	0.950
166.5~169.5	下	3	0.050	1.000
合计		60	1.000	

(5)绘制频率分布直方图.在直角坐标系中,以横轴表示身高,纵轴表示频率与组距的比值,画出一系列矩形,矩形以组距为底,以频率与组距之比为高.这就是频率分布直方图,如图 10.4 所示.

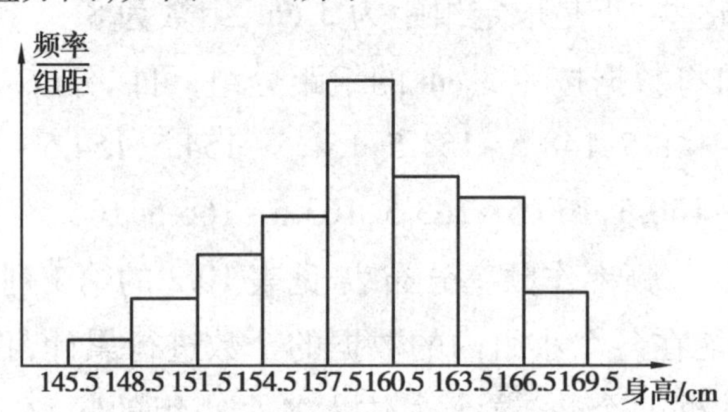

图 10.4

(6)绘制累积频率分布图.身高小于 151.5 的频率等于前两个小组的频率之和,即身高小于 151.5 的频率等于前两个小组频率之和,即

$$0.017 + 0.050 = 0.067.$$

身高小于 154.5 的频率等于前 3 个小组频率之和,即

$$0.017 + 0.050 + 0.100 = 0.167.$$

以此类推,这个数据小于某一数值的频率称为该数值的**累积频率**,填入表 10.2 的第 5 列.

根据算出的累积频率,可以绘出累积频率分布图.横轴表示身高,纵轴表示累积频率,按照表中的各累积频率,在图中描出相应的各点.例如,分点

148.5的累积频率是0.017,就在图中描出点(148.5,0.017),然后用线段将各点依次连接起来,所得的一条折线就是累积频率分布图,如图10.5所示.

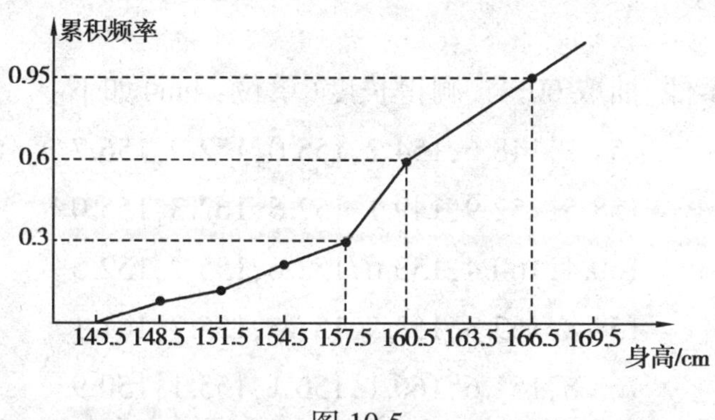

图10.5

由频率直方图的规定可知,

$$每一个矩形面积 = 组距 \times \frac{频率}{组距} = 频率$$

即从几何角度看,各组的频率在频率直方图上表示为对应的矩形面积.

随机变量ξ落在某段区间上的频率,可用频率直方图上对应的矩形面积之和来表示.如本例中ξ落在157.5~166.5的频率为0.650.

由累积频率分布图可知,随机变量ξ小于某个值的频率,在本例中$\xi<160.5$的概率为0.600.

〈课堂练习〉

某工厂生产一种车轴,车轴的长度是随机变量ξ,为了解产品的质量,从某日生产的一大批车轴中,随机抽取60根,测得它们的长度,经整理,数据如表10.3所示.

表10.3

长度	16.95~17.05	17.05~17.15	17.15~17.25
根数	3	4	6
长度	17.25~17.35	17.35~17.45	17.45~17.55
根数	9	14	10
长度	17.55~17.65	17.65~17.75	17.75~17.85
根数	7	4	3

试画出频率直方图和累积频率分布图.

〈课后习题〉

某厂制造零件,抽取 60 个,测得长度(单位: cm)如下:

154.2,148.6,154.2,155.0,152.9,156.7
158.5,152.9,149.1,157.5,162.8,155.0
160.4,160.4,153.6,152.6,155.2,152.5
154.8,162.3,153.5,157.5,155.7,161.1
163.8,151.6,160.1,156.1,155.1,150.9
159.1,159.1,156.3,154.7,165.5,159.8
160.9,161.9,162.7,154.9,155.5,153.1
157.3,155.5,164.0,159.9,155.5,158.6
152.2,155.1,160.2,156.5,160.9,152.0
156.9,156.9,156.1,159.9,152.6,157.1

列出分组数据表,画出频率直方图和累积频率分布图.

10.4 样本和抽样方法

10.4.1 总体与样本

〈问题导入〉

通过前面的学习,我们已经知道,随机现象可以用随机变量描述,对随机变量的描述最好是掌握它的分布,或者某些数字特征,可实际上它们常常是未知的,因此要研究某一随机现象,首先必须解决的问题是如何确定相应的随机变量的分布或者它的某些数字特征.例如,要了解一块玉米试验田玉米的单株产量;要检查砖厂某一窑砖的抗压强度.对它们逐一进行测量或者检验固然是解决问题的一种方法.但这样做实际上意义不大或者不允许.一块试验田成千上万株玉米,逐一进行测量,既费时费力,又难免因测量中的误差而导致结果不准确;检测砖的抗压强度,试验一块就要压碎一块,因此对所有的砖都进行这种破坏性的试验是不允许的.所以在实际操作中,人们采取的是一种既实用又合理的方法——**随机抽样法**,即从所研究的对象中任意抽取一小部分进行试验或观察.

〈知识探究〉

一般地,我们把考察对象的全体称为**总体**(用 X 表示),其中每一个考察对象称为**个体**(用 X_i 表示 $i=1,2,\cdots,n$),把从总体中抽出的一部分个体,称为总体的一个**样本**,个体的数目称为**样本容量**.

在统计测量中,由于研究的只是这些对象的某些特性指标,而这些指标又总是可以与一些数值等同起来,因此从某种意义上说,可以把总体当成一个随机变量来研究.在一个总体中,抽取容量为 n 的样本 $X_1,X_2,\cdots,X_n$,每个 $X_i(i=1,2,\cdots,n)$都是从总体 X 中抽取的,因此 X_i 也是一个随机变量.一个容量为 n 的样本,就是由 n 个随机变量组成的,但是在一次抽取之后,样本中的每一个 X_i,又都是一个具体的数值,这些数值记作 $x_1,x_2,x_3,\cdots,x_n$,我们把它称为样本的一个**观测值**,简称**样本值**.

一般地,从一个总体可以抽取若干个样本,样本容量可大可小,通常把容量 $n>30$ 的样本称为**大样本**,容量 $n<30$ 的样本称为**小样本**.

〈课堂练习〉

1.检查一批零件的直径是否符合标准,从中抽查了 25 个零件的直径,在这个问题中,总体、个体、样本、样本容量各指什么?

2.某汽车制造厂生产了一批 122 马力的汽车.现从中抽出 3 台测试每百千米的耗油量.这次试验的样本容量是多少?是大样本还是小样本?

3.举出一个你熟悉的,通过样本研究总体的例子.

10.4.2 抽样方法

〈问题导入〉

为了了解某省中职学生对数学这门课程的喜爱程度,我们应如何抽取样本?

〈知识探究〉

统计的基本思想方法就是用样本估计总体,样本的抽取是否恰当,对于研究总体是十分关键的.下面介绍几种常用的抽样方法.

1.简单随机抽样

抽取样本的目的是要由样本推断总体,因而要求抽取的样本能够很好地反映总体的特征.为了达到这一要求,首先要注意的是抽样的方法.可以想到,要从10万块砖中抽出50块来检测抗压强度,不能只选外观规则、质地坚密、火候适中的好砖,也不能故意挑一些疏松、变形的次品.要抽取100株玉米,不能只选生长良好、果实饱满的,也不能只挑一些植株矮小,没有成熟的.这就是说,从总体中抽取样本,应该随机抽取,以保证每个个体有同等被抽中的机会,只有这样才能对总体作出正确的推断.因此,在抽取样本时,应满足下面的两个条件.

(1)**独立性**,每次抽取的结果不影响其他各次抽取的结果,也不受其他各次抽取结果的影响,即要求$x_1,x_2,x_3,\cdots,x_n$,是相互独立的随机变量.

(2)**代表性**,所抽取的样本对总体来说要具有代表性,即要求$x_1,x_2,x_3,\cdots,x_n$与总体X有相同的概率分布.

我们把满足上述两个条件的抽样方法称为**简单随机抽样**,由简单随机抽样得到的样本称为**简单随机样本**.以后我们所说的抽样及样本都是指简单随机抽样和简单随机样本.实践中简单随机抽样可以采用随机数字法、抽签法等形式.

2.等距抽样

当总体中个体的数目很多或是所需的样本容量较大时,使用简单随机抽样的方法就不方便了.这时,可将总体分成平均的几部分,然后按照一定的规则,从每一部分中抽取1个个体,得到所需的样本,这种抽样方法称为**等距抽样**,也称为**系统抽样**.

等距抽样一般有以下几个步骤:

(1)将总体的每一个个体编号,编号的方式根据具体情况确定,可以用自然数编号,也可以直接利用个体本身的号码,例如身份证号、考生的考号、学生的学号、座位号等.

(2)确定组距$K=\frac{N}{n}$,其中N为总体中的个体数,n为样本容量,这里要求K为整数.如果N不能被n整除,可用简单随机抽样的方法从总体中去掉一些个体,使得$\frac{N}{n}$为整数.

(3)在第一个组距内采用简单随机抽样确定起始的个体编号L.

(4)L为抽取的第一个号码,以后依次加一个组距,即$L,L+K,L+2K,L+3K,\cdots$,是分别从每个组距中抽取的个体,这样即可获得整个样本.

3.分层抽样

如果总体是由差异比较明显的几部分个体组成的,那么为了使样本能够更好地反映总体中各部分的情况,常常要把总体分成几部分,然后按照各部分所占比例抽取,这样的抽取方法称为**分层抽样**.

分层抽样一般有以下几个步骤:

(1)确定层及每层按比例抽取的个体数(如果每层的个体数之间不能构成整数比,可用四舍五入的方法取整).

(2)按确定的数目用简单随机抽样或等距抽样的方法抽取每层的个体.

(3)把各层抽取的个体合在一起,就得到所需的样本.

〈课堂练习〉

1.某人在测量一个物体的长度时,重复测量了10次,得到了10个数据,判断这10个数据是不是一个简单随机样本.

2.某班有 50 名学生,现在要派出 5 人去校外参观,分别用抽签法和随机数字法抽取,并写出抽取过程.

3.一批产品中,有一级品 200 个,二级品 100 个,三级品 50 个,分别用等距和分层抽样的方法从这批产品中抽取一个容量为 20 的样本,并写出选择过程.

4.举出一个实例,用你认为恰当的方法抽取一个容量为 10 的样本.

〈课后习题〉

1.统计中,总体、个体、样本、样本的容量各指什么？为什么我们通常是从总体中抽取一个样本,通过样本来研究总体?

2.从某学校 2012 年新生中抽出 20 名学生来作上网时间的调查,这里总体、个体、样本、样本容量各指什么?

3.在 2 题中,设 2012 级新生共有 8 个专业,每专业 40 人,请你设计一个抽样方案?

4.某学校有学生 900 人,其中高一、高二、高三年级各有 300 人、400 人和 200 人,现采用分层抽样的方法抽取一个容量为 45 的样本,那么每名学生被抽到的可能性有多大？各年级分别抽取多少人?

5.一个城市有 210 家百货商店,其中大型商店有 20 家,中型商店有 40 家,小型商店有 150 家.为了掌握各商店的营业情况,要从中抽取一个容量为 21 的样本.按照分层抽样方法抽取样本时,各类百货商店要分别抽取多少家？写出抽样过程.

10.5 用样本均值、标准差估计总体均值、标准差

〈问题导入〉

在一次语文考试中,考生有 20 000 多名,我们想了解这 20 000 多名考生的平均成绩.如果将他们的成绩全部加在一起再除以考生总数,十分麻烦.这

时,可以采用样本估计总体的方法,即从中抽取部分考生的成绩,用它们的平均成绩去估计所有考生的平均成绩.

〈知识探究〉

总体中所有个体的平均数称为**总体均值**(或**总体数学期望**),如果总体用ξ表示,则$E(\xi)$表示总体均值,总体均值反映了总体的平均值,是总体的一个重要数字特征.

从总体ξ中随机抽取一个容量为n的样本$(\xi_1,\xi_2,\cdots,\xi_n)$,则

$$\bar{\xi}=\frac{1}{n}\sum_{i=1}^{n}\xi_i$$

称为**样本均值**.

通常,我们用样本均值来估计总体均值.

〈应用举例〉

例1　从参加语文考试的学生中,抽取30名学生的成绩,分数如下:

90,84,84,86,87,98,78,82,90,83

86,95,84,71,78,61,94,88,77,100

70,97,85,68,99,88,85,92,93,97

求这些参加语文考试的学生平均成绩.

解　以上30名学生的语文成绩,是从所有参加考试的学生的语文成绩组成的总体中,抽取的一个样本容量为30的样本,这个样本均值为

$$\bar{x}=\frac{1}{30}(90+84+\cdots+97)\approx 85$$

答:　这些参加语文考试的学生平均成绩约为85分.

〈知识探究〉

在初中,我们学过n的数据$x_1,x_2,\cdots,x_n$的方差为

$$\frac{1}{n}\sum_{i=1}^{n}(x_i-\bar{x})^2.$$

其中，
$$\bar{x}=\frac{1}{n}\sum_{i=1}^{n}x_i.$$

它表示这些数据偏离平均数的大小,也就是反映这些数据的偏差程度.方差越大,说明这组数据的波动越大.

同样,对于总体ξ,反映所有个体与总体均值之间偏离程度的数字特征,称为**总体方差**,记为$D(\xi)$.$D(\xi)$越大,说明个体与总体均值的偏离越大.总体方差是总体的又一个重要数字特征.

对于总体ξ,从中随机地抽取一个容量为n的样本$(\xi_1,\xi_2,\cdots,\xi_n)$,则称
$$s^2=\frac{1}{n-1}\sum_{i=1}^{n}(\xi_i-\bar{\xi})^2.$$
为**样本方差**.

样本$(\xi_1,\xi_2,\cdots,\xi_n)$的一次观测值为$(x_1,x_2,\cdots,x_n)$,则样本方差为
$$s^2=\frac{1}{n-1}\sum_{i=1}^{n}(x_i-\bar{x})^2.$$
其中,$\bar{x}$为样本均值.

将样本方差的算术根
$$s=\sqrt{\frac{1}{n-1}\sum_{i=1}^{n}(x_i-\bar{x})^2}$$
称为**样本标准差**.

通常,我们用它来估计总体标准差.

〈应用举例〉

例2　从某厂生产的轴中,随机地抽取15根,测得它们的长度(单位为mm)如下:

422.2,423.1,428.2,417.2,431.5

413.5,425.6,438.3,441.3,420.3

434.0,423.0,425.8,412.3,418.7

试求样本方差和样本标准差.

解　样本均值　$\bar{x}=\frac{1}{15}(422.2+423.1+\cdots+418.7)=425.0$;

样本方差　$s^2=\frac{1}{14}[(422.2-425.0)^2+\cdots+(418.7-425.0)^2]=72.05$;

样本标准差

$$s=8.488.$$

〈课堂练习〉

1.为了解某校学生的体重,随机检查10名学生,称得他们的体重(单位为kg)如下:

43,45,51,49.5,44,46,59,42.5,40,47

试求该校学生的平均体重.

2.对某一距离进行5次独立测量,得到数据(单位为m)如下:

2 781,2 836,2 807,2 763,2 853

求此距离的均值、标准差的估计值.

〈课后习题〉

1.从一批钉子中抽取10枚,测得它们的长度为(单位为cm):

2.14,2.10,1.13,2.15,2.13,2.12,2.10,2.14,2.11,2.12

估计这批钉子总体均值及标准差.

2.某地区抽查12户,调查双职工年收入(单位为元)如下:

5 912,5 942,5 820,5 521,5 496,6 140

6 254,6 073,6 870,6 607,6 706,6 900

求该地区双职工年平均收和标准差的估计值.

3.某厂生产一批铆钉,现在检验铆钉头部的直径,从产品中随机选取12只,测得直径(单位为mm)分别如下:

13.30,13.38,13.40,13.32,13.43,13.48

13.51,13.31,13.34,13.47,13.44,13.50

求样本均值、样本标准差.

〈综合复习题 10〉

一、选择题

1.某商场有 4 个大门,若从一个门进去,购买商品后再从另一个门出去,不同的走法共有(　　)种.

A.3　　B.7　　C.12　　D.16

2.下列事件为随机事件的是(　　).

A.若 a,b 都是实数,则 $a+b=b+a$

B.某电话总机在 1 min 内接到至少 15 次呼叫

C.没有水分,种子仍然发芽

D.同性电荷互相排斥

3.掷一颗骰子,得到 4 点的概率是(　　).

A.$\frac{1}{2}$　　B.$\frac{1}{4}$　　C.$\frac{1}{12}$　　D.$\frac{1}{6}$

4.已知一个总体含有 N 个个体,要从中抽取一个个体,则抽样过程中,每个个体被抽取的概率(　　).

A.变小　　B.变大　　C.相等　　D.无法确定

5.关于频率直方图,下列说法中正确的是(　　).

A.直方图的高表示取某数的频率

B.直方图的高表示该组上的个体在样本中出现的频率

C.直方图的高表示该组上的个体在样本中出现的频数与组距的比值

D.直方图的高表示该组上的个体在样本中出现的频率与组距的比值

6.将容量为 100 的样本数据,按由小到大排列分成 8 组,如下表所示:

组号	1	2	3	4	5	6	7	8
频数	10	13	14	14	15	13	12	9

则第4组的频率及累积频率分别为(　　).

A.0.14,0.037　　B.0.14,0.14　　C.0.04,0.14　　D.0.14,0.15

7.一个容量为n的样本,分成若干组后,已知某数的频数为60,频率为0.375,则n等于(　　).

A.150　　B.160　　C.170　　D.180

8.为考察某市初中毕业生数学考试的情况,从中抽取200名学生的成绩,该问题的样本是(　　).

A.这200名学生的成绩　　B.这200名学生

C.这200名学生的平均成绩　　D.这200名学生的数学成绩

9.某次舞蹈比赛,7位评委为一名演员打分,演员小红表演后,评委打出的分数为:

9.64,9.73,9.72,9.77,9.73,9.68,9.70

按规定,去掉一个最高分,去掉一个最低分,将其余分数的平均分数作为演员的最后得分,则小红的最后得分及中位数分别为(　　).

A.9.71,9.73　　B.9.712,9.73　　C.9.71,9.72　　D.9.712,9.72

二、填空题

1.当x在$\left(-\frac{\pi}{2},\frac{\pi}{2}\right)$中取值越来越大时,$y=\tan x$的值也越来越大,这个事件是________.

2.一批产品次品率为0.05,随机抽取3件,其中都是次品的概率是________________.

3.用样本估计总体,样本容量________,估计越精确.

三、解答题

1.判断下列事件哪个是必然事件,哪个是不可能事件,哪个是随机事件?

(1)上抛一个物体,经过一段时间后,物体落在地面上;

(2)标准大气压下,水在20 ℃时结冰;

(3)从一副扑克牌中任取一张,得到红桃K.

2.从0,1,2,3,4这5个数字中一次任取两个数字,可以组成两位数的概率是多少?

3.从某片森林中随机抽取 35 株树木,观测这 35 株树高,得到下列数据(单位为 m).

22.3	21.2	19.2	16.6	23.1	23.9	24.8	25.1	25.2
24.8	23.9	23.2	23.3	21.4	19.8	18.3	20.0	21.5
18.7	22.4	26.6	23.9	24.8	18.8	27.1	20.6	25.0
22.5	23.5	23.9	25.3	23.5	22.6	21.5	20.6	

说出总体、个体、简单随机样本.

4.为了考查某年级学生的体重情况,在该年级随机抽取相同年龄的 60 名男生的体重,测得他们的体重如下(单位为 kg):

67 54 59 60 69 59 56 66 62 58

61 57 56 57 60 64 60 66 56 59

58 83 58 58 64 58 63 58 53 57

51 46 51 57 66 65 54 59 62 62

58 60 65 58 63 63 62 61 54 65

62 62 59 57 69 49 64 68 59 53

若取组距为 3 kg,组数为 8.

(1)请列出频率分布表;

(2)画出频率分布直方图;

(3)如果体重在 51.5~66.5 kg 为正常体重,试求正常体重学生的百分比.